U0886581

人才强国研究出版工程编委会

主　任　何　宪

副主任　孙学玉　余兴安　赵　凡

总主编　吴　江

委　员（按姓氏拼音排序）

柏良泽　蔡学军　陈　力　董克用　高光宇
桂昭明　韩冬雪　郝　斌　孔昌生　赖德胜
蓝志勇　李保国　李克实　李维平　刘燕斌
柳学智　罗　哲　罗双平　马抗美　潘小娟
齐三平　沈国权　沈荣华　苏海南　孙建立
唐志敏　王重鸣　王辉耀　王建华　王克良
王通讯　王英利　魏　卓　夏文峰　萧鸣政
薛　虹　叶忠海　曾湘泉　张宝忠　赵永乐
郑其绪　钟祖荣

“十二五”国家重点出版物出版规划项目

人才强国研究出版工程·国外人才发展丛书

国家出版基金项目
NATIONAL PUBLICATION FOUNDATION

国外高技能人才战略

GUOWAI GAOJI’NENG RENCAI ZHANLÜE

中国人事科学研究院　编

吴道槐　王晓君　著

党建读物出版社

国外人才发展丛书编委会

主　　任　王晓初

副 主 任　吴　江

委　　员（按姓氏拼音排序）

韩冬雪　金判锡　蓝志勇　刘延国　刘忠群

孙建立　王重鸣　王辉耀　王满传　王英利

吴道槐　张亚力　David Zweig　Denis Simon

执行编委　罗　哲　柳学智

前　言

进入新世纪，我国制定并全面实施了人才强国战略，提出到2020年，实现进入世界人才强国行列的宏伟目标。当前我国人才发展的总体水平同世界先进国家相比仍存在较大差距。为了使我国的人才工作具有国际竞争力，急需借鉴国外人才发展经验，以便为我国实施人才强国战略提供参考。为此，中国人事科学研究院和党建读物出版社合作，于2011年底开始启动国外人才发展丛书项目。

国外人才发展丛书项目坚持为我所用的原则，围绕我国实施《国家中长期人才发展规划纲要（2010—2020年）》（以下简称《规划纲要》）的实际需要，选择典型国家的人才发展政策法规和创新实践，在深入分析和研究的基础上，分为专题、国别和名著三个系列，进行原汁原味地编译、翻译。

专题系列以《规划纲要》提出的人才发展体制机制为核心内容，系统介绍各国人才发展相关政策法规、创新做法和实践经验，具体包括：国际人才竞争战略、国外人才评价发现、发达国家人才流动配置以及国外高技能人才开发战略等。

国别系列以典型国家的人才发展经验为主线，每本书介绍一个国家的人才发展战略、创新政策和典型实践，具体包括：美国、加拿大、英国、德国、日本和新加坡等。

名著系列聚焦世界各国人才理论与实践研究方面的经典著作，重点关注体现人才发展一般规律的重要思想、理念和方法的著作，具体包括：全球创新政策报告、欧洲主要国家人事管理制度等。

党的十八大提出，要形成具有国际竞争力的人才制度优势，推动我国由人才大国迈向人才强国。国外人才发展丛书项目的系列成果尝试为我国实施人才强国战略提供国外的经验借鉴，并为相关理论研究提供参考。为此，人才强国研究出版工程计划将丛书项目纳入其中，于近期陆续出版，以飨读者。

目　　录

第一章
绪 论

第一节 研究背景

伴随科技发展日新月异，知识经济方兴未艾，世界多极化、经济全球化深入发展，国际经济形势愈加复杂多变。人才资源作为信息、科技、生产力的集中体现，已成为国际竞争的焦点，在综合国力竞争中越来越具有决定性意义。新一轮的综合国力竞争归根到底是人才的竞争。进入21世纪，各国均致力于制定打造人力资源强国的战略决策。加快人才培养，特别是高技能人才培养，已成为世界各国在激烈的国际竞争中积极应对、赢得主动的重大战略选择。

中国是人力资源大国。党中央、国务院高度重视人才工作，制定了一系列政策措施，大力实施“人才强国”战略。2003年12月，召开全国人才工作会议，印发《中共中央国务院关于进一步加强人才工作的决定》（以下简称《人才决定》）。2006年4月，中共中央办公厅、国务院办公厅印发《关于进一步加强高技能人才工作的意见》（以下简称《高技能人才意见》）。2010年4月，中共中央、国务院印发《国家中长期人才发展规划纲要（2010—2020年）》（以下简称《人才规划纲要》），明确提出人才工作“服务发展，人才优先，以用为本，创新机制，高端引领，整体开发”的指导方针，将高技能人才作为我国推动当前和未来经济发展的重要力量，与党政人才、企业经营管理人才、专业技术人才、农村实用人才和社会工作人才共同构成我国人才体系的六大支柱，并在全国规划和组织实施包括国家高技能人才振兴计划在内的12项重大人才工程。2011年11

月，中共中央组织部、人力资源和社会保障部印发《高技能人才队伍建设中长期规划（2010—2020年）》，人力资源和社会保障部、财政部印发《国家高技能人才振兴计划实施方案》，全面贯彻落实国家高技能人才战略规划，全面加强组织实施工作。2012年11月，党的十八大明确提出到2020年进入人才强国和人力资源强国的宏伟战略目标。在上述方针政策指导下，我国高技能人才工作不断加大改革发展工作力度，取得了重大进展，为促进经济发展和实现更加充分就业做出了重要贡献。

基于以上背景，立足于我国高技能人才理论和实践基础，我们将视角放宽到世界范畴，分析研究其他国家和经济体有关高技能人才的职业分布、需求趋势、战略法规以及相应的培养、评价、激励保障等环节的政策与实践，以期为我国高技能人才工作提供参考和借鉴。

第二节 我国有关高技能人才的理论研究与实践进展

一、关于高技能人才概念的理论探究

我国高技能人才的理论探究和工作实践，从新中国长期以来的技工和高级技工培养工作发展而来。许多实践工作者和理论研究人员，对高技能人才的内涵、范围进行了大量探讨与分析。

1. 技能

根据《辞海》解释，技能是指通过练习获得的能够完成一定任务的动作系统，它是通过行为和认知活动的结合而形成的。按其性质与特点，可分为智力技能和操作技能两类。前者指在头脑中对事物进行分析、综合、抽象、概括等的智力活动，如构思、心算等；后者指由大脑控制肌体运动来完成的，如书写、舞蹈等。按其熟练程度，可分为初级技能和技巧性技能。初级技能只表示“会做”某件事，而未达到熟练的程度。初级技能如果经过有目的、有组织的反复练习，动作就会趋向自动化，从而达到技巧性技能阶段。

2. 劳动者

劳动者是指参加劳动并以自己的劳动收入作为生活资料主要来源的人。传统上，一般将劳动者划分为体力劳动者和脑力劳动者。

3. 技能劳动者（技能人才）

将技能和劳动者的概念加以结合，技能劳动者可认为是指以实施某项劳动操作技艺来参与具体的生产活动，并以自己的劳动收入作为生活资料主要来源的人员。在我国，技能劳动者是指在产业领域中具有一定的专业知识，掌握一定的工艺和技术，能够独立使用工具、设备进行操作或生产加工的熟练或比较熟练的人员。

4. 高技能人才

我国高技能人才的概念由技术工人、技能劳动者演变发展而来，是技能劳动者中具备较高层次技术技能水平的人员。从一般意义上讲，任何从事职业活动的职业人员在其相应的工作领域中，都具有高熟练性、高精确性、高智能性的工作任务要求，只是程度、范围、重要性不同而已。高技能人才，是指具有必要的理论知识，应用现代设备，在生产和服务领域中能完成中级技能人才难以掌握的高难或关键动作，并具备解决问题和创新能力的高素质劳动者①。高技能人才具有精湛的动手操作能力、全面的专业知识和技术，突出的创造能力以及极强的适应能力等人才属性特征。其中，精湛的操作动手能力是高技能人才区别于其他种类人才的首要特征。

二、关于高技能人才内涵的政策界定

《人才决定》首次将高技能人才纳入人才范围，要求要树立科学的人才观；只要具有一定的知识或技能，能够进行创造性劳动，为推进社会主义物质文明、政治文明、精神文明建设，在建设中国特色社会主义伟大事业中做出积极贡献，都是国家需要的人才。《高技能人才意见》进一步明确，“高技能人才是我国人才队伍的重要组成部分，是各行各业产业大军

① 李宗尧等：《技能人才培养》，中国劳动社会保障出版社 2001 年版，第 120 页。

的优秀代表，是技术工人队伍的核心骨干，在加快产业优化升级、提高企业竞争力、推动技术创新和科技成果转化等方面具有不可替代的重要作用”。《人才规划纲要》进一步提出了新的发展目标，“适应走新型工业化道路和产业结构优化升级的要求，以提升职业素质和职业技能为核心，以技师和高级技师为重点，形成一支门类齐全、技艺精湛的高技能人才队伍”。这是从高技能人才的本质要求角度对其所做的政策界定。

三、我国高技能人才的工作范畴

在我国高技能人才工作实践中，根据上述政策，高技能人才属于技能劳动者范畴。按照国家技能资格等级标准，我国技能劳动者一般划分为五个层次：初级工（五级）、中级工（四级）、高级工（三级）、技师（二级）、高级技师（一级）。技能劳动者中的高级工、技师和高级技师属于高技能人才的范畴。与普通技能劳动者不同，按照国家技能资格等级标准的要求，高技能人才能够在工作实践中解决关键技术和工艺的操作性难题。

四、我国高技能人才的队伍现状

自2003年党中央、国务院制定《人才决定》和《高技能人才意见》以来，经过全社会的共同努力，我国高技能人才工作不断取得新进展。高技能人才规模不断扩大，结构逐步优化。2009年高技能人才达到2631万人，占技能劳动者总量的比例达24.7%。2012年全国技能劳动者达到1.34亿人，高技能人才达到3440万人。我国高技能人才在加快转变经济发展方式、促进产业结构优化升级、提高企业竞争力、推动技术创新和科技成果转化等方面发挥了重要作用。在取得明显进展的同时，我国高技能总量短缺、结构不合理、领军人才匮乏、人才培养与经济发展需求之间的矛盾仍然突出，青年学生学习技能的积极性不高，高技能人才成长的社会环境仍然有待进一步改善。当前和今后一个时期，我国处于全面建成小康社会的关键时期，走新型工业化道路，加快产业优化升级，全面提升我国企业核心竞争力，迫切需要大力加强高技能人才队伍建设。

第三节 国外与高技能人才有关的词语及含义

目前，见诸文字的有关技能、高技能、高技能人才的用语主要是在英美国家及部分亚洲国家的政府报告等相关文件中。西方发达国家及以英语为母语的国家，还没有专门的内涵范畴与我国完全等同的高技能人才概念；亚洲国家中日本则是将“高度熟练技能者”定义为高技能人才。

一、英语国家相关名词概念的内涵

比照我国技能劳动者和高技能人才的工作内涵以及统计口径，可以对英语国家对应及相近的概念名词进行比照分析研究。

1. 工人（Worker）

在英语国家“工人”（Worker）是指被雇佣做体力劳动的人员，而非负责组织、管理方面的人员，通常指雇员或劳工。

工人一词起源于18世纪后期到19世纪前期英国的产业革命。在这一时期，资本主义生产完成了从工场手工业向机器大工业的过渡，以机器生产逐步取代手工劳动，以大规模工厂化生产取代个体工场手工生产，由此需要劳动力以及生产资料的大量投入，“工人”应运而生。最初，工人概念主要依据劳动者在工作生产中的作用和地位确定。进入21世纪以来，伴随着世界经济的发展，工人的概念不断产生泛化和分化。目前，工人主要指第二产业中从事体力、半体力劳动的产业工人，即除了工厂的管理者以外的主要劳动者。在某些国家和地区，工人有时不仅包括在工厂中从事生产工作的人，也包括在社会服务行业工作的人，如服务员、电工、销售员等一线工作人员，而且工人的收入也仅维持在最低工资线上下。有些地区工人与劳工同义，泛指受薪阶层，其中包括收入非常高的中产人士。他们本身不占有生产资料，只能通过自己的劳动才能获得工资性质的收入。

2. 技术工人（Skilled Worker）

早期的技术工人主要产生于产业革命前的工匠以及农民等。一般而言，技术工人掌握了从事某项工作所需的特定的操作技能、知识以及能力。目前，国际劳工组织、世界经合组织以及英、美等西方国家的研究文献中也仍在采用技术工人这一概念。此处，技术工人的内涵所指宽于我国高技能人才概念，与我国技能劳动者内涵大体相当。

3. 技能劳动者（Skilled Labor，Skilled Laborer 或 Skilled Workforce）

技能劳动者的概念与非技能劳动（纯体力劳动者）概念相对。技能劳动者需要通过操作使用生产工具（如手工工具、电动工具、气动工具及重型设备等）开展技能劳动。除了通常所指的在第二产业中的从业的人员外，很多不适合于某项劳动分工的工种或职业的从业人员，也被划分为技能劳动者，如重型设备操作工、炼钢工人、木工、瓦工以及重型卡车司机等。

4. 高技术工人（Highly Skilled Worker）及高技能劳动者（Highly Skilled Labor）

高技术工人、高技能劳动者往往指技术水平较高的工人。Skilled 是指 having enough ability，experience and knowledge to be able to do something well，即有足够的能力、经验或知识水平的去完成某项工作。之前加上 highly 这表达更高等级更好要求的副词形容词，后面加上 worker 这一表达工人的宾语，整体 Highly Skilled Worker 就是指具有很好的能力或丰富的经验，能够很好地完成某一工作的工人。

由此可见，高技能劳动者（Highly Skilled Labor）以及高技术工人（Highly Skilled Worker）与我国高技能人才的概念具有一定的同一性，并可见于德国等国公布的英文资料中。但高技能劳动者所掌握的技术熟练程度以及知识水平要高于熟练工（Journeymen or Craftsman）。

5. 灰领（Grey Collar Worker）及蓝领（Blue Collar Worker）

"灰领"一词起源于美国，是指具有较高的知识层次、较强的创新能力、掌握熟练技能的人才，是介于白领与蓝领之间的一种分类。根据工作的行业和工作性质，灰领可以理解为是在制造企业生产一线从事高技能操作、设计或生产管理以及在服务业提供创造性服务的专门技能人员。这类职业同时包括了白领的脑力劳动和蓝领的技能操作特征，是心智劳动与技能操作劳动的高度结合。灰领可被划分为：高新技术行业技师、制造行业技师、保安行业从业人员、食品加工和餐饮行业从业人员、医疗护理、儿童及老年人护理等职业群。

蓝领是指以手工操作开展劳动的工人群体，包括在制造、矿石开采、建筑、机械、设备维护、维修和安装行业从事技能操作的工人以及其他从事纯体力劳动的工人。“蓝领”一词是西方从工作形态的角度对这一阶层劳动者进行的定义。简单来说就是如工厂作业员等从事劳动工作的雇员。与白领相比，蓝领与白领最大的区别就是其工作状态不是坐办公室的文书工作，而是从事生产一线的体力劳动。“蓝领”一词是一个宽泛的概念，西方对其的普遍定义是，从事体力和技术劳动的工作者，特别指工作时间要求穿工作服的阶层，他们一般拿“周薪”或“小时薪水”。蓝领的典型职业有工厂的技术人员、医院的护理人员、维修人员和客服人员等。而白领相对于蓝领而言，通常指在办公室开展文职工作的职员，一般需要借助电脑来完成工作任务，包括研究人员、专业技术人员和行政管理人员等。

蓝领、白领的概念在英美两国使用较多。当前，我国高技能人才主要指灰领工人以及技术等级较高的蓝领工人。

6. 人才（Talent）

按照《牛津高阶英汉字典》的解释，Talent 解释为 people or a person with a natural ability to do something well，是指天生具有某种能力并能很好完成某项任务、活动、工作的人，译为有才能的人才或天才。这一释义主要着重指人在某方面，尤其指音乐、绘画、表演等艺术领域，具有可发展和培养的突出天赋才能的人。Highly Skilled Talent 可直译为“高技能人才”。它是指具有一定的专业知识或专门技能，进行创造性劳动并对社会做出贡献的人，是人力资源中能力和素质较高的劳动者。英国政府在采用时，主要指受过高等教育、专业技能水平较高的人，其中包括高级工程师、程序员、医生以及管理人员等。加拿大在人才引进过程中，也经常采用这一概念界定。Highly Skilled Talent 与我国的高技能人才在内涵上有一定差异，比较接近于高层次专业技术人员。

二、亚洲国家对高技能人才的界定

受人才培养硬件条件及能力所限，亚洲国家中已经广泛使用的、概念等同于高技能人才的说法不多。除了我国以外，主要是日本和韩国。印度、菲律宾等原英系国家，基本上沿用英语有关提法。

1. 日本的高度熟练的技术人员

日本对技能劳动者和高技能人才有很多称谓，如“技能者”、“技能型正式员工”、“高度熟练技能者”、“技术工人”等，不同的称谓，其定义的角度有所不同，内涵外延也并非完全重合。

技能者，是指有一定技能的熟练工人或工匠，如负责机械制造或精密仪器加工、装配的工人。

高度熟练技能者。在日本，“技能者”进行国家资格认证后，即成为“高度熟练技能者”。2002 年至 2009 年，负责劳动就业的日本厚生劳动省委托职业能力开发协会每年发起一次高度熟练技术人员的认定。其文件内以“高度熟练技能者”来命名通过高技术能力认定的人群。高度熟练技能者的申请要求是：高密度、高质量制造业的技能工人，同时需要达到 20 年以上的相关行业从业经验并获得企业的推荐。经过审核，通过此认证的人数已超过 5000 名，他们技术高度熟练、技艺精湛。此类人员大致相对于我国高技能人才中的技师、高级技师。

一般认为，高度熟练技能者（高技能人才）在制造业较为多见，是指“在制造现场从事加工、组装、检查、保障安全等作业的人员，也指从事热处理、机械加工、模具制作、冲压加工、成型、涂装、焊接、安装组合、车辆组装、包装、机械安全保障等作业的人员”。可见，高技能人才的技能与生产实践高度相关，“是用身体习得技术、用头脑创造知识”的人才。

严格意义上，高技能人才掌握的技能也有层次区分，并非仅仅是熟练掌握机械、提高生产效率。以日本享誉世界的汽车产业中的技术工人为例，他们掌握的技能又可细分为手法（灵活度）、检查（感知能力）、设备操作（机器控制）、知识和经验（制造原理）、现场应变（判断力）、改善和找窍门（创造力）等六项。换言之，技术工人首先需要掌握“手法”等技术层面的技能，并不断积累经验达到知识性的技术水平，最终可以进行“改善、找窍门”等较高层次的技术活动。只有达到这样的水平，才能够被称为“知识型技术工人”，成为日本制造业强有力的人力资源支撑。

2. 韩国的高技能人才

根据韩国的证书制度，韩国的技能人才分为三类，即工匠（Craftsman）、技师（Technician）、技能大师（Master Craftsman）。技师只有毕业于初等技术学院、综合技术学院、两年制职业培训机构或作为工匠工作一年以上的人员才具有申请资格。成为工作满六年的技师才具有申请技能大师的资格。其中，获得技师和技能大师证书的人与我国高技能人才概念对应。

三、有关英文版国际报告对技能的定义

鉴于技能对于就业和经济发展的重要意义，一些影响较大的国际或区域组织及研究机构发布的有关经济社会报告中，对“技能”给予了很大关注，但由于传统和习惯，在英文版本中，关于同一名词 skill（技能），各项研究及报告中对其内涵的界定又存在一定的差异。

国际劳工组织的《世界发展报告》（World Developoment Report）中，skills 主要指认知的、社会的和技术的技能，以及创业技能。联合国经合组织《技能战略》（Skills Strategy）中，skills 主要指基础技能（解决问题、识字、计算、阅读）、高端技能如 4C（创造力、批判性思维、沟通、合作），学会学习技能、职业技能和创业技能。联合国教科文组织《全球职业技术教育发展趋势和挑战》（Global Trends and Issues in TVET）中，skills 主要指技术的职业的技能；但其《2012 全民教育全球监测报告》（2012 EFA Global Monitoring Report）中，并没有将 skills 局限在技术和职业教育方面，而是将其内涵包括了基础技能、生活技能、可迁移性技能以及技术和职业技能。麦肯锡研究报告《工作、薪酬和技能》（Jobs，Pay and Skills）中，skills 仅意味着教育，该报告以“所受教育水平”来泛指技能水平。

尽管上述skills的内涵存在差异，但与就业、工作紧密相连的职业性、技术性技能，始终是上述所有报告中skills的内涵所指的重要内容。

第四节　国外高技能人才战略的研究对象和重点内容

本书在研究关注的对象方面，面上主要聚焦于各国的劳动力和技能劳动者（见表1—1），点上将比照我国高技能人才的含义，搜集、获取在生产、运输和服务等领域岗位一线从业人员，包括手工艺工匠、第二产业中从事体力、半体力劳动的产业工人以及在第三产业中从事维修、美容美发等工作的技能劳动者的情况。在选取的原文资料方面，强调政策权威性，并能反映各国最新工作动向以及未来发展趋势。但从技术术语的角度，有关高技能人才、技能人才、技能劳动者、技能等名词所指不能完全等同于国内概念，编译文稿也可能会在同一含义上交替使用这些名词用语。在研究内容方面，则以国外高技能人才战略为重点，全面关注各国技能劳动者和高技能人才的职业分布、发展战略、政策法规、培养模式、评价制度、竞赛表彰和人才跨国流动等环节的进展，并在此基础上提出对策建议。

表1—1　国外高技能人才相关名词用语

序号	国别	对应研究对象
1	美国	工人、灰领、蓝领（Worker，Grey Collar Worker，Blue Collar Worker）
2	英国	技术工人（Skilled Worker）
3	德国	技能劳动者（Skilled Labor）
4	日本	高度熟练技能者（Highly Skilled Worker）
5	韩国	技能大师（Master Craftsman）

高技能人才来自于技能劳动者，通过劳动直接参与生产、生活资料的生产过程。相比于其他类别人才，高技能人才有其特殊性。作为一个人口

众多、经济稳步发展、人民生活水平不断提高的大国，我国的技能人才基数大，广泛分布于各行各业，经济发展所需的高技能人才资源供给不可能依靠引进来解决，只能依靠自主培养。因此，借鉴学习其他国家的先进做法与经验，提升我国自身高技能人才培养、使用等方面的能力和效率，是十分必要的。

第二章 全球化背景下的国外高技能人才

第一节　国外高技能人才的职业分布

综观国外高技能人才的名词用语，不同国家对高技能人才的定义存在着差异，归纳起来主要有：日本、韩国的劳动者主体导向定义以及美国、英国、德国等的工作客体导向定义，即日本、韩国以主体劳动者的素质能力为标准对于技术工人划分等级，美国等欧美国家则是以客体职业的技能等级作为标准来划分高技能人才。美国对于高技能人才的划分是最为详尽的，对我国的借鉴意义也最为重要。

一、美国的高技能人才

根据国际劳工组织 2012 年发布的报告，截至 2011 年美国全国在职人数大致为 1.8524 亿人，职业总数约为 1110 个。美国职业信息网（O*NET）对劳动者从业技能的种类、层次、级别等多个角度进行了定性和定量研究，为筛选和区分高技能职业提供科学的参考依据。根据分析，美国高技能职业大约有 119 个。

1. 美国职业信息网的职业技能分类

美国职业信息网的研究人员将技能定义为：技能是指能够为人们在多个领域实现知识获取和应用提供支持的一组通用程序。这一定义明晰了技能的三个特点：一是技能与知识密切相关，没有知识为依托，个体技能的获得与应用就无从谈起；二是技能是一组通用的心智或动作程序，即个体所具备的诸如复杂问题解决、社交等技能能够同时适用于多种工作任务和工作领域；三是技能并不是个体所具备的稳定属性，个体的技能结构和各项技能的水平会因经验和工作领域的不同而产生差异。个体在工作中的“表现”是诠释其自身技能结构和技能水平的最好标志，也因此美国职业信息网的职业分析师将个体在工作中个人能力表现、职业活动表现以及为个体表现个人能力、完成职业活动提供的工作环境等多个指标进行了分析，并归纳出了相对完整且较为细化的技能种类。

从知识获取的角度来讲，和学习有关的最重要的能力是个体学会如何学习（Learning to Learn），这些能力被统一划归到基础技能或核心技能（Basic Skills）这一大类中；从知识运用的角度来讲，个体从事特定的职业需要依据职业的目标、任务和环境等因素的差异掌握适应某一行业或职业的技能。而需要注意的是，个体在从业过程中并不是只具备某种单一的技能就能胜任这一职业。换句话说，诸如社交技能、问题解决技能在多种职业领域的从业者身上均有体现，只是其技能结构和水平会因工作任务、工作环境等因素的不同而存在差异，亦即某一从业技能能够适用于多个职业领域，而某一职业领域的从业者又需具备多种从业技能。美国职业信息网的职业分析师将这类技能统称为跨职能技能（Cross-functional Skills），主要包括社交技能、复杂问题解决技能、技术技能、系统技能和资源管理技能等五类（见表2—1）。

表2—1　技能分级表

<table>
<tr><th>大类技能</th><th>中类技能</th><th>小类技能</th><th>细类技能</th></tr>
<tr><td rowspan="10">基本技能</td><td rowspan="10">基本技能</td><td rowspan="2">数学与科学</td><td>数学</td></tr>
<tr><td>科学</td></tr>
<tr><td>批判性思维</td><td>批判性思维</td></tr>
<tr><td rowspan="3">学习能力</td><td>主动学习</td></tr>
<tr><td>学习策略</td></tr>
<tr><td>自我监督</td></tr>
<tr><td rowspan="2">书面交流</td><td>阅读理解</td></tr>
<tr><td>写作</td></tr>
<tr><td rowspan="2">口头交流</td><td>积极倾听</td></tr>
<tr><td>讲话</td></tr>
</table>

续表

<table>
<tr><th>大类技能</th><th>中类技能</th><th>小类技能</th><th>细类技能</th></tr>
<tr><td rowspan="29">跨职能技能</td><td rowspan="6">社交技能</td><td>社会洞察力</td><td>社会洞察力</td></tr>
<tr><td>反应与协调</td><td>协调</td></tr>
<tr><td rowspan="2">说服/谈判</td><td>谈判</td></tr>
<tr><td>说服</td></tr>
<tr><td rowspan="2">指导/服务</td><td>指导</td></tr>
<tr><td>服务客户</td></tr>
<tr><td>复杂问题解决技能</td><td>问题解决技能</td><td>复杂问题解决</td></tr>
<tr><td rowspan="11">技术技能</td><td rowspan="3">设计</td><td>设备挑选</td></tr>
<tr><td>操作分析</td></tr>
<tr><td>工艺设计</td></tr>
<tr><td rowspan="2">装配</td><td>安装</td></tr>
<tr><td>程序编制</td></tr>
<tr><td rowspan="4">操作</td><td>操作与控制</td></tr>
<tr><td>运行监测</td></tr>
<tr><td>质量控制与分析</td></tr>
<tr><td>设备保养</td></tr>
<tr><td rowspan="2">修正</td><td>维修</td></tr>
<tr><td>故障排除</td></tr>
<tr><td rowspan="3">系统技能</td><td>系统理解</td><td>评估与决策</td></tr>
<tr><td>系统操作</td><td>系统分析</td></tr>
<tr><td>判断与评估</td><td>系统评估</td></tr>
<tr><td rowspan="4">资源管理技能</td><td>—</td><td>资产管理</td></tr>
<tr><td>—</td><td>材料管理</td></tr>
<tr><td>—</td><td>人力资源管理</td></tr>
<tr><td>—</td><td>时间管理</td></tr>
</table>

资料来源：美国职业信息网（O＊NET），http：//www.onetonline.org/。

为了更清晰地表述每类技能在不同职业领域的级别和重要性，研究者将上表中的细类技能划分为七个等级和五个重要程度，并按照“分数＝（原始分数－最低分数）／（最高分数－最低数）×100”这一公式对原始的等级得分和重要程度得分进行了百分制换算，以求结果简单规范。以技能等级为例，如果原始分级得分为5分，换算后的得分则为（5－0）/(7－0)×100＝71分。需要注意的是，技能等级虽然以数学的手段可以将其量化，但是各级别之间的界限并不明显，为解决这一问题，美国职业信息网的研究人员提出了技能等级锚（Level Scale Anchors）的概念（见表2—2）。即虽然划分了低、中、高三个等级，但是各级之间均有交叉，职业技能的级别以2、4、6级为“锚”并允许在其两端进行左右浮动，从而避免了技能等级之间的完全割裂。

表2—2　职业技能等级锚示意图

1	2	3	4	5	6	7
	低级	（交叉）	中级	（交叉）	高级	

资料来源：〔美〕苏萨纳·苔丝康米思：《O＊NET职业技能等级分析》，人力资源研究机构2010年，第1页。

2. 美国高技能职业分析

美国职业信息网将每个细类技能所涉及的职业进行了罗列，并同时标注了百分制分数。根据职业技能等级锚的等级划分，可以认为具备第5级及其以上级别技能的职业即为某一技能领域的高技能职业。本节将美国职业信息网中各细类职业技能中分数在70分以上的职业进行了筛选。在美国1110个职业的细类职业技能中，至少有一项达到了70及其以上的分数的职业总共有112个，占到了美国职业总体的10.1%。在美国23个职业大类中，高技能职业共涉及职业大类11个（见表2—3），且这11个职业大类所包含的技能结构也不尽相同（见图2—1和图2—2）。

表 2—3 职业大类技能分布表

职业大类		基本技能	社交技能	复杂问题解决技能	技术技能	系统技能	资源管理技能
编码	名称						
11	管理	7	3	2	0	3	4
15	计算机和数学	11	0	0	1	1	0
17	建筑和工程	23	0	0	2	0	0
19	生命、物理和社会科学	46	5	0	0	0	0
21	社区和社会服务	2	6	0	0	0	0
23	法律	15	0	0	0	1	0
25	教育、培训和图书管理	61	1	0	0	0	0
27	艺术、设计、娱乐、运动和传媒	6	0	0	0	0	0
29	医疗保健	17	2	0	0	1	0
49	安装、维护和维修	0	0	0	1	0	0
53	交通和物资运输	0	0	0	3	0	0

资料来源：美国职业信息网（O＊NET），http：//www.onetonline.org/。

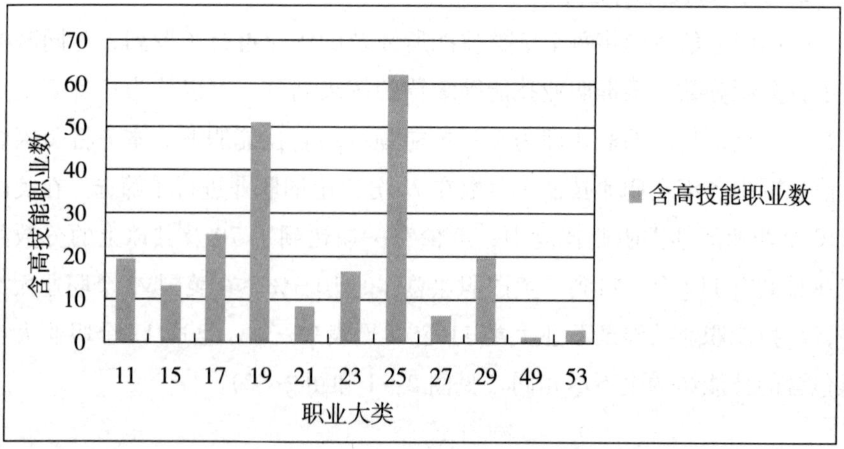

图 2—1 职业大类含高技能职业数量图

资料来源：美国职业信息网（O＊NET），http：//www.onetonline.org/。

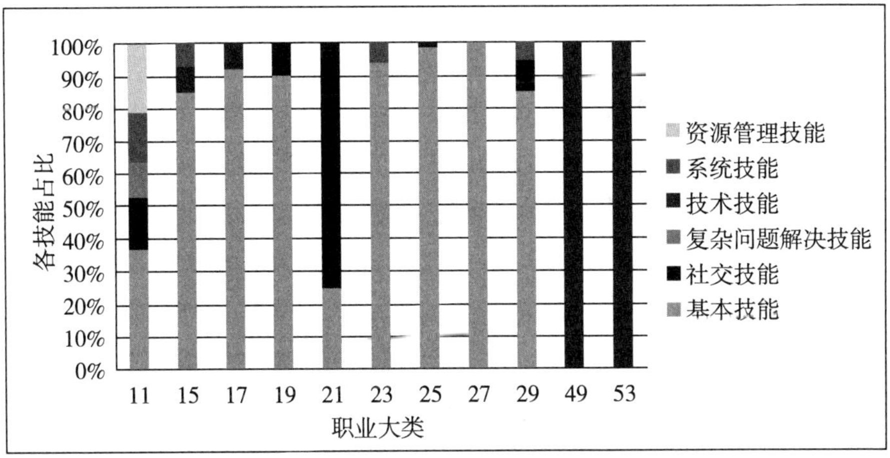

图 2—2　职业大类各技能占比分布图

资料来源：美国职业信息网（O＊NET），http：//www. onetonline. org/。

从职业技能大类来看，基本技能所占的比重最大（见表 2—4 和图 2—3），由此可以看出，从事一项职业更重要的是获得知识并且将知识运用于实践的能力，这项能力不仅成为从业者进入某一职业领域的基础，也为从业者未来的职业发展提供支持（见图 2—3）。基本技能所包含的职业更多地是集中在阅读理解这一技能中（见图 2—4），由此也不难推断阅读理解能力在知识的获取和应用过程中是至关重要的。

但是，值得注意的是美国高技能人才含企业高层次管理人员，不同于我国高技能人才范畴的界定。对照我国高技能人才概念，美国高技能人才职业数量为 100 个。

表 2—4　职业技能大类包含职业数量分布表

单位：个

基本技能	社交技能	复杂问题解决技能	技术技能	系统技能	资源管理技能
109	16	2	6	4	2

资料来源：美国职业信息网（O＊NET），http：//www. onetonline. org/。

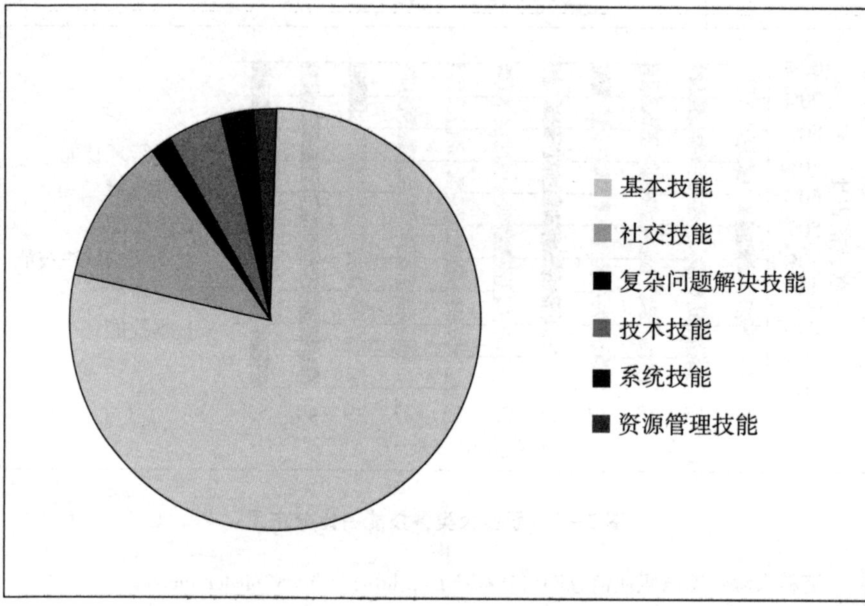

图 2—3　职业技能大类包含职业数量分布图

资料来源：美国职业信息网（O＊NET），http：//www. onetonline. org/。

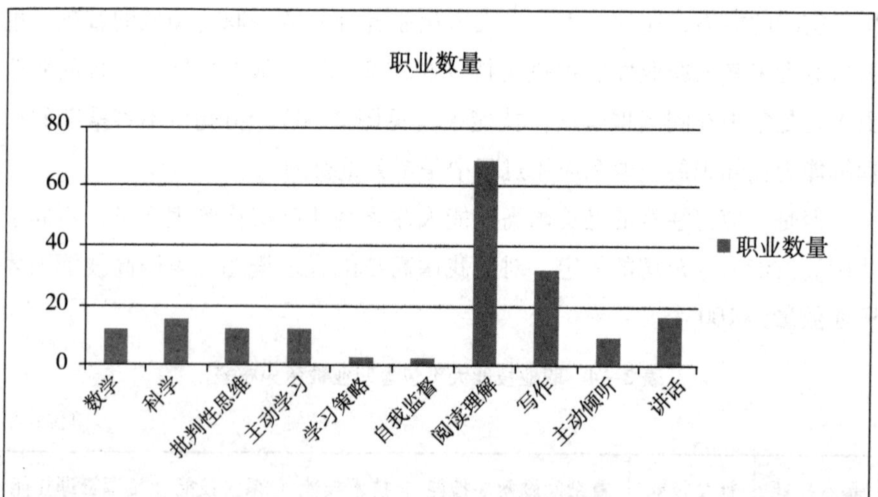

图 2—4　基本技能各细类职业数量

资料来源：美国职业信息网（O＊NET），http：//www. onetonline. org/。

二、德国的高技能人才

德国的职业分类体系自 20 世纪 60 年代以来随着新职业的不断涌现，经历了多次修订和完善。2010 年中期完成了职业分类的修订工作，其具体职业数量高达 2.4 万余个。不同于其他国家的职业分类，德国职业数量很多，除包含职业大类、中类、小类和细类四个层次外，在细类之下还包含更为具体的职业类。其职业分类体系从职业大类的层面来看较为概括，包括第一大类植物种植员、动物饲养员和渔民，第二大类矿工矿物经营者，第三大类生产制造业从业人员，第四大类技术型职业从业人员，第五大类服务业从业人员，第六大类其他类劳动力（工作人员）。与美国高技能人才划分标准相对应，德国高技能职业分布于第三、四、五大类职业中。从职业细类层次来看，共包含高技能职业 229 个（见表 2—5）。

表 2—5　德国高技能职业分布表

职业大类	Ⅲ生产制造业从业人员		Ⅳ技术型职业从业人员		Ⅴ服务业从业人员			
职业中类	Ⅲb	Ⅲg	Ⅳa	Ⅳb	Ⅴd	Ⅴe	Ⅴf	Ⅴg
职业细类	1	1	19	3	8	4	4	189

三、日本的高技能人才

日本的职业分类与美国、英国以及我国职业分类均有不同。日本的职业分类包括群体、小组和单位组三个阶段（见表 2—6）。由于主要群体（如生产工艺及有关人员）涵盖了包括生产工人、机器引擎操作工、建筑及采矿工人等多种职业，为了统计方便，生产工艺及相关人员在主要群体之下又划分出次主要群体。从数量上看，日本职业体系共划分主要群体 10 个，小组 81 个，并涉及具体职业 364 个。对照美国职业划分标准，日本高技能职业有 26 个，占到职业总体的 7.1%（见表 2—7）。其中职业代码以 0、1 开头的职业有 24 个，这些职业隶属于专家和技术工人类（A 群体），占到高技能职业总体的 92.3%；以 2 开头的职业有 2 个，这些职业隶属于

B 群体管理人员，其比重较小。其他八个主要群体未出现高技能职业。如果对照我国的职业划分标准，则日本高技能人才职业只有 11 个。

表 2—6　日本职业分类表

单位：个

主要群体	次主要群体	小组	单位组
A 专家和技术工人	—	20	75
B 行政和管理工作人员	—	4	10
C 文秘人员	—	7	21
D 销售人员	—	2	13
E 服务人员	—	6	27
F 保安人员	—	3	11
G 农业、林业和渔业工人	—	3	14
H 运输和通信工人	—	5	21
I 生产工艺及有关人员	3	30	171
J 未分类职业领域下的工人	—	1	1
总计	3	81	364

表 2—7　日本高技能职业表（对照美国职业划分标准）

职业代码	职业名称	职业代码	职业名称
011	自然科学研究人员	092	助产士
012	人文、社会科学研究人员	119	医疗保健从业人员
025	食品技术人员	121	福利咨询指导人员
031	机械技术人员	131	裁判官、检察官、律师
032	航空器技术人员	132	代理人、司法代笔人
033	船舶制造技术人员	156	大学教师
036	核能技术人员	157	盲人学校、聋人学校、残疾人学校教师

续表

职业代码	职业名称	职业代码	职业名称
042	化工技术人员	159	其他教师
052	土木技术人员	161	宗教家
061	计算机系统工程师	171	文艺家、著作家
081	医师	172	记者、编辑
082	齿科医师	221	公司董事、决策人
083	兽医师	231	公司管理职员

四、英国的高技能人才

英国职业分类体系的前身是1972年的职业分类与职业名称词典（CODOT）。CODOT是一个层次详细的分类系统，包括18个大类、73个次类以及相互区别的378个职业单元和3800种职业。其职业划分标准是基于工作陈述、工作任务清单以及就业趋势等的分析而得出的。1990年，英国劳动力服务委员会、培训部、中央统计办公室等部门联合提出对CODOT1980年版本进行重新修订。经过努力，2000年英国职业分类体系重新修订工作完成。之后由于经济发展，部分职业名称以及工作内容发生变化，使用者对于职业分类有了更高的需求，英国国家统计局下属的分类及协调部协同就业研究协会和华威大学对SOC2000再次进行修订，最终完成SOC2010的编写工作。重新修订后的英国职业分类体系包含9个职业大类、369个具体职业。其中高技能职业有32个，占总体职业数的8.6%。这些高技能职业分布于第一大类经理和高官、第二大类专业技术人员、第三大类辅助专业技术人员和第五大类熟练技术人员，其数量分别为5个、19个、7个和1个（见图2—5）。对照我国高技能人才的概念，英国高技能职业数量具体为27个。

经过以上对于国外高技能职业分布的分析可以看出，高技能职业普遍存在于与管理和专业技术相关的职业类别。就相关从业者的技能结构来看，管理类职业从业者技能结构包含了除技术技能以外的其他五大类技

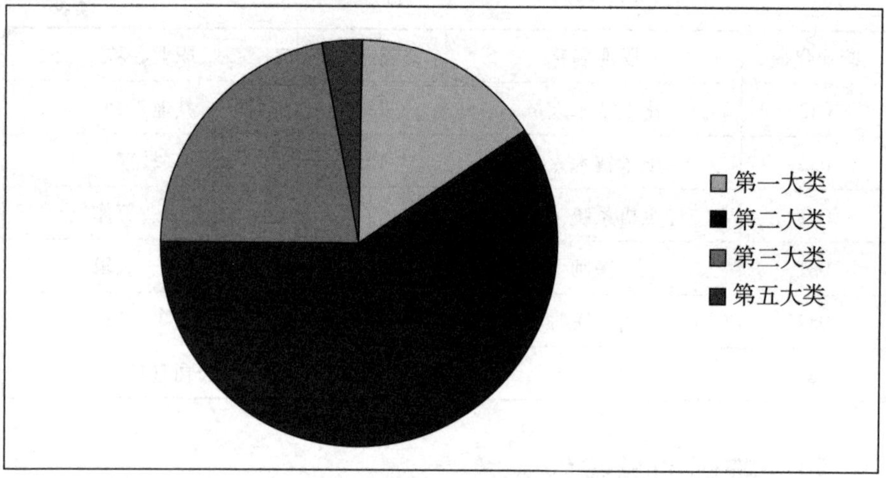

图 2—5 英国各职业大类包含高技能职业数量

能，其技能类别更为全面，分布比例更为协调。而其他类别的职业则会要求从业者具备更适应于职业目的、工作任务和工作环境要求的、更为专门的技能，这一技能在其技能结构中则占有更大的比例。需要注意的是，基本技能在诸多技能大类中出现的频率、所占的比重最大，这说明掌握知识以及学会如何掌握知识对从业者顺利进入职业领域、提升技能层次、获得更好的职业发展至关重要，这也在一定程度上为从业者树立终身学习的理念、打造学习型社会奠定了基础。

第二节 国外高技能人才的发展现状

随着经济全球化的深入和科学技术的发展，以资源为传统的竞争逐渐转变为以国家整体优势为主的竞争。国家整体优势从根本上说来自于人才的竞争实力。由于国际范围内的产业结构调整和市场竞争加剧，人才的开发、培养越来越成为关乎国家生存与发展的关键因素。人才竞争成为综合国力竞争的关键。正如美国经济学家马歇尔在《经济理论》一书中所说："一切资本中最有价值的莫过于投在人身上的资本。"高技能人才强大的国际竞争优势和巨大的经济增长作用，无疑值得各个国家加大关注力度、增加投入水平。

一、高技能人才资源在形成世界经济新格局过程中的作用

世界经济格局是指世界各国在世界经济中所处的地位与作用以及由此形成的相对稳定的关系①。冷战结束、两极格局瓦解使得世界经济格局发生了重大变化。以美国、欧盟、日本等发达国家和地区为代表的经济体占据了主导地位，对世界经济格局起到了支配作用，而数量众多的发展中国家则居于次要的附属地位。世界经济格局呈现一超多强的态势。

然而，自2007年夏美国次贷金融危机全面爆发开始，持续了近半个世纪的世界经济格局开始悄然变化。这次危机所促成的新兴经济体的整体崛起正改变着世界经济的结构。一组国际货币基金组织的研究数字显示：2010年新兴发展中经济体的平均国内生产总值占全球总数的47.7%，比1990年增加16.9个百分点。② 从世界经济的发展趋势来看，以金砖国家为代表的新兴经济体具有巨大的发展潜力。同时金融危机也转变了以美国为首的全球经济结构。随着金融危机影响的深入，国际经济格局已经并将继续发生新的重要变化。但这一变化并非一蹴而就的，而是一个曲折前进的过程。

在世界经济新格局形成的过程中，世界各国为了在新格局中抢占优势、获得有利地位，以及在世界经济中攫取更大利益、占有更多资源，大力发展高技能人才是至关重要的。同时信息科技的飞速发展、科学技术的快速提升，也要求人才技能的提高，从而获得世界科技竞争优势、提高综合国力。另一方面，经济的快速发展转而又为高素质人才的培养提供更多资源保障。

总体来说，高技能人才不同于普通人才，这一群体对于世界经济新格

① 董君：《世界经济格局演变中的国际货币格局调整》，《当代经济管理》2011年第9期。

② 张宇燕：《求实：中国和平发展面临国际经济环境发展变化》，http：//www.chinanews.com，2011/11/16。

局的转变发挥了不可替代的推动作用。传统的工业经济即将被知识经济所取代，资源主题也不再是物质资源，人才资源将成为最重要的战略竞争优势资源之一。全球各国均把人才看作是提升本国经济、科技竞争力的根本因素，高技能人才逐渐成为提升综合国力的直接动力。生产效率的广泛提升有助于经济的快速发展，从而在世界竞争中占有一席之地。因此，高技能人才是加快经济发展的重要保证，是世界新经济格局形成的一个重要动因。

二、全球就业形势严峻与高技能人才短缺

受金融危机等多方面因素的影响，全球普遍出现严峻的就业困难现象。国际劳工组织发布的《2012 年全球就业趋势》显示：2011 年全球 33 亿的劳动力人口中，有 2 亿人处于失业状态（见图 2—6）。在就业人口中，除发达国家以外，每天收入不足 2 美元的有 9 亿人之多。按照统计计算，全球每 3 个人中就有 1 个处于失业或者生活贫困状态。再加上 2009 年之后至今未就业的人口数，当前的就业形势令人担忧。

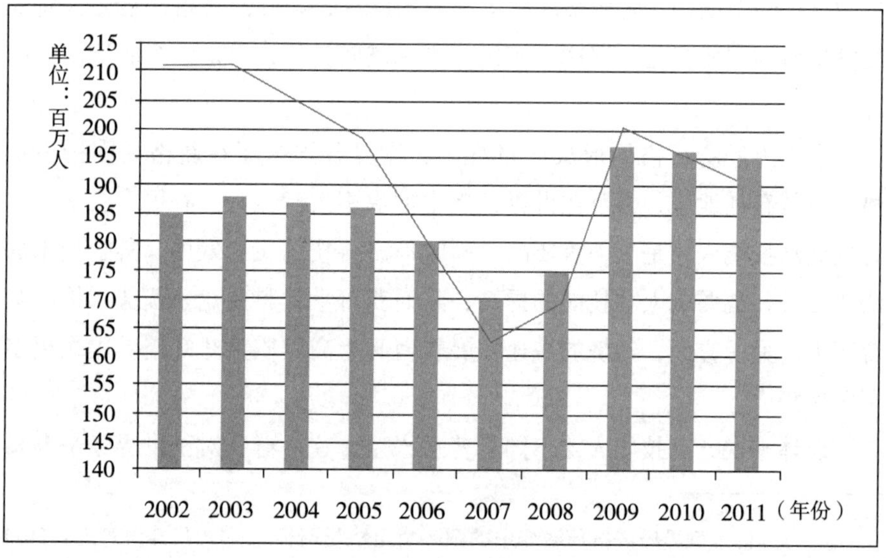

图 2—6　2002—2011 年全球失业人数统计图

资料来源：国际劳工组织：《更好的经济更好地工作》。

纵然各个国家政府组织都加大就业扶持力度，国际劳工组织也呼吁提供更多的工作，但面对巨大的失业人口可谓是杯水车薪，政策制度收效甚微。按照失业比例，国际劳工组织认为在未来 10 年内需要创造 6 亿工作岗位才能满足经济发展和社会稳定的需要。

但由于劳动力市场提供的人才达不到企业标准而导致的失业问题，仅仅依靠增加就业岗位是不能解决的，而且在 10 年内增加 6 亿工作岗位也是难以实现的。据 2012 年 6 月麦肯锡国际研究公司公布的研究数据，对占有全球 CDP76%和 87%人口国家的调查研究显示：这 70 多个国家随着经济的发展，高技能人才的供给小于需求的矛盾越来越尖锐，较低等级技能劳动力供给大于需求的矛盾越来越明显。发达国家 2 亿至 2. 3 亿的失业人口中较低技能的劳动者至少是过去的 5 倍，而高技能人才持续面临着巨大的缺口。在发展中国家，这一问题更加严峻。预计至 2020 年将会有 8900 万至 9400 万过剩的较低等级技能的劳动者，而中、高等级技能劳动者的缺口合计将达到 8300 万至 8600 万人（如图 2—7）。

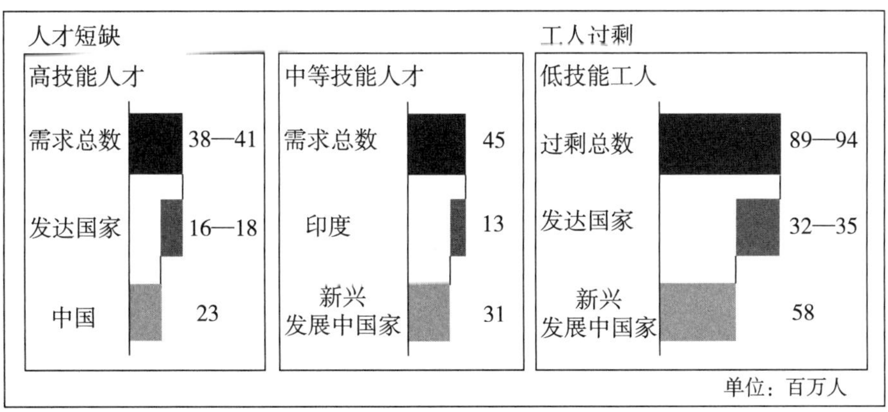

图 2—7　麦肯锡 2020 年人才需求程度预测

资料来源：理查德 · 道博等：《全球劳动力报告：35 亿人的工作、薪资和技能》。

对于发达经济体来讲，高技能人才的缺口将会长期存在，较低等级技能劳动者和高技能人才的收入两极化趋势也会越来越明显。长此以往，国家平均生活水平降低、政府机构的负担增加、社会不稳定等问题会接踵而至。如此严峻的形势下，如果大量培养具有国际化水准的高技能人才的任务得不到应有重视，将难有更多的高技能人才提高生产力，而面向较低等级技能人才的工作岗位会更少。国家经济实力受到限制的同时就业问题会更加严峻。

三、发展绿色经济对高技能人才产生的新需求

在当前全球气候变暖、资源枯竭、生态环境恶化的背景下，实现经济社会向低碳和可持续的方向发展显得越发重要，经济发展方式的转变进一步引发了劳动力市场对从业人员技能要求的改变。世界各国如果能够对当前威胁人类生存和发展的诸多危机予以重视，并采取行之有效的措施来协调经济过渡转型过程中出现的劳动力技能结构失衡，实现劳动力就业方式和就业领域的平稳过渡，那么绿色经济发展所带来的绿色就业机会将会成为未来就业的新生增长点。据联合国绿色职业报告预测，随着各国对替代能源的普遍关注，风能发电领域将会新增就业岗位 210 万个，太阳能光板领域将会新增就业 630 万个，生物燃料领域将会新增就业 1200 万个。放眼世界诸多国家，可再生能源领域所蕴含的就业潜力均相当巨大（见表 2—8）。欧洲可再生能源委员会也认为，到 2020 年，可再生能源的消费比重将会占到能源消费总量的 20%，并将为欧洲地区贡献逾 200 万个就业岗位。

表 2—8　2020 年部分国家可再生能源领域就业潜力预测

澳大利亚	2. 74 万个新工作岗位
孟加拉国	10 万个新工作岗位（太阳能领域）
德国	40 万—50 万个新工作岗位
丹麦	1 万—2 万个新工作岗位（至 2015 年）
法国	31. 6 万个新工作岗位
英国	41. 08 万个新工作岗位（至 2015 年）
印度	10 万个新工作岗位（至 2022 年）
韩国	95 万个新工作岗位（至 2030 年）

续表

美国	130.5万—732.8万个新工作岗位（至2030年）
南非	15万个新工作岗位

资料来源：〔美〕米歇尔·瑞纳：《绿色职业技能》，国际劳工组织2008年，第40页。

绿色经济所引发的技能需求将主要体现在三个方面：一是由于产业替代所产生的技能重组需求。这一需求主要是针对在生产传统能源和依赖传统能源进行生产的劳动者。绿色经济的发展将会逐步淘汰高耗能、高污染和高排放的生产部门，以石油和煤炭为例，这些能源在使用过程所释放的二氧化碳等气体是导致气候变暖和空气质量下降的罪魁祸首，过度地依赖化石燃料不仅会造成能源危机，也不利于生态环境质量的持续改善。因此，绿色经济必然会以太阳能、风能、地热能、生物能和水利等清洁能源来替代化石燃料，化石燃料的生产部门以及以化石燃料为主要能源的生产部门也将会被新能源部门所替代和淘汰。而在这些部门从业的劳动者必须通过培训重新掌握生产和利用新能源的技能，通过技能的重组进入到新兴生产领域，从而避免失业。二是由于产业绿化所产生的技能更新需求。在绿色经济发展过程中，绝大多数的职业目的和工作任务不会发生质的变化，但是能源种类、结构的变化以及绿色生产技术的研发与利用会引起产品设计、生产工具、生产工艺等诸多要素的变化，这就要求劳动者不断更新生产技能以适应清洁生产和绿色产品生产的需要。三是新兴产业所产生的新兴技能需求。绿色经济的发展除了会推动产业升级以及产业节能环保水平提升，还会催生诸如碳交易师、燃料电池工程师等新兴职业和新兴就业领域，新职业的出现需要新生劳动力通过系统的专业教育具备相应的从业技能，从而进入这些新兴的就业领域。

从总量上来看，虽然绿色就业机会的增长能够从一定程度上抵消其他领域的失业，但是如果不采取必要的措施将难以实现劳动力从传统经济部门向绿色经济部门的平稳、公平过渡，并进而导致绿色就业量不足和传统经济部门从业者失业并存的矛盾局面。就当前形势来看，短期的、有针对性的课程培训和劳动者更新从业技能是实现解决特定的、一部分职业领域劳动力缺口最行之有效的方法。之所以采用这一方法，是因为绿色经济尚处于由理论转向实践的过渡阶段，而绿色职业、绿色就业等与之相关的研究和数据信息还很缺乏，加之新兴产业和传统产业更替刚刚起步、正规系统的学校教育和专业设置尚未成形等因素的制约，实现整个经济社会的绿色过渡将是一个长期的过程，短期的职业技能培训必然是实现劳动力获取绿色技能的首选途径。

针对新兴部门不断出现和原有部门的绿色升级，未来劳动力获得绿色从业技能的方式将以再培训和技能更新这两种为主。一方面劳动力可以通过再培训实现产业间的职业转换，另一方面劳动力可以通过技能更新实现产业内的职业发展。单就绿色就业来看，世界各国对具备各级各类绿色从业技能的劳动者需求都很强劲，且需求程度大，有与日俱增的趋势。但需要注意的是，并不是所有的绿色经济部门都需要大量的、技能较高的劳动者。印度的一份报告认为，如果要更好地适应和利用新生的就业机会，最关键地就是要厘定这些就业岗位的技能要求以及当前劳动力的技能分布情况，高技能劳动力的过度供给反而会制约绿色经济部门的发展甚至产生不必要的失业。而据韩国的调查显示，许多与环保有关的工作只要求较低的技能水平。从总体上看，当前全球在发展绿色经济过程中面临的一个共同难题就是劳动力技能结构失衡，即在高技能人才需求量较大的部门供给不足，而在技能要求较低的部门供给过剩。

综上所述，发展绿色经济是顺应社会发展规律的客观趋势，新兴产业部门的出现、传统产业部门的淘汰以及产业内部的绿色升级会对劳动力整体的技能结构和技能水平产生重大影响。无可否认的是，绿色经济的发展、特别是在节能和可再生能源等新兴部门需要大量具备各级各类绿色从业技能的劳动者，经济发展方式的成功转型以及绿色从业技能的获得必须通过行之有效的方式对新生劳动力进行系统的教育、对原有劳动力进行再培训和技能更新，从而有效避免结构性失业，促使从业者实现理想的就业安置和平稳的就业转换。

四、高技能人才短缺问题已引起各国普遍关注

尽管社会经济发展以及人口特点各不相同，但世界各国目前普遍面临

高技能人才短缺的问题。科技进步创新，高新技术广泛应用于工业生产速度的空前加快，成为造成技能人才短缺的根本原因。此外，人才的培养滞后于产业发展、高技能人才培养所需的高成本、高技能人才培养能力不够等都是造成高技能人才短缺的因素。发达国家人口老龄化问题也从另一方面加剧了高技能人才短缺的状况。

面对高技能人才短缺的现状，世界各国极为重视，积极采取措施应对，通过多种政策途径增加本国技能人才的供给，提升高技能人才数量。发达国家主要表现为人才争夺吸引，发展中国家则主要表现为控制人才流失。

就发达国家来讲，它们为了争夺高科技产业发展的制高点，纷纷制定教育和人才资源开发战略规划，不但大幅度增加教育和科研投资、培养年轻人才，还采取措施在世界各地抢夺高素质人才，甚至修改移民法、放宽技术移民限制等，以加快争夺其他国家的优秀人才。德国、日本、英国作为发达国家中的工业强国，都具有较为雄厚的产业优势。尤其是德国和日本，分别在高精度机床制造、电子产品行业居于世界前列。提供充足的高技能人才供给、继续保持产业优势，是这些国家立足的基础。美国、加拿大、澳大利亚作为执行移民政策的国家，始终将高技能人才作为重点引进的人才类型之一。发达国家通过国家移民、留学、工作签证与工作许可、猎头公司、人才网络的信息服务、跨国公司、学术交流与科技合作、基金与奖学金、整体购买公司以及职业外移等多种方式对于高技能人才进行掠夺。①

就发展中国家来看，其中较大一部分国家处于劳动力资源丰富的“人口红利”期。虽然劳动人口占总人口比例较高，但是其整体劳动力质量较低。如果要延续红利效应，则需要提高人力资源水平。同时由于发达国家对人才的掠夺，发展中国家同时面临人才开发与人才安全两个问题。然而为了保护国内人才不致外流，最根本的还是要发展本国经济，增强国家实力，改善工作环境，提高经济待遇，使外流人才回归后有用武之地。

① 胡又牧：《国际人才竞争》，企业管理出版社 2004 年版，第 153 页。

经济全球化背景下的国际竞争从根本上讲是人才的竞争，人才竞争从根本上讲是高素质高能力人才的竞争，高技能人才的竞争从其实质上讲是培养、发现、吸引、使用和保护人才机制和制度的竞争。例如加拿大计划于2012年通过联邦技术移民计划新引进5.5万名高技术人员，正如其移民部部长詹森·肯尼所说："我们已经意识到人才移民对于本国劳动力市场以及国际竞争力的巨大贡献。"高技能人才以其巨大的优势效应，受到全球各国的广泛重视。

综上所述，世界上对于高技能人才的政策措施概括起来主要有以下几个特点：其一是提前起步，通过设立青少年奖学金及助学金等方法超前培养与猎取种子人才；其二是群体扩展，从少数国家少数区域扩展到世界大部分国家地区；其三是领域开放，从几个重点领域到包罗万象；其四是手段多样，从调整移民政策、吸引留学生等几种有限的手段扩大到猎头、人才网络、学术交流、技术合作、人才本土化等各种可以利用的手段；其五是竞争激烈，高技能人才代表着巨大的生产力，各个国家不遗余力吸引、保护高技能人才。

第三节　英美等发达国家对高技能人才的新需求

随着经济的飞速发展、科技的不断创新，全球产业结构和劳动力市场状况发生着微妙的变化。由于超级经济体国家以及一些老牌资本主义国家市场经济成熟，劳动力市场完善，所以其劳动力市场对于人才需求的变化就很敏感，对于高技能人才需求的变化反应最迅速。最为典型的是世界最发达国家美国和老牌资本主义国家英国。

一、英国高技能人才需求趋向高职业资格化

对于英国来说，在欧债危机的笼罩下来预测其未来10年的经济和就业发展会存在诸多不确定性。但从目前看来，英国的经济已经出现了复苏态势，该国的就业也会因经济的不断向好而得以持续发展。在2010年至

2020年10年间，英国的国内生产总值有望实现2.5%的年均增长速率。劳动力市场在经济缓慢复苏和人口持续增长的带动下，其就业量也会以0.5%的年增长率增长，到2020年将会实现新增就业150万个。而就失业率来看，在2010年至2020年的前半叶，英国的失业率将会达到峰值并进而呈现逐年下降的发展态势。从长期来看，就业情况的好坏与各个经济部门的生产力以及产出的产品或服务的需求状况密切相关。生产力发展是维持某一经济部门竞争力、持续削减生产成本的关键因素，而产品或服务顺应社会需求也会相应地带动该部门就业量的显著增长。据预测，在未来10年间，英国将在多个经济部门实现就业的显著增长，如基础产业和公用事业（包括农业、采掘业、水电燃气供给等行业领域）、制造业、建筑业、贸易、住宿和交通运输业、商业以及提供公共卫生、教育等非营利性服务的部门。

与此同时，英国的就业结构也会随着英国经济发展方式向服务型经济的迈进而发生变化。就业结构在近几年的变化发展虽然更多的是受到技能需求的影响，但是在未来的发展中，就业结构将会在技术变化和经济发展方式变化的双重作用下发生变化。据英国相关部门预计，在2010年至2020年10年间就业增长较快的职业包括专业技术人员，企业高管、经理和部门主管，卫生、娱乐休闲以及其他服务类的职业，这些职业在此10年间的就业增长率均将超过10%，其就业增长人数将有望超过2000万人。而英国基础生产部门的就业将会因其经济发展方式的转变而显著放缓，相对于服务部门仅能实现少量的增长。需要注意的是，因诸如酒店、餐饮等服务业行业对劳动力技能要求较低，英国的就业领域对劳动者技能的需求将呈现两极分化的态势，具备高技能高学历的劳动者和具备较低技能的服务人员的就业人数都会有显著提高。

在就业、失业等问题之外，各就业领域均面临着人员更新和替换的问题。在未来的发展中，因退休、职业转换或其他原因所导致的职位空缺而产生的劳动力需求将会远远超过职业与劳动力结构不适所产生的就业缺口。英国预计在未来几年间将新增就业人数150万人，而这一数字对于1300万的劳动力缺口来讲就显得微不足道了。但可喜的是，在未来的发展中，获得高级职业资格证书人数将有望实现快速提升。在当前经济萧条和就业环境不景气的环境下，更多的年轻人选择接受更长时间的教育，并争取获得更高层次的职业资格证书（图 2—8），这一趋势在未来 10 年间也将会继续延续。而与此同时，社会各个行业领域和职业领域对持有高技能证书的劳动力需求也在不断增长。英国职业体系对劳动技能的要求将会不断提升。

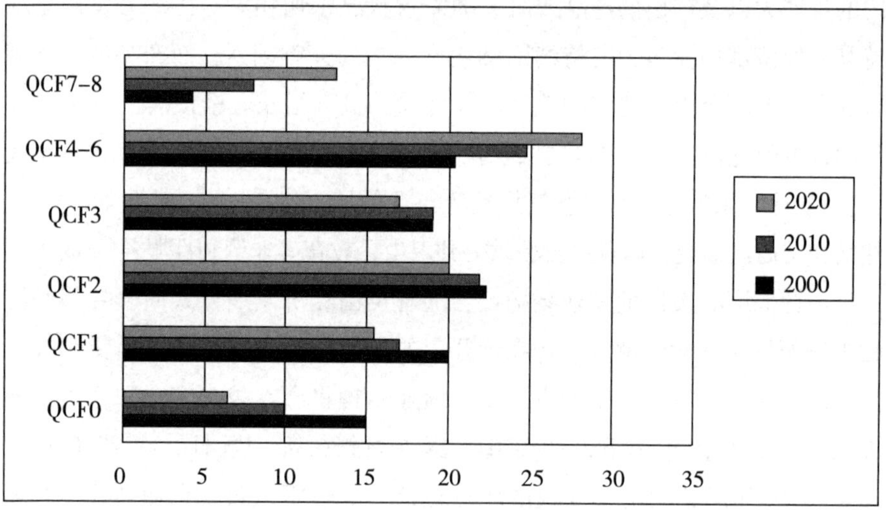

图 2—8　劳动力获得各级职业资格证书占比图

资料来源：〔英〕R. A. 威尔森：《2010—2020 未来工作报告》，英国就业技能委员会 2012 年，第 204—206 页。

二、美国高技能人才需求趋向高学历化

从经济社会运行的宏观层面来看，美国较低的人口增长率以及劳动力参与率的不断下滑将会严重减缓劳动力的供给，预计 2010—2020 年的 10 年间，劳动力的年增长率将只有 0.7%，这一数字与 1990—2000 年（1.3%）和 2000—2010 年（0.8%）两个 10 年相比会有明显下降。而以年增长率 0.7%的水平测算，截至 2020 年，美国劳动力实际增长人数为 1000 万人左右；从另一个角度来看，到 2020 年，第二次世界大战后诞生的“婴儿潮”一代的从业者年龄将会全部达到 55 岁以上，劳动力队伍中老龄化人口占比将会由 2010 年的 19.5%上升至 2020 年的 25.2%，而 16 岁到

24 岁的新生青壮年劳动力的占比只有 11.2%。

放眼美国就业，到 2020 年美国的非农人口就业将会占据社会就业总体的 90%，其就业量将会由 2010 年的 1.3 亿人上升至 2020 年的 1.5 亿人。从行业这一层面来看，卫生保健、社会救助、专业和商业服务、建筑等行业领域的就业增长量将位居前列（见表 2—9）。从就业岗位数量角度来看，2010—2020 年这 10 年内，建筑、零售、医疗这三大行业将会增加约 500 万个就业岗位，这一数字占到全社会新增就业岗位总量的 25%。值得一提的是，整个职业体系中就业量增长较快的职业有1/4与建筑业有关。而与之相反，在美国 20 个主要行业中，制造业将会成为就业流失最严重的部门，这从一个侧面凸显了美国经济社会进入后工业化且产业结构向高级化发展的趋势。从职业群层面来看，在美国 22 个主要职业群中，医疗保健领域的就业率预期将达 34.5%，在所有职业群中增长最为迅速；而政府管理类职业的就业增长率虽然低于 10.3%的平均增长率，但这一领域在未来 10 年间将会新增就业岗位 230 万个，在职业群中居于首位。从具体职业层面来看，注册护理人员（71.2 万人）、零售人员（70.7 万人）、家庭健康助理（70.6 万人）、个人健康助理（60.7 万人）的新增就业人数将会超越其他职业成为新增就业量最大的四个职业。而农民、大农场经营者以及其他与农业管理有关职业的就业量将会有较大衰减。

表 2—9　2010—2020 年美国主要行业非农人口就业量预测

单位：万人

行　业	就业量
卫生保健和社会救助	563.9
专业和商业服务	380.9
建筑	184.0
零售	176.9
州和地方政府	164.2
休闲和住宿	134.3

续表

行　业	就业量
教育服务	81.9
其他服务	81.9
运输和公共事业	81.7
金融	78.0
批发	74.4
信息	14.0
采掘	2.5
制造	-7.3
联邦政府	-37.2

资料来源：美国劳动部：《就业政策》，2012 年，附录。

对应于就业领域和就业需求的不断发展，在未来 10 年间也将有更多的职业需要其从业者达到高等教育层次的学历水平。其中需要具备硕士学历的职业将会增长 21.7%，在参与调查的 30 个具体职业中，有 17 个职业以高等教育层次作为入职的最低学历水平；而需要具备博士学历和学士学历的职业增长率分居第二和第三，其增长率分别为 19.9% 和 18%；与此同时，学徒制培训将会成为美国从业人员接受在职培训的主要形式，需要接受过学徒培训才能入职的职业数量也会增长 22.5%。当前虽然存在由金融危机、人口基数等问题所导致的就业形势不景气的现象，但据预测 2010—2020 年的 10 年间将会出现逾 5400 万的就业缺口，这些就业缺口不可否认有一部分来自就业领域扩大与劳动力供给不足之间的矛盾，但是由于退休以及其他原因永久离职所导致的就业缺口将占到就业缺口总量的 61.6%；在当前职业总量中，80% 的职业都存在就业缺口大于劳动力供给的问题，这两个数字所体现的劳动力供给不力将会成为制约未来经济社会发展的主要问题。需要注意的是，饭店、住宿等职业中缺口中有超过2/3的对于学历要求较低，特别是那些只需要接受中等教育和短期在职培训即可入职的职业，表现得尤为明显。

三、英美高技能人才需求的新特点

英国和美国未来10年间的就业发展和人才需求状况也呈现出了若干相类似的特点。

1. 对服务业人才需求更加明显

在未来的发展进程中，诸如英国、美国等发达经济体的产业结构调整向高级化发展的趋势十分明显，第三产业将代替第一产业、第二产业成为影响经济社会发展的主导产业，其经济发展方式将逐步转变为服务型经济。而产业结构向高级化和合理化方向发展是顺应生产力发展、逐步实现产业结构优化调整的客观规律和必然趋势。这一趋势已经带动并将继续带动第三产业就业的发展。由英美两国的预测数据不难看出，未来新增就业岗位数量、就业人数和就业率居前的职业多属于服务业，而农业和制造业将会不可避免地面临就业领域的萎缩和就业量的下滑。

2. 对人才规模数量需求更大

在经济持续向好的前提下，未来10年间由于人口增长率、劳动力市场参与率下降所导致的劳动力供给不足以及由于退休、个人家庭等原因所导致的永久性离职将会为这些国家带来大量的职位空缺，这与结构性失业、周期性失业等导致失业的因素相叠加之后将会使劳动力市场面临严重的就业缺口，劳动力供给不足将会影响这些国家的经济复苏和长远发展。因此合理调整劳动力结构、提升各产业部门的生产力水平以及加强劳动力综合素质将是解决结构性失业和劳动力供给不足、减少单位生产成本、提高生产效率的主要路径。

3. 对高素质人才需求更加明显

受制于劳动力数量不足以及产业结构向高级化方向调整的客观趋势，英美等发达国家的经济发展必须由依赖包括人力在内的资源投入数量向提高资源投入和利用质量方向转变。这种转变也会对劳动者的教育、能力、经验等个人素质提出更高的要求，职业对高学历层次需求提升的趋势较为明显。因此，在未来的10年间，这些国家一方面要紧跟产业结构调整的步伐，不断推动劳动力在产业间的合理分配和合理流动；另一方面要应对产业、行业和职业的发展要求提升从业者的学历水平，打造更高素质的劳动力队伍，从而有效地保证生产力的持续发展和经济社会的持续进步。

一言以蔽之，高技能人才不仅是技术工人队伍中的核心骨干，也是推动技术创新和现代科技成果向现实生产力转化的骨干力量，更是国家竞争力的重要代表。由于高技能人才巨大的作用和数量的稀缺，世界各国十分关注高技能人才的培养和掠夺；同时新时期新形势对于高技能人才也提出新的需求。树立终身学习理念、打造学习型社会将是未来人才培养的发展趋势。辨析高技能人才概念、打造高技能人才队伍，一方面有助于应对经济发展方式转型和产业结构优化升级的需要及时进行调整；另一方面也可以在高技能人才的带动下提升劳动力队伍的整体素质，从而充分发挥人力资源效用，不断实现综合国力的全面提升。

第四节　高技能人才的薪酬状况

一、全球工资概览

国际劳工组织于 2010 年 12 月发布了《2010/11 全球工资报告——危机时期的工资政策》，该报告根据 115 个国家和地区的最新统计数据，对经济危机发生以来的工资增长趋势进行了分析。此前发布的《2008/09 全球工资报告》对 1995—2007 年经济总体向好时期给予总结评价；《2010/11 全球工资报告》则针对 2008—2009 年，也就是自 20 世纪 30 年代以来所爆发的全球金融和经济危机下的工资状况，给予了全新的审视。

世界经济在经历了 2003—2007 年的强劲增长后，在 2008 年放缓，到 2009 年收缩了 0.6%，这主要是因为金融危机形成之后国际贸易和外国投资的崩溃。尽管发达经济体乃至整个世界在 2009 年出现负增长，但是新兴经济体和发展中经济体总的来说并非如此，其增长只是放缓而已。在区域内部，各国的情况差异也很大。政策干预促成了世界经济在 2010 年产生超出预期的复苏。但是，复苏仍然脆弱，未来全球经济增长仍面临相当大的下行风险。

按照国际劳工组织的定义，“工资”是指“雇主按照书面的或不成文的劳动合同应支付给雇员的报酬或收入”。因此，工资的概念只适用于工薪劳动者，不包括自雇人员的收入。在发达经济体中，工薪劳动者约占就业人口的86%，在亚洲只有35%左右，在非洲则低于30%。发达国家男性和女性雇员的比例大致相等，而在南亚和撒哈拉以南非洲地区女性雇员的比例大大低于男性。

国际劳工局在收录177个国家和地区的数据库中找到了115个国家和地区的工资数据，占所有收录国家和地区总数的65%。但是主要经济体的数据都在其中，所以收集到的工资数据能覆盖全世界94%的工薪劳动者，相当于全球工资总额的98.5%左右。各个地区能够提供的数据量差别很大。数据库中收录了发达国家、中欧和东欧地区、东欧和中亚的全部数据。数据库中只有29%的非洲国家，但是覆盖了该地区约57%的工薪劳动者，工资总额约占非洲地区工资总额的76%。这表明，虽然有大量数据可用，但是许多发展中国家在工资统计方面还存在巨大差距。发达国家定期开展机构调查和收入结构专项调查，其他国家通过不定期的劳动力调查收集工资数据。许多低收入国家，特别是一些非洲国家，从不收集任何工资数据。

国际劳工组织《2010/11全球工资报告》的数据基础比以往更加广泛，并估算了全球月工资的加权平均增长率。就全球而言，实际月工资2007年增长了2.8%，2008年增长了1.5%，2009年增长了1.6%。但这些数值受中国官方工资统计数据的影响很大。中国官方实际工资水平增长的数字［按照国际货币基金组织的消费物价指数（CPI）进行扣除］2007年为13.1%、2008年为11.7%和2009年为12.8%。但是应当指出的是，《中国统计年鉴》公布的工资增长数据只涵盖“城镇单位”，主要包括国有企业、集体所有制单位和与国家相关的其他类型的企业。中国国家统计局对所有企业进行的初次试点调查显示，2009年私营部门的平均工资报酬只增长了6.6%，这也许可以解释总体情况与官方数字之间的差异，说明我们作出的全球估计可能有所高估。如果不包括中国的数据，结论是全球工资增长率大幅降低，2007年为2.2%，2008年为0.8%，2009年为0.7%

（见图 2—9）。

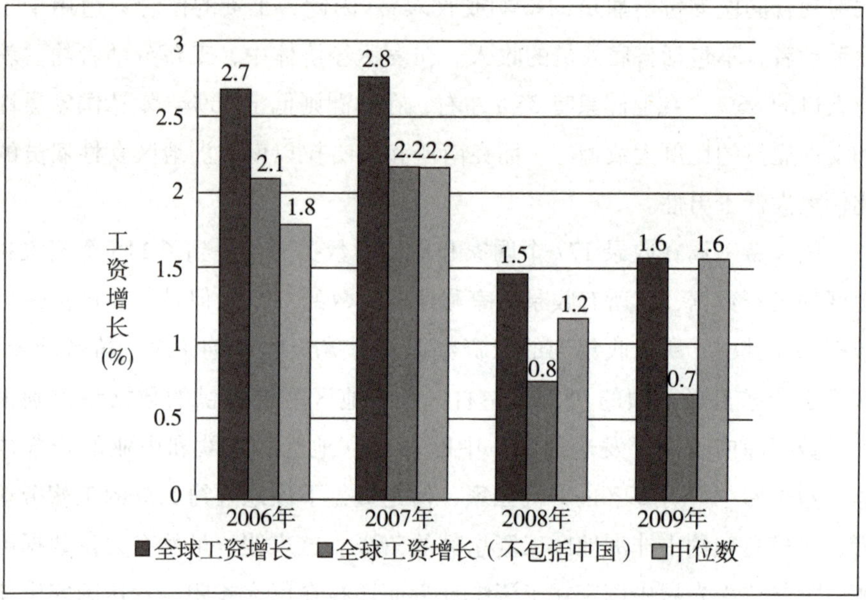

图 2—9　2006—2009 年全球工资增长情况（年度变化，实际工作，%）

注：全球工资增长是通过对 115 个国家和地区的实际或估算的月平均工资逐年增量进行加权平均计算出来的，涵盖的雇员人数占世界雇员总数的 94%。

资料来源：国际劳工组织全球工资数据库。

如果将样本限定为涵盖全球约 70% 的工薪劳动者的 20 国集团，能得到非常相似的结果。如果在分析中包括中国，估计 20 国集团的平均工资在 2007 年增长 2. 8%，在 2008 年增长 1. 5%，在 2009 年增长 1. 7%。如果把中国排除在外，我们会发现其余国家的实际工资在 2007 年增长 1. 8%，在 2008 年增长 0. 5%，在 2009 增长 0. 5%。

二、德国与美国高技能人才的薪酬比较

1. 德国与美国高技能人才薪酬比较研究

德国波恩企业的劳动力研究中心提出了一个方法，即按照年龄、工作时间和群组效应对人员进行分类，以分别跟踪研究美国与德国的工资比较。1979—2004 年，工资不平等在美德两国都呈现明显扩大化的趋势，但

细究其表现，两国的情况则不尽相同。在美国，20世纪90年代以来，以平均工资为基准，薪资提升较快的群体集中在高层人员（80%分位数）以及底层工作者（20%分位数），这充分表现了美国劳动力市场的极化态势。与此相反，德国的两极化情况却并不突出。德国与美国不同，群组效应对工资有非常显著的影响。这两个国家的就业趋势与20世纪90年代以来的两极化是一致的。虽然有证据显示，美国和德国都有符合技术驱动的两极分化的劳动力市场，工资不平等发展模式现实中的显著差异却不是单纯的技术效应能够解释的。

研究发现，美国与德国工资具有不平等的发展趋势。美国各技能水平的工人与德国高技能工人都在其生命周期中，经历了工资不平等不断加剧的过程。另外，德国的低技能工人，在其生命周期中工资不平等问题则是越来越弱化。劳动力年龄结构的变化，在美国与德国都是工资不平等发展状况的重要表征。两国高技能工人的年龄层上升，会同时带来工资水平与工资不平等程度的上升。然而，低技能工人年龄层的下降，则在两国产生了不同的影响。在美国，年龄降低引起工资水平与工资不平等程度的同时降低。而在德国，同样情况只会引起工资水平的降低，而工资不平等的情况则更为严重。

德国的代群效应非常明显。无论是年长的还是年轻的工人，都受到相当大的消极影响。形成这样效应的原因可能来自于供应方因素，比如人员流动、代群容量以及技能组的人员吸纳过程。在美国，与此相反，代群效应的影响相当小。

高技能工人的工资随时间的发展趋势在两国都令人愉快。在美国，中低技能工人的工资水平持续下降；直到20世纪90年代中叶，这种情况才逆转。德国的情形则正好相反，90年代中期之前，工资水平不断上升，接下来保持平稳（中位数工资）或者有所下降（20%分位数工资）。以上信息的结论是，近年来德国技能工人的工资不平等情况加剧，而在美国相同条件下的情况则有所缓和。

同样发现，美国与德国工人技能溢价的提升。造成这个局面的原因是，在德国是工人受代群效应与年龄层上移的影响。德国高技能对中技能工人的技能溢价上涨，则仅限于 90 年代中期之后。在美国，高层工作者与底层工作者的收入都迅速提升。在之前的研究中，这样的结果被定义为极化发展。80 年代初期以后，除中技能与低技能中位数工资在某个阶段发展表现之外，德国工资极化发展的趋势并不明显。

2. **美国职业群体工资研究**

美国于 2011 年 5 月对国家岗位就业以及工资进行统计，排名前十的行业就业人数占所有就业人数的 20% 以上。除零售业售货员和收银员以外，就业人数最多的职业包括一般办公室文员，食品准备、服务和快餐工作人员，护士，服务员和客户服务代表。

办公室及行政支持是美国最大的两个职业群体，占全美就业总人数的 17%。其次是销售和食品准备及服务相关职业，分别约占全美就业总人数的 11% 和 9%。在排名前十的职业中有七个来自这三个就业群体。

就业人数最少的群体包括法律、生活、健康和社会科学相关职业，截至 2011 年 5 月，这几个群体在总就业人数中所占比例均不到 1%（见图 2—10）。

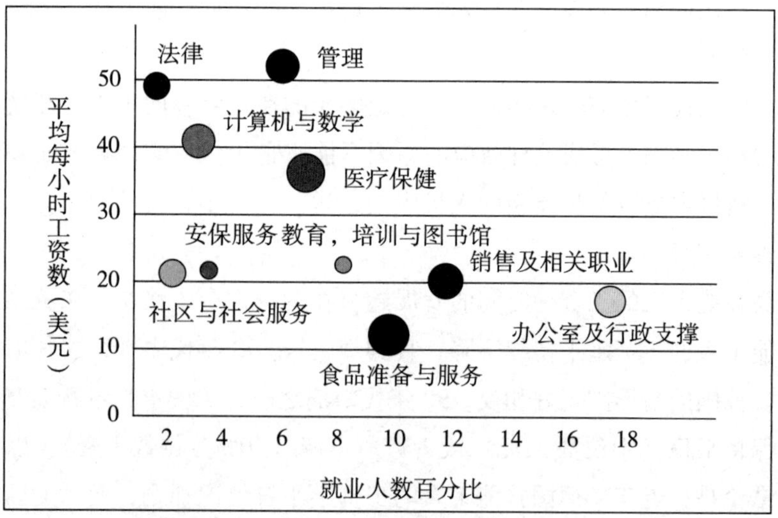

图 2—10　美国就业人数百分比与平均工资，主要就业群体（2011 年 5 月）

（图标大小表示私营企业的就业人数百分比）

资料来源：美国劳务统计局。

收入最高的职业群体是管理、法律、计算机和数学、建筑和工程行业。在这些群体中，个人的收入也是比较高的。例如，在35个建筑和工程相关职业中，只有测绘技术人员的年平均工资低于美国所有职业的年平均工资，为42050美元。

第三章
高技能人才的发展战略

近年来，世界各国普遍注意到充分的技能开发对于提升创新力和促进新技术应用具有重要作用。许多经合组织成员国、东欧和独联体国家，其自身人口趋于老龄化，再加之国际竞争激烈，使得技能人才短缺和不匹配情况十分严峻，终身学习和劳动力市场流动的政策正遭遇老龄化社会的挑战。很多发展中国家则面临着提升人力资源素质结构、促进经济发展和减轻贫困问题的挑战。低技能造成全球化利益的流失。在此背景下，一些国家特别是主要发达国家、新兴经济体和国际（区域）组织高度重视技能开发，纷纷出台政策，制定发展战略，加强高技能人才培养，把技能开发作为实现经济的长期可持续发展、降低失业率、实现社会和谐与包容的重要措施，政府大力推动，社会广泛参与组织实施。

第一节　国外技能战略概览

一、有关国家出台的技能政策与战略[①]

培训和技能开发的含义十分宽泛，涉及人们生活的各个阶段。基础教育（basic education）为每个人奠定了开发潜能的基础，形成了就业能力的

---

① Kenneth King. 2012. *A Review of Key Reports in TVET*, *Skills Development and Jobs—What do Global Trends Portend for Asia*? Paper prepared for the Asian Development Bank, International Forum on Skills for Inclusive and Sustainable Growth in Developing Asia-Pacific.

宁锐、刘宏杰：《近年来国际职业教育发展战略动态》，http：//www. tech. net. cn/web/articleview. aspx? id=20120620085223179&cata_ id=N002，2012/06/20。

基石。初级培训①（initial training）提供了核心工作技能、通用知识和产业技术为基础的职业能力，帮助人们实现从教育到工作的转换。终身学习（lifelong learning）保持个人的技能和能力能够满足工作、技术和技能的持续变化需求。不同国家立足其自身技能开发系统的优势，抓住薄弱环节，通过学习其他国家的创新和经验，结合各自国情，制定其技能战略。

1. 美国

2009 年，美国第 112 次国会通过《技能战略：确保美国工人和行业形成具有竞争力的技能》；2011 年 2 月，美国发布《美国创新战略：确保我们的经济增长与繁荣》，提出要以 21 世纪的技能教育美国人民，培育世界一流水平的劳动力资源。2012 年 2 月，美国总统奥巴马宣布，在 2013 财政年度投入 80 亿美元预算，培训 200 万包括制造业、清洁能源和信息技术等产业所需的技术工人②。

2. 德国

2005 年 4 月开始实施新的《联邦职业教育培训法》，2008 年联邦政府和联邦州签署了《德雷斯顿宣言》，进一步明确职业教育培训是国家重要的价值取向和发展战略，重申了职业教育培训在德国的法律地位，确立了改革和创新的工作目标。

3. 英国

2009 年 2 月，英国颁布《学徒制、技能、儿童与学习法案》。2009 年 11 月，英国政府教育与技能部颁布《实现 2020 目标：技能、工作和经济增长》和《技能促进增长——国家技能战略》。2010 年 11 月，商务创新与技能部颁布了新的《技能促进可持续增长》和《为可持续发展而对技能投入》战略性文件。上述法规和战略，提出要通过提高技能水平，到 2020 年，使每 5 个年轻人中就有 1 人接受学徒培训，把英国建成“世界级的技能基地”。

---

① 初级培训指就业前的职业教育培训。

② Megan Slack. *President Obama's Plan to Train 2 Million Workers for Jobs in High-Demand Industries*. http://www.whitehouse.gov/blog/2012/02/13/president-obamas-plan-train-2-million-workers-jobs-high-demand-industries，2012/02/13.

4. 澳大利亚

2010 年 3 月，澳大利亚技能署发布《澳大利亚未来劳动力开发战略》；2011 年 5 月，发布《为了繁荣的技能——澳大利亚职业教育与培训路线图》。2012 年 4 月，澳大利亚总理吉拉德签署《为了全体澳大利亚人的技能开发》，对澳大利亚国家培训系统启动深入持久的改革。2012 年 7 月，澳大利亚技能署改革成为新的澳大利亚劳动力和生产力机构。通过上述举措，提升澳大利亚劳动力的能力，争取创造一个更加具备生产性、可持续性与和谐的未来，使企业具备开发和运用其劳动力资源技能的能力，实现企业和社会发展的最大效益。

5. 日本

2009 年 12 月，日本经济产业省公布了《新经济成长战略》，包括六大领域，其中一项为科技战略和就业人才战略。

6. 韩国

韩国政府将制定人力资源开发战略作为应对知识型社会各种挑战的对策，并从国家层面对人力资源开发工作进行了系统规划。2001 年，教育与人力开发部联合劳动部、科学技术部等十几个相关部门共同起草了韩国《人力资源开发基本计划》，在此基础上于 2002 年 8 月颁布了《人力资源开发基本法》，并规定根据该法每五年制订出一个新的人力资源开发计划。2006—2010 年，韩国实施完成了《人力资源开发第二个基本计划》①。

7. 印度

2009 年 2 月，印度颁布《国家技能开发政策》，制定了一揽子技能开发战略规划，提出到 2022 年培训 5 亿技能劳动者的雄心勃勃的目标。

二、有关国际（区域）组织制定的技能战略

近年来，国际社会对技能开发的关注度逐渐升温，关于“促进技能开发与就业紧密联系”的讨论在 2012 年更是掀起一个高潮。2012 年 1 月，

---

① http：//english. mest. go. kr/web/1711/en/board/enview. do? bbsId = 260&boardSeq = 1369&mode，2013/05/08.

国际劳工组织发布《2012 全球就业趋势报告》；5 月，国际劳工组织发布《2012 世界工作报告》，第三次世界职业技术教育大会发布主要工作文件和上海共识，经合组织发布新的技能战略《好技能好工作好生活——技能开发政策的战略途径》；6 月，麦肯锡全球研究机构发布《世界工作》；10 月，世界银行发布《2013 世界就业岗位开发报告》，联合国教科文组织发布《2012 全民教育全球观察报告》；此外，联合国教科文组织将于 2013 年发布《世界职业技术教育报告》。总之，上述报告中密集地透露出的一个强烈共识是：技能开发在世界经济社会发展中的作用日益重要，呼吁国家层面要高度重视本国技能开发政策，并及时跟进进行必要改革调整。

1. 国际劳工组织

2008 年《国际劳工组织为公正全球化的社会正义宣言》和 2009 年《全球工作协定》强调了技能开发对于提高生产能力、就业能力和社会包容程度的重要意义，此结论被 2008 年第 97 次国际劳工大会采纳。基于此，应 2009 年 20 国集团领导人会议相邀，国际劳工组织开发了《为促进实现强劲可持续和均衡的增长而培养技能劳动者——20 国集团培训战略》。此外，2011 年 10 月，发布了《绿色工作技能：全球视点》报告。

2. 联合国教科文组织

2009 年，制定了《联合国教科文组织关于技术和职业教育培训的发展战略》；2010 年，联合国教科文组织教育规划研究所发布《技术和职业技能发展规划》；2012 年，在上海召开第三届国际职业技术教育大会，倡导培养工作与生活的技能，通过了《上海共识》，围绕改进职业教育培训的质量水平、构建职业技术发展与终身教育相结合的技能体系等多个方面，提出了有针对性的措施和建议。

3. 经合组织

2010 年，发布《为了工作的学习——经合组织对职业教育培训的研究报告》。2012 年，发布《好技能好工作好生活——技能开发政策的战略途径》，提供了完整的跨政府的战略框架，帮助有关国家对技能开发进行投入以推动经济发展，并建议各经济体以此为基础，制定本国技能战略，更好地促进就业和经济增长。

4. 欧盟

2010 年 3 月，欧盟委员会发布《欧洲 2020 战略》；11 月颁布了《新技能新工作议程：欧洲促进充分就业的贡献》，该议程是欧洲 2020 战略的七项配套实施的子计划之一。

三、国外技能战略的政策要点

1. 将技能战略纳入国家总体发展战略

实施技能战略，加强人力资源能力建设，已经成为经济社会综合发展战略的重要组成部分，成为应对社会经济、人口和环境的挑战，实现高水平、可持续发展以及促进就业和社会和谐的重要战略。英国、澳大利亚、印度、日本等国制定的技能战略，普遍将技能增长与社会未来进行了紧密联系，将技能开发战略列入国家经济社会发展战略。

2. 建设高技能人才终身学习体系

随着劳动力市场对具备较高层次技能的职业人才需求的日渐增多，进一步提升培养层次，加强高技能人才培养，已经成为很多国家和地区关注的主要问题。同时，采取措施，共同支持创建一个有效的，具备渗透性和开放性特点的技能人才培养体系，在职业教育培训与高等教育之间建立沟通与衔接的桥梁，成为促进人才成长的重要目标。因此，日本、印度、英国等国的技能战略，都对在职人员培养、成人学习、各级各类教育培训的衔接沟通进行了规划，推动形成终身学习体系。

3. 形成技能开发的责任分担机制

各国普遍意识到，技能开发是个社会系统工程，实施技能战略，要充分促进社会相关利益体的全面参与，建立政府、企业、教育培训机构、行会工会、研究机构、社会组织以及劳动者个人的协调参与和责任分担机制。有关国家和国际组织的技能战略，普遍对此进行了强调。英国技能战略针对技能培训层次的不同及其对相关利益体的影响，规定了不同的经费分担办法。

4. 加大政府对技能开发的投入

对技能开发进行投入，政府要发挥关键和引领作用。各国政府普遍为低收入、无业、没有技术而又面临就业严重困难的青年和失业工人提供职业培训经费资助。2008年金融危机后，为帮助成百上千万的青年以及大量失业人员接受职业技能培训，奥巴马政府决定在未来10年中给社区学院投资120亿美元。2010年4月，德国教育部宣布，投资近10亿美元解决离校人员就业能力低下的问题。

5. 加强校企合作

通过加强校企合作，密切生产与教育培训的联系，促进高技能人才培养，是各国战略共同强调的重要改革措施。经合组织在政策建议中把“充分利用工作场所学习”作为一个核心领域，提出在初级培训中充分运用工作场所进行培训；确保工作场所培训框架能够同时鼓励雇主和学生参与；在不具备条件的情况下，确保通过其他形式弥补工作场所培训的缺失。德国联邦职业教育培训研究所自1996年至2009年，与德国经济领域里的行会、协会、企业以及工会领域的职业教育培训专家合作，共同对德国高中阶段的“双元制”职业教育培训所开设的约350个培训职业目录进行了修订。

6. 强调技能需求预测

有关战略普遍关注技能需求预测，强调做好需求预测是有效实施技能战略的前提。2010年，欧盟连续发布两个技能需求预测报告，对欧盟范围内2020年的技能人才需求情况提出了具体的预测结果，以确保劳动力市场需求信息得到有效传递。英国提出要加强对工作需求的预测，发展更加具有灵活性和针对性的技能开发和就业体系。澳大利亚在《劳动力开发战略》中提出，澳大利亚未来长远的经济和社会繁荣依赖于人们所掌握的技能水平，以及对技能的应用情况；要形成一个合作性的劳动力和技能规划框架，对一些专业性较强职业的技能需求情况进行预测。

7. 注重技能人才的核心能力养成

在技能开发过程中，各国重视对基础能力或核心能力的开发和培训。美国生涯和技术教育协会2010年发布《什么是生涯准备》研究报告。报告提出，为实现成功的生涯准备，学生需要具备三方面广泛的技能：核心学术技能以及把这些技能应用到具体情境中的能力；对任何生涯领域都非常重要的就业技能，如批判性思维和强烈的责任心等；与特定生涯路径相关的技术技能或特定工作需要的技能。韩国在《2020 目标》中提出，摒弃以单纯技能为主的职业教育培训，重点培养提高学生“贯穿生涯的雇佣能力”，包括问题解决能力、沟通能力等基础职业能力素养。德国、印度等国都推行了专门的核心能力培养计划。

8. 关注特殊人群的技能开发

通过技能开发减轻社会不利地位人口的贫困问题，保护比较脆弱的社会群体，从而促进社会的和平与和谐发展，已经成为国际社会的共识。各国技能战略普遍对妇女、残疾人、高龄人员、外来移民等制定了特殊政策，推动相应的技能培养工作。

第二节　英国国家技能战略

为保持国家竞争力，2009 年 11 月，英国政府教育与技能部颁布《技能促进增长：国家技能战略》。2010 年 11 月，商务创新与技能部发布了新的《技能促进可持续增长》① 战略全文。

一、背景与目标

1. 背景

技能影响国家未来，对实现可持续增长具有至关重要的作用。2008 年经济危机后，英国面临着恢复经济增长的巨大挑战，英国政府为此进行了十分艰难的努力。技能劳动力资源可以通过提高生产力和就业能力对经济增长做出贡献。对于缩小英国与那些拥有数量丰富的、高度流动的、快速增加的、受过良好培训的劳动力资源的海外竞争者，包括印度、中国、巴西等国的生产力鸿沟，技能人才同样能够发挥巨大作用。但是，英国社会

① Department for Business, Innovation & Skills. Skills For Sustainable Growth. *Strategy Document*, *Executive Summary*, http://www.gov.uk/government/publications/skills-for-sustainable-growth-strategy-document, 2010/11/16.

也存在不健康的思维定式，导致对大学学术资格的过度重视。

学徒培训在英国具有悠久历史，可以追溯到12世纪中叶，19世纪晚期达到高峰。第二次世界大战后随着相关产业的衰退以及对学术资格的重视，学徒人数大幅衰减。2009年英国技能委员会调查报告显示，英国只有8%的雇主提供学徒培训，而与此同时德国24%、澳大利亚30%的雇主提供学徒培训。在英国，500人以上的企业有30%提供学徒培训，而德国超过90%。

虽然为了自身利益，雇主和个人开展了大量的培训，但是单纯依靠市场机制难以提供充足的培训，这就需要政府的参与和介入。英国政府希望改变社会价值观，实现高质量的学徒资格与学术资格具有同等的地位和价值。

基于以上背景，英国政府制定了技能战略。战略提到，政府自身不能解决技能挑战，雇主和个人同样负有主要责任。英国政府将建立全新的面向各年龄段的生涯服务系统，为每个成人建立终身学习账户。政府还将建立继续教育贷款，帮助24岁及以上的学习者获得参加中高级技能培训的资金支持。可以说，技能战略是培养符合21世纪工作需要的劳动力资源的战略。战略特别强调了个人、学校、企业和政府的相互合作与责任分担①。

2. 目标

（1）政府的目标是促进英国经济实现可持续增长，增强社会包容，促进社会流动，建设“大社会”（the Big Society）。实现这一宏观目标迫切需要提升和应用技能。为实现上述核心目标，《技能促进可持续增长》文本设定了实现技能提升和应用的战略目标。

（2）战略设定了本届议会的技能政策方向，通过建立各方投资回报机制实现政府、雇主和个人的责任分担。

---

① Vince Cable, Secretary of State for Business. *Innovation and Skills*, *Vince Cable speech*. Association of Colleges Conference, Birmingham, http://www.bis.gov.uk/newsroom, 2010/11/16.

（3）英国需要更具竞争力的均衡发展的经济，经济发展对环境不能造成损害并能够高效利用资源，减少财政赤字。对面临的挑战不能存有幻想。英国劳动年龄人口的技能水平低于法国、德国和美国，导致英国生产能力比这些国家至少降低 15%。伴随技术飞速发展和工作岗位越来越高的技能要求，英国目前中级技能十分薄弱。到 2020 年约 80%的劳动人口早已完成义务教育。英国要建设成为世界级技能基地，迫切需要提高这部分人员的技能水平以满足社会需要。

（4）英国追求的目标是建成世界级技能基地，提供持续的具备竞争优势的人力资源。实现这一目标，必须使企业、个人与国家共同转换行动方式。

（5）技能不仅仅可以对保持英国全球竞争力发挥重要作用，技能还对促进社会流动具有潜在的影响。具备高超技能可以帮助人们更好地参与社会，使之更团结、更宽容、更具吸引力。

（6）通过实施战略，保证每个人都有机会学习掌握技能，分享社会实现新成长的利益。

（7）要实现明显改变，进入不同的新体制。必须摒弃中央计划和规则控制的官僚文化。很久以来，技能开发系统都是由中央进行微观管理，政府设定培训的人数、职业资格的类型等目标，学员和学院围着资金转，而不是培训学院响应雇主的需求和学员的选择。公共资金由规则和中央控制，而不是投向学员所需和雇主所急。这导致资金使用实现充分有效，特别不符合当前财政管理的大环境。

（8）要彻底转变培训体系，让这个体系的应用主体，而不是政府，驱动系统的发展。要让民众根据其未来选择所需，支配资金和信息。

（9）在新体系框架下，学员要能够选择符合企业需要的培训和职业资格，大量具备自主权的培训机构通过其培训质量吸引培训学员。要向低技能水平的学员和弱势群体重点提供培训资金支持；同时，对于各方都受益的中级和高级水平的培训课程，学员和雇主要与政府共同支付所需资金。

二、原则与措施

1. 重点原则

该战略提出要对技能开发系统进行根本性改革，使之能够为实现可持续增长发挥作用，并突出以下三项重点原则。

（1）公平原则。该战略将重点强调对弱势群体以及年轻人的基础技能培养与教育，公平原则的重点是，让最需要获取技能的群体和积极寻求就业的失业群体，可以有效地接受技能教育。政府将确保资金投入到最需要的群体中去。

（2）责任原则。单纯依靠政府不能解决技能短缺的问题，雇主和公民必须承担更大的责任。该战略重视政府责任，更强调企业责任以及每个公民的社会责任。每个社会角色都有责任为培养符合社会和个人需要的技能而进行努力。

（3）自由原则。自由不仅仅意味着规避官僚作风和不清晰的发展目标，而是更多地强调要坚信人民群众的作用。成人教育训练的动力不仅仅来自政府，而是来自社会大众。

2. 重点措施

（1）扩大成人学徒的规模，2014—2015 年，参与学徒培训计划的成年人将比前一届政府计划多 7.5 万名，将有 20 万成年人参加学徒培训。2011—2012 财年学徒培训投入 6.05 亿英镑①。

（2）对 19—24 岁青年，初次参加尚不具备的 2 级（相当于普通中等教育证书 GCSE 水平）或 3 级职业资格水平培训，给予全额资助。

（3）对不具备基本读、写和计算能力的已离校人员，参加基础技能培训，给予全额资助。

（4）从 2013—2014 年开始，向 24 岁及以上年龄人员参加 3 级或更高级别职业资格培训，引入政府支持的贷款。

（5）推动需求驱动型增长，创设创新基金，政府每年投入高于 5000

---

① 2013 年 1 月 21 日汇率，1 人民币元＝0.1013 英镑。

万英镑，支持雇主引导的行业创新活动。

（6）用“中小企业”项目（SME）替代“通过培训收益”项目（Train to Gain），重点帮助小企业培训低技能人员。

（7）帮助积极求职人员通过参加劳动力市场相关培训实现就业。

三、战略的主要内容

战略文本共四章。

第一章　技能促进增长

（1）扩大成人学徒规模，2014—2015 年达到 7.5 万人以上。

（2）重构学徒培训制度，使 3 级职业资格水平成为学员和雇主的追求目标。

（3）规划学徒向更高一级技能水平成长的清晰路径，例如向 4 级职业资格水平提升的路径。

（4）保证职业资格能够符合雇主不断变化的需求。

（5）减少某些行业对外来移民的依赖。

（6）通过建立一个新的高达 5000 万英镑的创新基金，支持雇主解决对技能的需求问题。

（7）对中小企业开展的 2 级职业资格水平培训提供部分资助。

（8）鼓励广泛开展创业技能培训。

第二章　技能与公平社会

（1）要确保那些缺乏基本识字和计算能力的已离校人员，能够参加政府资助的培训，并提高政府资助培训的实效。

（2）政府为开展特定群体培训的培训机构提供经费：求职人员津贴和就业支持津贴（Jobseekers Allowance or Employment Support Allowance）。

（3）为支持“大社会”建设，保证所有群体都能受益，大力推动非正规成人和社区学习的改革，帮助弱势群体，并为其参加正规学习创造条件。

（4）建立面向青年的培训基金，帮助他们实现从教育到工作的转换。

（5）研究建立更加简化的学习者支持系统。

第三章　技能开发的责任分担

(1) 2013—2014 年，创设政府支持的贷款项目，帮助人们参加中高级水平的资格培训（具体条件见表 3—1、表 3—2）。

(2) 为每位成年人建立终身学习账户，并与培训基金、新的与政府支持贷款项目相关的培训项目等共同发挥作用。

(3) 建立面向各年龄段的生涯服务，向年轻人和成年人提供高质量的职业生涯指导，向最需要的人群提供支持。

(4) 改革后的英国就业和技能委员会（UK Commission for Employment and Skills），要引领雇主掌握规律和方法，从劳动大军中挑选最合适的雇员。

(5) 支持雇主采取措施，建设现代的高效率的工作场所。

表 3—1　2012—2013 年获得培训资助的条件

<table>
<tr><th rowspan="2">学习水平</th><th colspan="3">重点人群及政府培训补贴</th></tr>
<tr><th>19—24 岁的个人</th><th>24 岁以上个人</th><th>积极求职的失业人员</th></tr>
<tr><td>基础技能</td><td>全额资助</td><td>全额资助</td><td>全额资助</td></tr>
<tr><td>2 级资格水平（初次培训）</td><td>全额资助</td><td>共同资助</td><td rowspan="5">对具备就业技能障碍的失业者全额资助</td></tr>
<tr><td>2 级资格水平（再培训）</td><td>共同资助</td><td>共同资助</td></tr>
<tr><td>3 级资格水平（初次培训）</td><td>全额资助</td><td>共同资助</td></tr>
<tr><td>3 级资格水平（再培训）</td><td>共同资助</td><td>共同资助</td></tr>
<tr><td>4 级资格水平（不限）</td><td>共同资助</td><td>共同资助</td></tr>
</table>

注：此表显示 2012—2013 年情况（根据立法程序调整和修改）；所有 19 岁以上的学徒继续由政府和企业各资助 50%；学徒项目之外的工作场所 2 级职业资格学习的共同资助项目，向中小企业协会（SMEs）申请 50%资助；学徒项目之外的工作场所 3 级或更高水平职业资格学习，政府不予资助。

资料来源：英国《技能促进可持续增长》战略文本。

表 3—2　2013—2014 年获得培训资助的条件

学习水平	重点人群及政府培训补贴		
	19—24 岁的个人	24 岁以上个人	积极求职的失业人员
基础技能	全额资助	全额资助	全额资助
2 级资格水平（初次培训）	全额资助	共同资助	对具备就业技能障碍的 23 岁及以下失业者和 3 级以下职业资格水平的培训，进行全额资助；对 24 岁及以上学习 3 级及以上职业资格水平课程的人员提供贷款
2 级资格水平（再培训）	共同资助	共同资助	
3 级资格水平（初次培训）	全额资助	贷款	
3 级资格水平（再培训）	共同资助	贷款	
4 级资格水平（不限）	共同资助	贷款	

说明：此表显示 2013 年之后的情况（包括贷款政策）；学徒同样可以申请贷款来取代政府资助部分，19 岁以上 2 级职业资格水平学习的学徒继续由政府和企业各资助 50%；学徒项目之外的工作场所 2 级职业资格学习的共同资助项目，向中小企业协会（SMEs）申请 50%资助；学徒项目之外的工作场所 3 级或更高水平职业资格学习，政府不予资助。

资料来源：英国《技能促进可持续增长》战略文本。

第四章　经过改革的具备更大自由度的体系

（1）不再强加本末倒置的技能目标。

（2）精简组织体系。

（3）简化系统和流程，建立和整合更简便的资金资助体系，使之更适合对 19 岁前后培训的政策转换。

（4）创造条件使培训机构能够自主地面向社区开展培训。

（5）对不能接受的执行行为果断采取措施加以处理。

附录：效果评估

作为政府执行框架《公共服务透明框架》（The Public Services Transparency Framework）的组成部分，英国政府商务创新与技能部已经制定了部门工作规划，关于技能开发工作设定了4个方面的指标。

（1）学校毕业生或离校人员就业或参加继续培训的比例。

（2）英国工作年龄人口职业资格水平的国际比较。

（3）参加继续教育学生每年的资金投入。

（4）作为继续教育学院总投资的组成部分，继续教育体系的行政管理成本支出。

以上指标旨在评估实施技能战略带来的影响（具体评估指标见表3—3），目标是通过长期观察，研究此战略能否支持技能开发体系，使之更加体现需求驱动，实现提高培训质量和参与率的目标。

表3—3　技能战略的具体评估指标

目标产出	评估指标
• 作为具备国际竞争力的技能基地，生产力和就业增长情况 • 各技能水平技能岗位和技能人才的增长数量	• 劳动年龄人口中已取得2级、3级或者4级职业资格水平的人口比例以及与国际水平的比较 • 在公共培训机构，在基本技能、2级、3级或4级及以上范围内，首次取得更高技能水平证书的人数
• 成人通过参加公共或私人资助的培训课程，所获得的技能能够具备较高的经济价值，能够支持进入更高水平的学习	• 继续学习（在更高水平上）和实现就业或实现工资收入增长的学员的数量和比例
• 为扩展培训机会，建立激励措施，雇主和个人在培训方面增加的投入，雇主和个人共同组织的项目增加的学徒人数 • 作为确保培训质量的方法，雇主采用职业资格证书的增长情况	• 雇主对培训和技能开发所投入的水平（可区分资格证书培训和非证书培训） • 完成学徒培训的人数（所有年龄段，所有技能水平）
• 雇主对公共培训学院和培训机构的参与度，他们提供的培训质量和有效性认证	• 雇主对高等教育、继续教育和私立培训机构满意度的比例

续表

目标产出	评估指标
•通过建立需求驱动的技能开发体系，迅速解决问题，在地方、地区或行业层面解决技能不足的缓解程度	•雇主报告技能短缺的比例
•在全国各地社会流动和成人学习机会的提升情况	•分地区和分社会人口组的参加终身学习的人口比例
•18—24 岁 NEET（不就业不就学）人口减少数量	•18—24 岁不就业不就学的人口比例

资料来源：英国《技能促进可持续增长》战略文本附录。

第三节　印度国家技能开发政策

印度是近年来世界上发展最快的国家之一，也是社会财富分配极度不平衡的发展中人口大国。2009 年 2 月，为提高劳动者技能素质，印度颁布了《国家技能开发政策》（以下简称《技能政策》）。

一、有关背景①

1. 人口

印度人口总量居世界第二，正经历着前所未有的人口变化期，劳动力资源增长很快。人口统计预测显示，印度人口 2009—2010 年度为 11.7 亿，2011—2012 年度为 12 亿，2014—2015 年度将达到 12.5 亿；同期劳动力资源分别为 5.2 亿、5.4 亿和 5.7 亿。工龄人口（15—59 岁）占总人口比例，2001 年约为 58%，2021 年将超过 64%。到 2020 年，印度人口平均年龄只

① Ministry of Labor and Employment, Government of India. *Annual Report to the People on Employment*. http：labour. nic. in/Report_ to_ people. pdf, 2010/07/01.

有 29 岁，相比中国和美国的 37 岁、西欧的 45 岁、日本的 48 岁，印度将成为世界上最“年轻”的国家。工龄人口数量的激增形成重要的“人口红利”优势，将对印度总体经济增长发挥重要作用。

2. 经济

自从 20 多年前采取自由经济政策以来，印度经济快速全球化，出口以年 25%的速度增长直到 2008 年。2007—2009 年，印度不可避免地遭受经济危机影响，引起经济衰退，由 2007—2008 年度 GDP 增长 9%降到 2008—2009 年度的 6.7%，但总体上情况并不十分严峻。以出口主导的现代和传统产业，推动印度经济快速增长。信息技术及相关服务、工程、珠宝玉石、服装、纺织、手工艺是传统优势产业。快速增长的国际贸易推动发展新的现代技术，这就直接依赖于印度劳动力资源技能素质的提高。

3. 就业失业

2004—2005 年度统计，印度劳动力资源为 4.2 亿至 4.7 亿（不包括劳动力市场短暂就业或求职人员），城镇 15%—18%、农村 25%—30%的妇女参与劳动力市场。1993—1994 至 2004—2005 统计年度，印度经济每年以 6%—8%的速度高速增长，带来了积极的就业增长，年度增长 1.87%。印度失业问题比较复杂，青年失业问题严峻。城镇失业率特别是 15—24 岁青年失业率很高，20—24 岁女青年失业率最高达到 27%。城乡男青年 15—19 岁失业率最高，20—24 岁失业率为 12%—16%。

4. 技能开发

目前，相比于世界其他发达经济体，支持印度经济的技能基础十分薄弱。根据印度国家抽样调查局（National Sample Survey Organization）测算，2004—2005 年度进入劳动力市场的 15—29 岁青年只有 2%接受过正规职业培训，8%接受过非正规职业培训。印度技能开发体系主要存在以下问题：一是培训能力不够，难以满足培训需求。二是技能开发质量不高。培训机构的条件、设施和培训质量不够，同时还缺乏对培训学员的技能评估。三是技能培训的针对性不足。企业参与技能开发程度不高，培训学员难以获得符合企业需要的技能培训。四是缺乏劳动力市场信息。行业用人需求不清楚，同时也缺乏明确的职业标准、培训大纲、鉴定和证书体系。

总之，印度通过发展制造业正走在回归经济增长的道路上，在此阶段，经济“刺激政策”要逐步退出，而一些特殊政策如人力资源的再配置和技能再培训等要不断推出。为应对上述挑战，印度制定颁布了《技能政策》。

二、政策的总体框架

印度《技能政策》① 由序言、国家技能开发行动展望等八章内容组成。

1. 序言

序言明确，技能开发的目标群体是全体劳动力资源，主要包括每年1280万初次进入劳动力市场的人员、2600万在有组织行业就业的人员和4.3亿在非组织行业就业的人员②。

通过《技能政策》来加强技能开发工作，使之既具有综合性又可与国家层面的战略相适应。要通过技能开发战略，联合社会有关方面共同行动，避免工作碎片化。同时，特别重要的是，技能开发政策要与经济、就业和社会发展政策实现紧密联系。

2. 展望

（1）远景展望。①目标规模。目前技能开发的能力是310万，目标是到2022年培训5亿技能劳动者。②高度包容。技能开发行动要具备包容性，减少男女、城乡、有组织无组织就业、传统现代的分隔。③动态的以需求为基础的计划体系。技能开发体系要培养符合就业和技术不断变化需求的技能劳动者。《技能政策》要促进卓越并满足知识经济的需要。④选择、竞争和责任。《技能政策》对公共和私营培训机构没有区别，重要的是强调产出，强调使用者的选择、培训机构的竞争及其责任。⑤政策协调与统一。技能开发政策是综合经济、劳动和社会政策的基本组成部分，因此不同部门、地方、企业和其他有关方面要建立更好的协调机制和工作框架。

---

① National Policy for Skill Development. http：//dget. nic. in，2012/10/05.

② 基于2004—2005年度的数据。

（2）战略策略。①以创新创造未来。创新是战略的核心。②技能框架一定与学历学位相对等。要将国家职业资格框架建设成开放体系，帮助劳动者能够积累知识和技能，通过鉴定和证书实现向更高学历学位的转换。资格框架要通过制定标准，建立多样的高质量的学习路径并与国际接轨，能够支持终身学习和持续的技能与知识的提升。③技能必须能够创造财富。对于贫困人员而言，获取技能的过程应该是创造效益的过程。对此，政府也将通过机构和银行系统进行公共投资。④共同解决问题，建立合作关系。要在政府、企业、民间社会机构和所有潜在的培训机构中，持续不断地促进合作伙伴关系的形成。⑤改变实施方法。高中后的公共培训机构，私营的课外技能培训班，如果不干扰正常的工作，都应该鼓励支持。地方政府要制定相应的管理办法。

（3）操作原则。①政府投入是私人投资的补充。中央政府要对私人不愿投资的技能开发领域进行必要投入。政府投入要注重建立公私伙伴关系。②地方（邦）承担主要责任。地方（邦）在技能开发工作中要承担主要责任，通过制定措施建立工作框架。③资金调度。资金要更多地投入到技能开发活动方面，而不是投在建筑及其他硬件资产方面。当然，最新技术的基础设施、农村边远地区基础设施的投入还要继续。④注重模块课程和结构开放的短期课程。更多地开展工作场所需要的短期和有效的课程，并使之与国家职业资格框架相结合。⑤资金投入与培训实施相分离。目前，政府资金只通过政府渠道实施。国家技能开发公司将支持私人技能开发活动。一是将经费投入与培训成果如实习安置率等联系起来，而不只是课程数量、参训学生数量、设施设备数量等。二是将经费投入与培训学员挂钩，如奖学金、技能培训券、培训成果报销等。⑥为在职培训和学徒培训建设基础设施。为大规模开展正规学徒培训打好基础，包括修订 1961 年《学徒培训法案》。⑦宣传培训机构的等级和工作信息。开发一套评估培训机构的标准和信息发布体系。对公立和私立培训机构进行评级并予以公布。⑧有效的鉴定评估和可信的证书。要推进有质量保证的学习，有效的评估鉴定和证书，帮助雇主通过证书快速寻找合适的求职者。⑨改革就业服务场所使之成为生涯指导中心。就业服务场所要调整为生涯指导中心，帮助求职者寻求工作、学徒和培训的路径。⑩促进正规就业。要对现行鼓励非正规和无组织就业的立法进行评估审视。

（4）实施方法。①技能的多样化。要对传统的、工业的和后工业时代的技能的范围和深度进行分类和规划，帮助劳动者进行选择。②人才库。主要的标志是5亿技能劳动者。要制定技能目录及水平等级标准。③就业成果。要把就业安置率作为社会公众对技能培训机构进行监督评估的主要成果。

三、政策的主要内容

第一章　任务目标

（1）任务目标。①通过技能开发促进社会包容，减少印度劳动力在城乡、男女、有组织和无组织、传统和现代等领域的经济和社会分隔。②满足各类工业和企业发展的技能需求。③比照国际标准，发展国家职业资格框架。④建立标准和证书制度，对通过非正规学习所获得的技能予以认可。⑤更好地发挥工人组织、企业、民间组织、研究机构及有关机构的作用。⑥提高技能工人收入水平，有效减少贫穷。

（2）政策范围。①培训基地的技能开发包括各级各类职业技术学校。②由不同行业部门组织的行业技能开发学习行动。③正规和非正规的学徒培训以及其他形式的企业培训。④就业或创业的培训。⑤成人学习，退休雇员的再培训和终身学习。⑥包括民间组织开展的非正规培训。⑦电子学习、网络学习和远程学习。

第二章　技能开发行动的管理监督

（1）组织机构安排。为有效执行技能开发政策，建立了三个层级组织机构，总理国家技能开发委员会（Prime Minister's National Council on Skill Development），国家技能开发合作协调理事会（Skill Development Co-ordination Board）和国家技能开发公司（National Skill Development Corporation）。

总理国家技能开发委员会是政策建议、指导和评估的最高机构。该委员会由总理主持，人力资源开发部、财政部、重工业部、农村发展部、住房和城镇减贫部、劳动和就业部、微小中企业部部长参加。计划委员会副主席、国家制造业竞争委员会主席、国家技能开发公司理事长和6位技能开发专家列席。总理首席秘书为该委员会秘书处成员。

国家技能开发合作协调理事会由计划委员会副主席主持，人力资源开发部、劳动和就业部、农村发展部、住房和城镇减贫部和财政部秘书长参加。还有4个邦（轮流）的部长、3位专家参加。计划委员会的秘书是该理事会成员秘书。理事会负责实施总理国家技能开发委员会关于技能开发的决策部署，为完成技能开发宏观目标制定工作指南。

国家技能开发公司。合作行动的第三级是国家技能开发合作公司，它是1956年公司法规定的非营利公司，具有政府背景和结构。公司领导是技能开发领域的著名专家。公司将组建行业技能委员会（Sector Skills Council）行使下列职能：确认技能开发需求，包括各类技能的范围，劳动者需要掌握的技能的广度和深度；制订行业技能开发计划，保证技能储备；制定技能/能力标准和职业资格；推动合格评估程序的标准化；参与合格评估、考试和颁证；计划和执行培训教师的培训；促进优秀学术人才培养；建立结构合理的具备行业特点的“劳动力市场信息系统”，支持培训项目的计划和实施。

此外，还强化了国家职业培训委员会（National Council for Vocational Training，简称NCVT）的工作。国家职业培训委员会负责设计、开发和维护国家职业资格框架，建立能力标准、课程体系、学分结构，建立培训机构认可评估框架，建立质量保障机制。该委员会还要做好劳动力市场信息系统和国家级信息发布工作，通过报告和沟通机制，监督和评估国家技能开发工作的效率和效果。

（2）明确了技能开发的社会伙伴。《技能政策》强调了要持续促进社会伙伴的合作关系。本章对中央和地方政府、行业和雇主、工会组织以及民间社会组织在技能开发方面的角色和责任进行了逐一描述和规定。

第三章　扩大服务范围，促进平等参与

要通过公私合作，大幅扩大培训规模。要制定激励措施，鼓励私人参与技能开发。在边远农村和困难地区、私人投资困难的地区，大力发展公办培训机构。促进培训方法创新，大力发展移动培训、远程学习、电子学习和网络学习。5 年内，动员企业增加 100 万学徒培训规模。

关于平等参与，政策对支持和促进妇女、边远山区和困难地区、残疾人、少数民族、辍学生和童工、经济贫困人员参加技能开发作出了规定。

第四章　质量和相关性

（1）质量保证的 5 个关键。①资格的确认。目的是保证职业资格能够反映市场和工作场所的需要，能力要求表述清晰，并附带清晰的考评标准。②培训过程的认可。目的是保证课程或标准中要规定足够适宜的工具、技术、方法和材料。③对学习者的鉴定评估。目的是保证鉴定评估是建立在国家（能力）标准的基础上，鉴定方法可靠有效。④对培训机构的评估。目的是要保证培训由具备资质的机构实施，这些机构要具备良好的资源和规范的管理。⑤研究和信息。目的是保证技能工人的供给符合劳动力市场需求信息变化。

（2）国家职业资格框架。为支持技能开发系统改革，建立国家职业资格框架，不同部门下属的各类机构都要遵照执行。该框架要具备以下特征：①资格和证书要建立在国家统一的标准之上，以能力为基础。②证书是学习成果的证明和资格。③国家职业资格水平的范围，建立在与活动的复杂性、能力的可迁移性相关的标准的基础之上。④在保证培训需要的同时，要避免资格之间的相互重复和重叠。⑤学习成果可以分成若干模块，经过积累，取得认可的职业资格。⑥质量保证体系要能够促进技能的可迁移性和劳动力市场的流动性。⑦通过技能认证系统促进终身学习。⑧建立开放的弹性的系统，允许个人通过鉴定和证书系统积累知识和技能，取得更高的学历和学位。⑨建立不同的学习路径（学术的和职业的），促进正规和非正规学习的结合，特别是工作场所的学习，以及职业性学习和学术性学习的流动。⑩为个人的培训选择和生涯规划提供指导。⑪一是建立普通教育和职业资格培训的可比性；二是建立国家统一认可的培训机构评估框架；三是在国家职业资格框架下鼓励建立多元化的证书机构。

第五章　非组织化的行业部门的技能开发

大约 93%的印度劳动力在非组织化的行业部门就业，这些行业遍布城乡，创造 60%的国内生产总值。因此，有必要专门对这些行业制定特定的计划并进行实施和监管。鼓励各类公立私立培训机构、社会组织等面向这些群体开展培训，培训方式可以灵活多样，时间可长可短，考试鉴定及证书要与国家职业资格框架相关联。

第六章　技能短缺和2022年工作目标

根据预测，到2015年印度将有8亿青年劳动力（中国有6亿）。到2020年，全世界将有4700万劳动力短缺，而印度将有5600万富余劳动力。因此，印度要培养人力资源满足全世界对高技能人才的需要。在第六章中，《技能政策》用了较大的篇幅，对不同的地方邦的产业结构进行了分析，对2015年、2022年不同行业对技能人才的需求进行了预测，并据此制订了不同部门需要组织开展的职业教育培训计划，包括行业、培训类型、参加对象、培训期限等内容。

第七章　技能开发的财政投入

本章内容不是很多，主要规定了三条内容。

（1）技能开发的利益要回归个人、企业和促进整体经济发展。因此，所有的利益相关方，无论是中央还是地方政府、公私企业，亦或直接的受益者（劳动者个人），都要分担经费和资源。

（2）执行《技能政策》，中央政府必须投入。印度计划委员会已安排了专门的技能开发预算。此外，需要采取创新措施，鼓励私人投资技能开发。

（3）国家技能开发公司已确定了中央政府投入100亿印度卢比①，另有1500亿印度卢比要从其他政府部门、公共实体、私营机构等多种渠道筹集。

第八章　对未来的反应

（1）技术和知识经济的兴起驱动的全球化。就业需求正不断趋向高技能人才。因此，印度要搭建技能阶梯，培养大批掌握新知识的在高技能服务行业和高技术工业制造领域工作的新型人才。知识型专业人才需要在新知识和技术领域工作的中级技能工人来支撑。技能开发系统要适应这种变

① 2013年1月11日汇率，1人民币元=8.79印度卢比。

化并做出快速反应。

（2）促进卓越。促进卓越，必须建设一大批优秀的培训机构，这些机构要具备良好的设施设备、优秀师资和先进课程，并要相互之间形成网络，广泛组织开展培训。

（3）试验、创新和研究。要对区域和全球环境的变化进行快速反应，不断尝试新方法。要用创新文化引导未来，要把加强研究作为核心战略。

（4）政策回顾。《技能政策》将根据实施情况，参考国内国际环境，每5年进行一次必要回顾和修改，以期不断吸纳好经验、应对新的挑战。

四、后续行动和战略目标

印度劳动和就业部2010年发布的《印度人民年度就业报告》①，对《技能政策》的实施行动和战略目标进行了总结。

1. 后续行动

（1）进行政府办工业培训学院的改革提升。截至2007年1月1日，共有1896所政府办工业培训学院，要对所有这些机构进行现代化和提升改造。100所工业培训学院在2005—2006年度已经花费16亿印度卢比提升改造为“优秀人才中心”（Centres of Excellence）。400所工业培训学院通过世界银行支持的职业培训提升项目，引进了与企业紧密联系的新课程。余下的1396所工业培训学院将花费355亿印度卢比进行提升改造，每所学院将得到25亿印度卢比的无息贷款。

（2）实施总理特殊计划。投入1.137亿印度卢比进一步提升改造东北地区现存的35所工业培训学院，新建25所学院。

（3）开展技能开发行动。2007—2008年度启动新的技能开发行动计划，该计划将在5年内向100万人提供短期培训课程，支付5.5亿印度卢比，之后达到年培训100万人的目标。据此，需开发1110个短训模块课程，覆盖49个行业。

---

① Ministry of Labor and Employment, Government of India. *Annual Report to the People on Employment*. http://labour.nic.in/report-to-people.pdf, 2010/07/01.

2. 未来战略和目标

（1）从 2010 年起 3 年内，通过公私伙伴合作，新建 1500 所工业培训学院和 5000 所技能开发中心。

（2）根据 1396 所政府工业培训学院提升计划，通过公私合作，在 2010—2011 年度投入 7.5 亿印度卢比，启动建设提升 300 所新的政府工业培训学院。

（3）根据技能开发行动计划，在 2010—2011 年度组织 30 万人参加短期模块培训课程。

（4）从 2010 年起 3 年内，全国所有就业服务大厅通过公私合作的方式投入 7.5 亿印度卢比进行现代化改造。

（5）会同有关方面共同制定国家职业资格框架。

（6）根据学徒培训计划，为提高学徒培训的质量和数量，对 1961 年学徒法案进行重新审视评估。

（7）组建行业技能委员会。

第四节　20 国集团培训战略

《为强劲、可持续和均衡增长培养技能劳动力：20 国集团培训战略》① 是国际劳工组织联合有关国际组织、雇主和工人组织、研究机构为 20 国集团（G20）拟定的技能人才培养专项战略文件。

一、有关背景

用技能武装劳动力，是所有 20 国集团国家推动未来发展的一项战略考量。全球化加速了技术的传播和创新步伐。新兴职业不断替换和取代传统技艺。20 国集团各国普遍面临的一项巨大挑战是，如何提高教育培训系统对技能需求快速变化的应变速度。许多国家已经在应对 2008 年全球金融危

---

① ILO. *A Skilled Workforce for Strong, Sustainable and Balanced Growth*. http://www.ilo.org/skills/pubs/WCMS_ 151966/lang--en/index.htm，2011/02/22.

机引起就业挑战的过程中，把培训和再培训作为重要措施加以应用。2009年9月匹兹堡会议上，20国领导人呼吁把有质量的就业作为恢复的核心，承诺执行复苏计划，支持体面工作，促进就业增长。为此，他们对国际劳工组织全球工作协定（ILO's Global Jobs Pact）表示欢迎，同意在未来经济增长中建设就业导向的政策框架。领导人采纳了把“为强劲、可持续和均衡增长的工作框架”作为合作的基础。他们认识到技能开发的作用，表示每个国家都需要通过国家政策，提升工人技能以适应变化的市场需求，并从创新和新技术应用中获益。他们邀请国际劳工组织与其他机构合作，开发培训战略。

国际劳工组织起草了培训战略并提交2010年4月在美国华盛顿召开的劳工部长会议讨论。战略文本在2010年6月加拿大多伦多领导人峰会上受到好评。2010年11月首尔会议，领导人承诺在20国集团培训战略基础上，继续支持本国技能开发战略。

二、全球变化的驱动力

1. 人口变化

世界范围内人口出生率正在下降，尽管部分国家和地区仍保持较高水平。人口生育率下降，预期寿命延长，导致的主要影响是老龄化问题。从2010—2050年，60岁及以上年龄人口占全部人口比例，发达地区从22%升到33%，欠发达地区从9%提高到20%；25—59岁的工作年龄人口占全部人口比例，发达地区从49%降到41%，在欠发达地区缓慢增长，从43%增长到46%。这对技能开发带来三个方面影响：一是经济增长将更急需依靠劳动力资源的生产力，依靠提高劳动参与率，特别是妇女和年长人员的参与。因此，终身学习特别是对年长的经济活动人口的终身培训变得十分重要。二是一些地区青年人口的快速增长，为培训能力和就业岗位增长带来挑战。低技能青年就业困难的现象随处可见。三是国际性工人移民潮持续增长，对培训政策的公平性带来挑战，一些国家借此缓解技能短缺而忽略培养问题。

2. 教育参与率

高质量的基础教育与经济增长密切相关。教育是为实现生产性就业而进行技能开发的基石。如果一个国家的教育培训系统能够培养数量充足的、能够在职业生涯过程中进行持续学习的劳动者，这个国家应用科学技术并将其转化为经济增长的能力就会更加强大。无论是在学校还是在其他地方进行的培训和技能开发，已经成为人们实现就业必不可少的补充，这一点已经被广泛认可和普遍接受。

3. 公平与包容性增长

妇女在就业的公平机会和待遇方面遇到很大障碍。学习掌握新的高层次的技能，可以帮助她们更好地进入劳动力市场。在融入劳动力市场的早期，青年面临低工资和就业不稳定的风险，这种风险与其教育参与水平呈反比。加强职业教育培训，积累工作经验，可以帮助青年成功地实现从学校到工作的过渡。同时，技能短缺也是残疾人实现按比例就业的障碍。

4. 市场的全球化

过去50年世界经济的明显特征是市场与地区的结合，这可以从世界贸易增长、外国直接投资和移民趋势方面得到印证。日益增长的移民，一方面需要有关国家对技能培训与认证的政策进行特殊安排，一方面需要研究留住人才、避免人才枯竭的政策。

5. 技术和创新

技术变革与创新是经济发展的有力推动力，现代生活的各个方面无时无刻不体现出创新的力量。近年来最显著的创新体现在显微芯片的加工处理方面。科技创新在固定资本和人力资源投资方面体现得最为明显。在新兴经济体加快创新步伐的同时，发达经济体更重视投资创新保持其竞争力。基于此背景，技能开发对于所有国家都具有十分重要的意义。许多目前不存在的工作岗位在接下来的20年里会不断地创造出来，届时劳动力资源要得到相应的职业培训。即便如此，提高技能的需求不仅体现在学校、大学和培训机构中的青年群体，当前的一代在职工人也同样需要技能提升。

6. 气候变化和绿色经济转型

在国家和国际政策层面，促进可持续发展与环境保护和经济社会一体发展已成为最具挑战的问题。世界范围内的就业结构和就业技能直接受到全球变暖和低碳减排政策的影响。“绿色工作”已成为促进经济社会可持续发展的象征。需要警醒的是，相关技能的缺乏已成为“绿色经济”发展的瓶颈，对“绿色技能”的培训需求已成为促进就业增长的必然要求。

三、战略的主要框架

1. 多样的现实，共同和不同的挑战

由于人口、经济结构和经济发展水平不同，形成了不同国家之间差异化的培训和技能开发政策。

高度发达国家面临的主要政策难点是，如何保证刚参加工作的新人和在职工人，在其职业生涯中都能获得相应的技能。企业间的竞争和经济结构的变化会减少低技能就业岗位。这就要求对新进入劳动力市场的人员，广泛开展培训，提高培训的针对性，扩大终身培训机会，并使之与积极劳动力市场政策同步。与技术技能并重，有效沟通与互动、谋求共识、提供协助指导支持以及领导力等软技能变得更加重要。随着工作岗位和劳动力流动性的增速，技能和人才的国际迁移开始成为重大问题。

中欧洲正在努力进行振兴技能开发体系。这些措施包括重构教育培训体系，使之与新的市场经济需求同步；应用劳动力市场机制，减轻经济结构调整带来的消极影响；开展终身培训，提高劳动力资源的适应性和流动性。

亚洲和拉丁美洲的显著特征是，某些行业地区高速增长和高水平生产力，与城乡非正规经济的低生产力和持续贫穷并存。在高速增长的行业，解决技能短缺问题需要提高雇主与培训机构的合作，扩大公共培训设施，鼓励在职培训。在一些国家，如中国和印度，高技能人才短缺可能会增加可持续的高速增长的难度。

阿拉伯地区，尽管教育培训投资增加很多，但青年人仍旧面临从教育到工作转换的困难，企业仍旧招不到具备所需技能的工人。

在低收入的发展中国家，主要是次撒哈拉非洲和亚洲部分地区，低技能低生产力和贫穷仍是主要问题。

综上所述，技能战略的主要政策点包括：增加培训规模、提高学徒培训质量、提高公共培训机构培训的有效性、促进校企合作等。

2. 技能开发的主要框架

（1）满足当前和未来的技能需要。国际经验表明，通过技能开发实现提高生产力、促进就业和发展的目标，需要从以下三个方面入手：①培训供给要满足当前技能需求，这就需要提高培训的针对性和质量。应对劳动力市场信息进行汇总、分析，并发布可信的行业和职业信息。②帮助工人和企业进行必要调整。帮助工人和企业从萎缩的低生产力的行业，转向扩张的高效的行业。学习新技能，提高技能水平，进行终身学习成为必然。③面向未来劳动力市场的需求，建设和保持竞争力。从长远看，推动教育培训可以刺激创新、投资、技术变革，提高经济竞争力进而促进就业增长。

（2）整体推动。要从以下几方面整体推进技能开发：①构建持续衔接的学习路径，从学前教育开始直到初等、中等、高等教育和职业培训，提供持续的职业指导和劳动力市场信息服务，提供工作后继续学习提高的机会，将新技能的学习贯穿一生。②开发核心技能。包括识字、计算、沟通、合作、解决问题的技能和学习能力，并使之渗透到终身学习当中。③开发高层次的技能。包括职业的、技术的和人际之间的技能，帮助工人从中获益，创造高质量和高收入的工作。④技能的迁移。首先，在掌握核心技能基础上，工人可以在新的职业或行业中应用其知识和经验。其次，技能开发体系要推动技能的规范化、标准化、可评估和证书化，工人的技能水平可以在劳动力市场不同行业得到认可，在国家、区域和国际劳动力市场上获得承认。⑤就业能力。这是以上综合因素的结果，综合了核心技能、受教育培训程度、终身学习、所掌握技能的认可等各种因素。

（3）生命周期。技能开发可以围绕整个生命周期进行，包括能力建设、保持和提升技能。相关政策要围绕这一周期进行研究。①儿童。通过早期教育奠定技能的重要基础。②青年。为实现从学校到工作的转换而巩固技能，掌握基础工作技能。③成年和老年工人。保持和提升技能，学习新技能，对工作中所掌握的技能进行认证。

（4）政策融合。技能和就业政策要共同发生作用。①连接基础教育和技术培训，技术培训是劳动力市场的入口，劳动力市场是工作场所和终身学习的入口。②通过雇主和培训机构之间的持续沟通，保证培训符合工人和雇主的需求。③促进技能开发政策与其他政策一体化，不只是劳动力市场和社会保障政策，还包括工业、投资、贸易和技术政策，地区性和区域性政策等。

四、有关的基础建设

1. 技能需求预测

进行技能需求预测，并使培训满足劳动力市场变化，十分关键。总体看，包括创造力、解决问题能力、沟通交流能力、团队合作能力和创业能力等保持工人就业能力的非常规技能的需求呈增长趋势，而自动化、数字化和外包等常规性技能的需求则呈下降趋势。用于进行技能需求预测的方法有很多，其中包括进行职业分析、社会对话、劳动力市场信息和就业服务，对培训机构进行分析评估等。欧盟的《新工作和新技能》就是很重要的对欧洲2020年技能供需的预测分析。

但许多国家也关注到技能预测的局限性。最关键的是充分开展核心技能、横向技能以及自主学习能力建设，这些要比培训课程符合具体技术技能的需要重要得多。短期的培训课程，因其建立在牢固的通用技能与核心技能的基础上，可以最大程度地缩小新兴技能与培训机构、培训课程之间的差距。

2. 社会伙伴的参与

政府、雇主和工人之间良好的伙伴关系，是联结学习世界和工作世界的有效纽带。这包括牢固的资金投入安排、技能培训政策的制定、实施和评估。雇主是非常重要的培训提供者。青年人通过学徒培训、见习计划或其他渠道进入劳动力市场，企业有责任为他们提供理想责任教育和终身学习机会。社会对话在职业教育培训改革和国家技能战略形成过程中同样发挥着重要作用。

3. 行业的作用

关于行业培训与就业安全战略的国际劳工组织三方全球对话论坛，通过总结各方共识，推荐以下促进行业参与的有效方法：通过行业委员会机制，推动行业的技能需求与培训机构培训相一致，进行劳动力市场职业技能需求预测，对培训质量和有效性进行评估。制定长期国家发展战略时，要嵌入行业的技能开发需求。

4. 劳动力市场信息和就业服务

劳动力市场体系可以生产、更新、发布当前和未来的技能需求。公共就业服务在将技能需求应用到职业指导、职业咨询、培训就业结合方面发挥着重要作用，私营就业服务机构的作用也在日益增强。

5. 培训质量和有效性

技能开发体系的重点努力方向，是提高培训的数量和质量。因此，必须拥有大量符合需求的有资质的教师、培训导师、高级技师，要为他们提供培训机会，创造工作条件。培训机构要紧跟技术和学习方法的发展不断创新。终身学习要依托与教育、培训和就业的紧密联系。以技能为基础的职业资格制度也要与此相适应。

6. 性别平等和培训对象的普遍性

培训是追求男女在就业和职业平等总目标的重要手段。帮助妇女克服障碍参加培训，并以培训成果去实现更好的就业，要从整个生命周期来采取措施，如提高女童就学率、促进参加学徒培训和其他有关职业培训，特别是非传统职业的培训。此外，对其他群体同样需要提供更多的培训机会。例如青年、残疾人、移民工人等。对小企业、非正规经济从业人员和自谋职业人员，要加大培训力度。

7. 加大培训投入

教育培训可以为个人、雇主和整个社会带来益处，因此，培训的投入应由各方负担，政府发挥关键作用，企业应保证持续稳定的必要投入。

（1）政府。政府有责任对整个教育中的初级培训和失业人员及经济危机期间面临失业风险的工人的再培训进行资金投入。国家或地方政府可以直接投入，也可以（或者）创造条件鼓励雇主和个人与其共同投入。具体可以采取通过对培训机构分配预算进行培训补贴，从税收所得中补贴培训，直接支付培训费用，向培训人员发放培训券或贷款，对开展培训的企业减免征收失业保险金，对企业开展特定形式的在岗和在职培训进行补助等方式。

（2）雇主。为提高企业生产力和竞争力，雇主直接或间接对培训进行投入十分重要。工资税可以有效地在保证雇主培训有效性方面发挥作用，当雇主自主组织员工进行培训时，可以按一定比例减免征收。雇主也可以对培训机构提供培训补助，或者与其他雇主联合资助开发培训课程。小企业可以联合开展培训。

（3）个人。工人有责任为保持其就业能力而投入时间和金钱进行技能提升。有些培训计划可以使个人为换取培训后的高收入而放弃培训期间的收入，特别是那些享受税收减免或贷款补贴的项目，个人对此应可以预见。这些计划可能会导致低收入的工人和承担家庭主要责任的非正规经济就业人员生活困难，因此雇主和公共机构开展培训变得十分重要。

8. 政策效果评估

为提高培训的效果，对技能开发制度和政策进行效果评估十分必要。可从四个方面进行评估。

（1）从雇主和培训学员的反馈方面，评估培训质量是否满足劳动力市场需求。

（2）定期对劳动力市场职业技能水平需求的变化进行分析。

（3）对未来技能人才需求的数量和质量进行分析。

（4）向培训机构、职业指导和就业服务机构输出信息，使其了解因需求变化而调整的培训工作的开展情况。

总之，任何技能战略的构建，必须建立在坚实的技能培训以及教育与工作紧密结合的基础之上。这需要高质量的儿童教育、充分的技能需求信息、教育与培训系统对经济社会结构变化的及时反应、技能认证及其在工作场所的应用。该领域政策的有效性，需要通过技能政策与经济社会政策的紧密结合来实现。

第五节　欧盟新技能新工作议程

《新技能新工作议程：欧洲促进充分就业的贡献》[①]（以下简称《新技能新工作议程》）由欧盟委员会 2010 年 11 月颁布，是“欧洲 2020 战略”的七项配套实施的子计划之一。

一、有关背景

2010 年 3 月，欧盟成员国首脑通过了未来 10 年的经济发展战略，即“欧洲 2020 战略”。战略提出了欧盟未来 10 年的发展重点，目的是帮助欧盟最终摆脱金融危机，并在全球化浪潮中处于不败地位。战略提出了欧盟关于未来经济增长方式的三个核心概念：第一，智能增长，意即实现以知识和创新为基础的经济增长；第二，可持续性增长，意即实现资源效率型、更加绿色和更具竞争力的经济增长；第三，包容性增长，意即实现经济、社会和地区聚合的高就业增长，使所有地区和人群都能分享到经济增长成果。“欧洲 2020 战略”提出了七大框架计划，其中实施智能增长的计划有 3 个、可持续增长的计划有 2 个、包容性增长的计划有 2 个，面向提高就业和技能的“新技能和工作议程”就是其中之一。

经济危机已使就业率降到 69%，失业率高达 10%。随着生育率降低，即便持续移民涌入，欧盟劳动年龄人口（15—64 年）数量仍将从 2012 年开始萎缩。实现欧洲 2020 目标，建设一个充满竞争力的、可持续和创新发展的经济体，技能劳动力已成为十分重要的资源。

为应对挑战促进就业，特别是妇女、青年和年长工人的就业，欧盟将采取措施重点解决以下四个问题：一是更好地发挥劳动力市场功能，二是培养高技能劳动者，三是提高工作质量改善工作条件，四是采取有力措施

---

① An Agenda for New Skills and Jobs. A European Contribution towards Full Employment, Communication from the Commission to the European Parliament, the Council, the European Economic and Social Committee and the Committee of the Regions, Strasbourg, 2010/11/23.

创造就业岗位刺激劳动力需求。

实现上述目标需要欧盟成员国的共同努力。《新技能新工作议程》倡议通过采取13项关键行动并使之成为“欧洲2020战略”的组成部分，促进各成员国共同行动，实现共同目标。

二、议程倡议的13项关键行动

1. 关键行动

（1）欧盟各机构、成员国和社会伙伴共同努力构建灵活新阶段。围绕建立灵活的可信赖的合作关系、建立终身学习系统、实施积极的劳动力市场政策和构建现代社会保障制度等工作重点，欧盟委员会将组织成员国在欧盟共同灵活准则（EU Principles of Flexicurity）的基础上，形成欧洲2020战略就业目标的共识，并在2012年上半年开始实施。

（2）建立在共同准则基础上，通过实施终身学习和成人学习的新方式等措施，通过工作过程提高技能水平，具有特殊重要意义，如社会伙伴的责任分担与合作、有效的经费投入机制、灵活的学习路径、高质量的教育和有目标的持续学习。

（3）为提高社会伙伴参与和主导《新技能新工作议程》的实施，欧盟委员会建议从2011年开始建立三方社会论坛。

（4）2012年为提高求职者、工人、企业和公共机构的透明度，制定《欧盟技能远景》（An EU Skills Panarama），该远景可在线查询，内容包括到2020年技能人才供给和劳动力市场需求的最新预测信息，具体为：①欧洲增长最快的前25个职业的最新信息，每个成员国最急需的前5个职业；②依据《欧洲空缺职位监测》（European Vancancy Monitor）而进行的技能需求分析；③通过对雇主、学员和毕业生的调查，对技能供需的不匹配情况和工作场所技能的实际应用情况进行分析；④基于欧洲技能和就业行业委员会的工作，对行业技能需求进行前瞻性分析；⑤欧洲职业培训发展中心和各成员国的规划。

（5）2012年完成欧洲所有语言版本的《欧洲技能、能力和职业分类（ESCO）》（European Skills，Competences and Occupations classification ），以

此连接就业、教育与培训。

（6）2012 年在对《职业资格指南》（Professional Qualification Directive）进行评估的基础上，考虑提交“改革职业资格认证系统”建议的可能性。

（7）2011 年启动面向第三国公民的《一体化新议程》（New Agenda for Integration），促进信息交换和成员国在相关政策领域的交流。

（8）2012 年与工人自由流动相关联，考虑提高移民工人权利的可行性。

（9）2011 年对《工作时间指南》（The Working Time Directive）进行回顾评估，围绕促进工人外派指南提出立法建议。时机合适时，欧盟委员会经过评估并征求社会伙伴意见后将启动修订、简化现行就业相关立法。

（10）2011 年对《欧盟工作健康和安全 2007—2012 战略》（Eu Strategy 2007—2012 on Health and Safety at Work）进行最终评估，提出 2013—2020 后续战略建议。

（11）2012 年联合社会伙伴和相应社会对话自治机构，对欧盟在信息和工人咨询领域的相关立法的效果、欧盟部分时间工作和固定期限合同及其对女性在就业和薪酬平等方面的影响，进行回顾评估。

（12）到 2014 年，会同成员国、欧洲社会伙伴在工作安全健康咨询委员会框架下，对健康和安全相关立法进行综合回顾。

（13）2011 年，欧盟委员会制定促进创造就业岗位指导原则，主要包括以下途径：①解决雇佣和解雇的行政和立法障碍，促进创业和自主就业；②降低非工资性就业成本；③促进从非正规部门向正规就业转移。

2. 行动目标

上述 13 项关键行动中，行动（1）至（3）主要目标是构建灵活性政策，行动（4）至（8）主要目标是促进技能提升和匹配，行动（9）至（12）主要目标是工作质量和工作条件的改善，行动（13）主要目标是支持创造就业岗位。

三、议程的实施

《新技能和新工作议程》提出的 13 项关键行动和相关措施，需要欧盟一揽子政策工具的相互配套，如立法、政策协调、社会对话、资金投入和战略伙伴等。议程的许多政策如创造就业岗位等，依赖于其与“欧洲 2020 战略”的结合。

议程的传达与参与是其成功实施的关键。社会伙伴在实施灵活性政策和其他主要目标方面发挥着重要作用。行动的实施进展将在欧盟每年的三方社会论坛上进行讨论分析。

欧盟基金，特别是欧洲社会基金，可以对欧盟议程发挥巨大的支持作用，对于推动欧盟政策起到重要的推动作用。

欧盟委员会将推动议程在国际范围的影响力。危机促进了经济、金融目标与就业、社会目标同等重要的全球性共识的形成。欧盟委员会将聚拢国际资源，在多边框架下（国际劳工组织、20 国集团、经合组织和联合国），不断加强与战略伙伴（美国、加拿大、中国、印度、日本、南非、俄罗斯和巴西）的双边合作。欧盟委员会将于 2014 年修订议程的工作重点，使其适应新的多年财政合作框架。

第六节　经合组织技能开发政策的战略途径

2012 年 5 月，经合组织印发了《好技能好工作好生活：技能开发政策的战略途径》（Better skills, Better Jobs, Better Lives: A Strategic Approach To Skills Policies）①（以下简称《经合组织技能战略》），旨在为各成员国制定技能战略提供政策指南。

《经合组织技能战略》文本共分 4 章，分别是第 1 章开发技能人才，第 2 章激活技能人才，第 3 章促进技能人才的有效使用，第 4 章前景推动。作为战略指南性文件，其主要内容重点集中在 3 个主要问题和未来工作路径方面（见图 3—1）。

① OECD. *Better skills, Better Jobs, Better Lives: A Strategic Approach To Skills Policies*. http://dx.doi.org/10.1787/9789264177338-en, 2012/05/21.

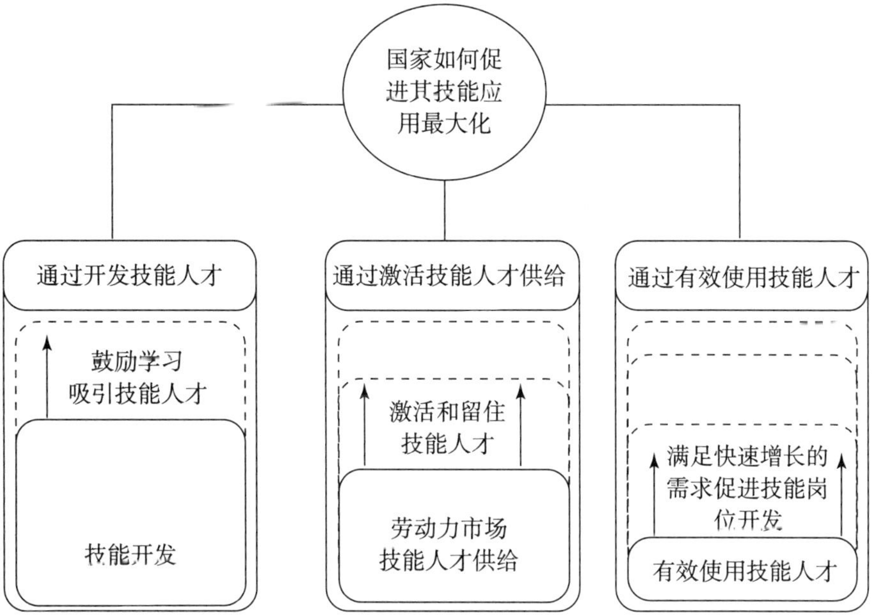

图 3—1　经合组织技能战略框架

资料来源：《经合组织技能战略》文本。

一、提高国家技能人才的质量和规模

1. 鼓励人们参加学习

（1）收集和应用技能人才需求变化的证据。在人的一生中，对技能开发进行投入，是技能人才政策的核心。已经过去的几十年里，许多经合组织成员国和新兴国家的劳动力市场，已经从农业转向工业和服务业。这种变化意味着手工技能和体力劳动需求的减弱，而认知、人际技能和高级技能的需求大幅增加。政府和企业需要共同努力，收集技能人才当前和未来需求的证据，并应用其开发的最新课程，形成教育培训体系。

（2）在教育培训项目中吸纳社会伙伴参与。如果学习世界和工作世界能够有效连接，则技能开发会更加有效。相比于学校内教授的政府设计的课程，工作场所的学习可以具备很多优势：它可以允许青年人在现代设备上去开发“硬”技能，也可以通过真实的工作经验形成“软”技能，如团队合作、沟通交流和协调谈判。企业对培训其职工承担重要角色，工会也要帮助教育培训体系审视对培训的投入是否能够反映出高质量工作和高工资收入对技能的需求。

（3）面向不同群体提供多种教育培训机会。为青年人进入工作岗位准备好相应的教育培训，只是技能人才培养的一个方面。工作年龄的成人同样需要开发技能，使他们能够实现职业生涯的进步，符合劳动力市场的变化需求，并留住技能人才。

（4）通过确保所有人的教育质量促进公平。政府要帮助促进学校内外的早期教育的质量。教师要受到尊重，以吸引优秀人才从教并留住优秀教师。工作场所学习要受到质量监控。

（5）分摊教育培训成本。政府可以制定财政刺激政策和税收政策，鼓励个人和企业投资非义务教育和培训。允许教育培训费用从所得税中扣减的政策很有帮助。要鼓励个人承担高等教育费用。

2. 鼓励技能人才参与

要增强技能移民的流动性。由于新兴行业缺乏足够的经过培训的人员，由于老龄化造成没有更多的年轻人接替退休人员，由于高附加值制造业产业提升等原因，一些国家缺乏足够的技能人才供给。可以通过劳动力移民政策解决这一技能缺口。此外，一些经合组织成员国已经放松移民政策鼓励国际学生留下来工作。回到母国的移民也可以带回有益的知识和经验。

3. 支持跨境的技能人才政策

技能开发政策的目标是国家政策，但大量企业在国际化层面执行这些政策。一些国家已开始对外国人的技能开发进行投入。这样做有双重优点：一是为本土公司海外分公司提供受过良好培训的工人，同时又减少向外移民，特别是高技能人才向海外流失。二是鼓励技能开发全球化，设计鼓励跨国境高等教育的政策。这样做可以帮助一国快速扩大其技能人才储备。

二、通过劳动力市场激活技能人才

1. 鼓励人们应用技能

要创造经济刺激，使参与工作更加具有吸引力。各国要评估其儿童养育、税收政策和福利体系，与可预期的薪酬相比，这些政策使人们参与工作缺乏经济吸引力。此外，还要消除影响劳动参与率的非经济障碍，如采取部分时间工作、弹性工时等。

2. 留住技能人才

（1）不鼓励早退休。许多国家已经取消了鼓励老工人提前退休计划，不断提高退休年龄。为解决需求方面的问题，一些国家已经尝试平衡劳动成本，减轻企业的社会保障负担，提供雇佣老工人工资补贴等。此外，还大力推动终身学习。

（2）止住人才外流。一些国家由于向外移民造成高技能人才流失，造成技能人才缺口，由于技能短缺，引起投资减少。经验表明阻止人才外流最好的办法是，制定留住人才的激励政策。

三、促进人才得到更好的使用

1. 保证人们能够有效地应用其技能

（1）帮助青年赢得劳动力市场的立足点。技能短缺和青年高失业率同时并存的现象十分严峻。2011 年经合组织成员国平均青年失业率接近 17%，比壮年成人高 2.3 倍。因此，必须对他们强化符合劳动力市场需求的职业培训。

（2）帮助企业更好地应用员工的技能。公共政策要帮助工人掌握工作所需的基础技能，鼓励企业和员工出资培训。当技能人才不能得到充分使用时，需要具备良好的管理措施。工会在提高技能人才供需匹配方面要发挥更大作用。

（3）提供更完善的技能人才需求和供给的信息。在技能开发系统，由于信息缺失和不透明，会导致失业上升，技能既不能得到有效开发又不能实现有效应用。高质量的职业生涯指导，要成为技能战略的关键内容。对正规和非正规学习开展持续的能力认证，变得十分关键。对国外学历的认证也同样重要。

（4）促进流动。技能人才供给和需求不在同一地理范围，也是技能短缺的一个原因，要降低成本促进工作流动，帮助企业和员工寻找到适合的工人和工作。

2. 增强对高技能人才的需求

（1）帮助地方经济提升其价值链。政策也可以“塑造”需求，而不是仅仅对需求作出反应。政府项目可以影响企业的竞争战略和市场战略。在培养竞争力的过程中，政策制定者要促进生产性经济活动，推动更强劲的经济增长，创造更高的生产力和更高回报的工作岗位。

（2）促进创业。创业者是培养的不是天生的。要在学校、大学和职业培训机构开展创业培训，逐步灌输创业意识，提高创业能力。

四、未来工作路径

若干国家已经制定或正在开发其本国技能战略。主要的挑战是，如何推动战略和实践相结合，如何采取系列方法，将所有的国家和地方层面的相关方动员参与进来。作为技能战略的后续行动，经合组织将围绕如何开发国家技能战略以及如何支持各国贯彻执行战略，开发指导性文件。

第四章
高技能人才的法制建设

法制建设是高技能人才开发的体制和机制保障。为此，许多国家立法先行，将建立健全高技能人才资源开发的配套法律法规，特别是把有关“双元制”人才培养、职业生涯发展、终身学习与平等培训机会的获取以及培训质量监管等关乎广大公众切身权益的问题纳入法制化管理轨道。依法保障人人平等接受教育培训的权利，规范职业培训质量，是各国技能人才开发立法的根本宗旨。为此，结合自身不同的政治、法律体系，一些国家尤其是在制造业领域长期占有优势地位的发达国家，经过多年摸索和不断完善，逐步形成了保障高技能人才开发机制高效运行、体系较为完备较为成熟的法律体系。

第一节　德国技能人才的法制建设

一、德国有关技能人才培养的法律法规

德国职业教育培训与技能人才培养蜚声世界，与其系统而完备的法规条文规定以及对这些法律的充分执行密不可分。《职业教育培训法》是德国技能人才培养的基本法，对技能人才培养起了极大的推动和促进作用。德国还出台了与《职业教育培训法》相配套的法律法规，如《手工业条例》（1965 年）、《企业基本法》（1972 年）、《青年劳动保护法》（1976 年）、《职业教育促进法》（1981 年）、《技能提升培训资助法》（1996 年）、《企业培训师资格条例》（2009 年修订）等。此外，各州、地方及行业也陆续出台了一些相关的条例或实施办法。这些法律对涉及技能人才培养的

方方面面都做了具体和明确的规定，保障了德国技能人才培养体系顺畅而高效地运行。

二、“双元制”培训的法律基础

学徒制培训，即“双元制”培训：是德国培养青年技能人才资源的国家战略，为德国高端制造业的兴旺和发展提供了充分和高质量的人才资源供给。“双元制”培训不仅仅只是企业和学校共同担负人才培养任务的培训形式，同时也是发挥企业对技能人才培养主体作用的培训形式。“双元制”培训体系是由德国联邦立法支持，并基于以下法律基础实施的体系①。

《职业教育培训法》（Berufsbildungsgesets）：是联邦层面的立法。该法对培训企业和受培训者双方的权益、培训机构与人员资格、实施培训条例的监督和考试、职业教育培训的组织管理和职业教育培训研究等方面作出了明确规定。

《学校法》（Schulgesetze）：适用于“双元制”培训体系中学校教育部分，占比约为1/3。德国有16个联邦州，每个州都有自己的《学校法》，对义务教育、教学大纲、学校的毕业考试等方面做出规定。

《职业培训条例》（Ausbildungsordnungen）：由联邦劳动和事务部及行业主管部门制定，适用于相关行业领域。每个培训职业都制定了相应的《职业培训条例》，对培训职业的正式名称、职业培训年限、职业描述、培训框架计划、考试要求等方面做出规定。

三、《职业教育培训法》

1. 历史沿革

德国《职业教育培训法》最早于1969年提出，于当年9月1日正式生效。在此之前，德国学徒培训体系（即“双元制”培训体系的雏形）已经存在，学徒培训的标准和原则由商会或行会确定。《职业教育培训法》

① Prof. Dr. Sibylle Peters. *Berufsbildungs System in Deutschland*. http://www.docin.com/p-82235437.html, 2013/05/08.

对当时有关法律以及商会、行业法规中有关职业培训的标准和原则进行了汇总，并将其以法律形式予以规定下来。1976年，德国又颁布了《培训岗位促进法》。该法对有关职业培训规划、职业培训数据统计和建立联邦职业教育培训研究所的有关情况进行了规定①。1981年12月，《职业教育培训促进法》颁布，将《培训岗位促进法》的内容纳入《职业教育培训促进法》。2004年7月，德国联邦政府将已颁布的《职业教育培训促进法》和《职业教育培训法》合并制定为新的《职业教育培训法》（Vocational Training Act/Berufsbildungsgesets）。新的《职业教育培训法》于2005年4月1日生效。2007年，德国政府再一次对该法进行了修订。

2. 主要特点

（1）体现了以企业为技能人才培养主体的思想。《职业教育培训法》所涉及的法律关系主体有提供培训岗位的企业、培训学员、学校、政府部门以及行业协会等，但其立法宗旨仍围绕解决企业人才需求，以企业为主体来运行，从立法上推动企业积极、自愿地承担起对技能劳动者的培养任务，从而为本企业及整个经济发展提供所需要的、充足的人力资源供给。这一做法显示了德国在技能人才培养上具有较高的计划性以及与经济发展的协同性。《职业教育培训法》第二部分中对培训关系的确立、培训企业以及培训学员各自的责任和义务等方面都做出了详细而明确的说明，旨在保障双元制培训能够在法律保障下得以顺利运行。

（2）更多地体现了劳动法的法律元素。德国的职业教育培训强调"做中学"以及由雇主提供培训（培训学员完成培训后可留在培训企业就业）。因此，《职业教育培训法》也更多地涉及了劳动法的元素，绝不能仅将其理解为教育法。例如，雇主与培训学员的关系以民法培训合同为基础，该合同要服从企业合同法的法律原则和条款②；培训合同是后续就业合同的

① Manfred Kremer. 40 Years of BIBB – A Glance Backward Heartens Us to Look Forward, http://www.bibb.de/dokumente/pdf/BWP_ 3-2010_ Editorial_ EN.pdf, 2010.

② Hamburg Chamber of Commerce. Vocational Training in Germany - The Dual System, http://www.hk24.de/en/training/348086/duale_ system.html; jsessionid = 640B44D1ADA3971EB2B43ED8B853F947.repl2.

法律前提；培训内容以就业和市场需求为导向，以培训学员所需掌握的全部就业技能为主；培训过程中，培训学员可以获取相应的培训及劳动津贴；等等。以上内容实质上都是对培训过程中类似于劳动关系、劳动标准等培训关系以及培训标准进行的法律界定和明确，体现了相关方在培训以及后来就业中各自的权利和义务。

（3）体现了私营部门、个人与政府部门合作的自主权益。作为“双元制”培训体系的法律依据，《职业教育培训法》兼有公法与私法的性质，它将市场经济中的私法范畴（培训合同的缔结生效）与国家公法的范畴（职业培训条例）进行了有机结合①，从而确保国家、地方、行业以及私有经济体在技能人才培养领域各司其责、系统运行。

与公法不同，私法以权利为核心，以平等、意志自治、等价有偿为原则，尊重当事人的选择，保护当事人的利益。因此，本法中对于私法原则的重要体现，就是要保障私营部门对于培训的自主权。这类关系中，无论是雇主或是培训学员都是自愿参与。其中，雇主可以自行决定是否开展培训以及培训的人选，培训学员也同样可以自由选择培训机构和行业。地方劳动局仅提供职业建议并帮助培训机构找到合适的培训学员。商会、行会则负责及时公布企业当前的空缺培训岗位。

3. 相关的主要内容

由于2007年对《职业教育培训法》的修改主要是从工作技术层面、针对统计数据处理相关内容而进行，对于运行框架、原则、制度等方面，则未作变更。以下将以2005年版《职业教育培训法》内容为基础，选译介绍德国新《职业教育培训法》的部分重点内容。

2005年版《职业教育培训法》共由总则、职业教育培训、职业教育培训的组织与管理、职业教育培训研究规划和统计、联邦职业教育培训研究所、罚则以及过渡和衔接条款等七个部分组成，共105条。围绕技能人才开发的核心内容，介绍、选译要点如下：

---

① 杨玉宝：《对德国“双元制”职业教育的新认识》，《比较教育研究》2002年第3卷，第38页。

（1）总则。总则中对职业教育培训的定义、开展职业教育培训的地点以及法律所适用的范围（见图 4—1）进行了规定和解释，明确了德国的职业教育培训由职业准备培训、初级培训、职业进修培训和再培训四个类别组成[①]。其中，初级培训旨在帮助年轻人获得从事某一由国家承认的职业资格，是职业教育培训的主体部分，是该法律规范的主要对象。可以说，本法中界定的初级培训也就是德国的“双元制”培训。

其中，2005 年版《职业教育培训法》[②] 继续强化了企业作为开展“双元制”职业培训主体部门的角色任务。此外，面对人才培养国际化的趋势，增加了在国（境）外完成部分初级培训课程情况的相应规定。

第二条　职业培训的学习地点

（一）职业培训可在下列场所进行：在从事经济活动的企业内；在从事非经济活动的类似机构，特别是公共事业和独立行业的成员组织内；在家庭或住户内（以上三种都是企业内培训）；在职业学校内；以上两类以外的其他职业培训机构内。

（三）由于需要，职业初级培训中的部分培训可在国外进行。国外培训部分的时间不能超过整个培训时间的 1/4。

第三条　适用范围

（一）凡各州学校法所辖职业学校提供职业教育以外的职业教育培训均适用本法。

（二）本法不适用于：

1. 为进行科研课程获取特定职业资格的职业教育培训，或高等教育机构的服务科研功能的教育培训课程以及各州的高等教育；

2. 公法规定的就业关系所提供的职业教育培训；

3. 根据国旗法的规定，悬挂联邦德国国旗的商船上所提供的职业教育培训，包括不从事小规模远洋捕捞或近海捕捞的船只。

图 4—1　《职业教育培训法》对有关基本概念的规定

---

① 下文中的职业培训主要指初级培训、职业进修培训和再培训。

② Federal Ministry of Education and Research, Germany. *Vocational Training Act*, *Berufsbildungsgesets* (*BBiG*), http://www.bmbf.de/pubRD/BBiG_englisch_050805.pdf, 2005/03/23.

（2）主管部门及权限。第二部分职业教育培训中有初级培训、职业进修培训、再培训以及特殊群体培训等 4 章。在初级培训一章中，明确了由联邦经济和劳动部[①]或其他部委作为相应的主管部门，以及由主管部门确定开展培训的职业和批准公布职业培训条例的权限（见图 4—2）。

第四条　对开展培训职业的认定

（一）作为一个有序、统一的初级培训系统的基础，联邦经济和劳动部或其他部委将作为主管部门，在与联邦教育和研究部协商后，以无须联邦参议院表决同意的法规形式，官方认定需要进行培训的职业，并根据第五条的规定颁布这些职业的初级培训条例。

（二）认定职业的初级职业培训的开展必须符合培训条例。

（三）18 岁以下的年轻人，除了接受高级职业资格所必需的初级培训课程外，只能接受由国家认定职业的职业培训课程。

（四）如果有初级培训的培训条例被撤销，现有初级培训的培训关系应继续遵守迄今有效的规定。

（五）主管部应在制定计划的早期，告知州政府其对培训职业的认定计划，并请州政府参与协商过程。

图 4—2　《职业教育培训法》有关主管部门的规定

（3）职业培训条例相关规定。职业培训条例是开展培训所必须遵循的基本框架。2005 年版《职业教育培训法》对于职业培训条例的内容格式要求作了修改，分成了必须公布的法定规定条款以及选定规定条款（见图 4—3）。

第五条　初级培训条例

（一）初级培训条例应明确规定以下内容：

1. 认定职业及其初级培训的名称；

2. 初级培训的时长，一般为 2—3 年；

3. 初级培训课程中必须要传授的职业技能、知识以及必须获得的资格；

① 由联邦经济技术部及联邦劳动和事务部的部分合并而成，存在于 2002 年至 2005 年。默克尔任总理后，政府部门重新改为联邦经济技术部、联邦劳动和事务部及联邦卫生部。

续表

4. 教学大纲以及教学计划； 5. 考试要求。 （二）初级培训条例可以就以下方面做出规定： 1. 根据具体的教学大纲和时间表，初级培训可以划分成不同等级进行；并规定，每位合格培训学徒在一个等级培训阶段结束时，都能按照第一条第（三）款规定开展必要的职业活动，并能继续后续阶段的培训（阶段性培训）； 2. 考试可分成两部分在不同的时间进行； 3. 尽管第四条第（四）款规定，如果合同当事人同意，初级培训仍将继续有效，在已撤销条款下培训所获得的学分也将继续有效； 4. 在考虑以往培训中掌握职业技能、知识以及已取得资格的情况下，另一个相关职业的初级培训的学分可以被计入到现有培训条例规定的初级培训中。

图 4—3 《职业教育培训法》有关职业培训条例的规定

（4）初级培训的培训关系。在初级培训关系相关条款中，对于培训关系的建立、开始及结束等方面进行了规定（见图 4—4）。其中，法律明确规定，培训关系的确立以形成契约合同为基础。

第十条 合同 （一）任何人招雇他人并给予其提供职业培训的（“双元制”培训岗位供应企业），应与培训学徒订立职业培训合同。 （二）有关劳动合同的法律和法规原则均适用于培训合同，但合同的性质、目的或本法的规定均不得与有关劳动合同的法律和法规原则相抵触。 （五）在培训学徒接受初级培训期间，在合作培训的机制框架下，几位自然人或法人可以合作共同履行“双元制”培训岗位供应企业的合同义务。 第十一条 书面合同 （一）职业培训合同一经订立，在任何情况下，培训相关方应在培训开始之前将合同的重要内容以书面形式记载下来。书面合同至少要包括以下各项内容： 1. 培训的性质、教学大纲、教学计划、培训目的，特别是将作为培训的职业活动的形式； 2. 职业培训的开始日期和培训期限；

续表

3. 培训场所之外的培训措施； 4. 日常培训课时数； 5. 试培期限； 6. 培训津贴的支付和适用的计算办法； 7. 休假期限； 8. 解除培训合同的条件； 9. 适用于初级培训关系的集体协议、工厂协议和服务协议的参考资料。 （二）该书面合同文件应由“双元制”培训岗位供应企业、培训学徒及其法定代理人签名。 第二十条　试培期限 初级培训关系应从试培期开始，试培期限不得短于一个月，亦不得长于四个月。 第二十一条　终止 （一）职业培训关系应于培训合同期满时终止。 （二）如培训学徒在培训期满之前结业考试及格，其培训关系应于通过考试结果宣布时结束。 （三）如培训学徒结业考试不及格，其培训关系可根据其申请延长到下次他能参加考试之时，但延长期限最多为一年。 第二十二条　关系解除 （一）在试培期内培训关系可随时被解除。 （二）试培期满后，培训关系只有在下列情况下才可以被解除： 1. 有合理理由，但未提前通知； 2. 培训学徒想放弃培训或接受其他职业教育培训，并提前四个星期通知。 第二十四条　继续雇佣 如培训学徒在培训关系结束之后继续在“双元制”培训岗位供应企业处工作，虽无书面合同，则应视为已经建立无固定期限的劳动关系。

图 4—4　《职业教育培训法》有关培训合同的规定

（5）合同双方的权利和义务。《职业教育培训法》对于参加培训人员及“双元制”培训岗位供应企业的权利和责任都进行了非常具体而细化的规定（见图 4—5），从而有效减少了由权利义务定义不清晰导致的争议情况。

第十三条　初级培训期间的行为

培训学徒应尽一切努力获取初级培训所要求他们具备的职业能力，并特别完成以下义务：

1. 认真执行初级培训中要求他们完成的任务；

2. 在符合第十五条对于自由支配时间的规定下，参加初级培训措施；

3. 在初级培训框架内，遵守“双元制”培训岗位供应企业、教师或任何其他被授权人士给他们的指导；

4. 遵守培训场所行为守则；

5. 爱护工具、机器和其他设备；

6. 不泄露任何业务或商业秘密。

第十四条　初级培训期间的职责

（一）“双元制”培训岗位供应企业应履行下列义务：

1. 保证向培训学徒传授为达到培训目的所必需的技能和知识，并按照培训大纲和教学计划、以符合预期目标的方式提供培训，以便能在预定期限内达到培训目的；

2. 由企业雇主本人亲自培训或明确委托培训人员负责培训；

3. 给培训学徒免费供应必需物品，如培训学徒在培训、参加中间考试和结业考试时所必需的工具和用品，即使考试是在职业培训关系结束后进行；

4. 鼓励培训学徒利用业余时间上职业学校学习，督促他们及时做好培训情况书面存档记录，必要时检查培训记录；

5. 关心培训学徒个性发展，保护培训学徒身心不受伤害。

（二）交给培训学徒的工作任务只能是与培训目的有关并且是符合培训学徒身体条件的。

第十五条　自由支配时间

“双元制”培训岗位供应企业必须允许培训学徒有必要的自由支配时间以便到职业学校学习或参加考试。

第十七条　享受培训津贴的权利

（一）“双元制”培训岗位供应企业应支付培训学徒适当的津贴。津贴金额应按培训学徒的年龄确定，培训期间每年至少增加一次。

（二）津贴可以以实物支付，但实物津贴不得超过津贴总额的75%。

（三）培训时间如超过协定的每日正常培训课时，应支付额外加班津贴。

图4—5　《职业教育培训法》有关培训合同双方权利义务的规定

（6）培训机构及人员的资格条件。《职业教育培训法》第二章对培训场地条件以及培训人员和机构的资格进行了规定，并对主管机构以及管理权限也进行了明确（见图 4—6）。其中，州一级政府有限制企业雇佣学徒以及提供学徒培训的权利。

第二十七条　培训场所必备的条件

（一）除非具备下列条件，任何人不得招雇培训学徒：

1. 培训场所的种类和设备适合初级培训；

2. 培训学徒人数与该设施内的培训空位或熟练技能人员数量的比率适当（除非该项比率大小对培训工作并无妨碍）。

第二十八条　“双元制”培训岗位供应企业和培训人员的资格条件

（一）凡具有必要的个人资格者，才能招雇培训学徒。凡具有必要的个人资格和专业资格者，才能培训学徒。

（二）任何不具备必要专业资格或不亲自培训学徒的“双元制”培训企业，只有在聘任了具有必要个人资格和专业资格的培训人员后，才能招雇培训学徒。

（三）根据培训人员的职责，个人尽管不是培训教师也不具备第三十条要求的基本条件，但是具备有传授初级培训课程内容所需的职业技能、知识和资格，可以参与提供培训。

图 4—6　《职业教育培训法》有关开展培训资格条件的规定

（7）学分的转移认定。《职业教育培训法》对于企业与学校间的权限也进行了一定的修订重构。在学分方面，新法赋予州政府权力来决定以往教育培训在初级培训中的效力（见图 4—7）。同时，学分的生效要以培训合同相关方共同提出申请方可，也进一步强调了培训相关方的权利。

第七条　培训学徒以往职业教育培训的学分计入至初级培训期间

在培训学徒以及培训企业的共同申请下，州政府在咨询了州职业培训委员会后，可以规定将培训学徒参加职业培训学校培训课程的学分全部或部分地计入到初级培训期间。这一授权可以由州政府转移给州最高权威机构。

培训学徒以及培训企业关于学分的共同申请应上报至初级培训的主管部门。

图 4—7　《职业教育培训法》有关学分转移认定的规定

（8）考试。考试相关条款对考试的目的、组织以及资格方面进行了规定。在职业进修培训中，考试由行业协会（如手工业行业和工商业行会）组织实施；具体运行则遵循联邦教育和研究部颁布的法令，考试内容由相应主管部门确定。

2005 年版《职业教育培训法》主要做了三个方面的修订，一是提出了考试可以分阶段在不同时间进行；二是在对考试资格认定的方面赋予州政府更大的权力；三是在考试环节增加了征求意见的程序，从而保证考试宗旨更好地被贯彻。

四、《技能提升培训资助法》

为进一步促进高技能人才的培养与成长，德国颁布了《技能提升培训资助法》（The Upgrading Training Assistance Act/Aufstiegsfortbildungsför derungsgesetz），通过法律赋予（取得师傅资格）高技能人才独立开业以及雇佣、培训学徒和接受高等教育的权利，鼓励更多技能劳动者提升职业技能。该法于 1996 年 1 月正式生效。

《技能提升培训资助法》是专门针对在岗高技能人才的继续培养而制定的。对于参加技能提升培训课程并获得高级职业资格证书的个人，将由联邦政府和州政府共同对其提供资助。例如，该法可以为技能岗位工种的师傅培训课程提供资助。资助项目主要针对已经取得德国职业资格（或同等外国职业资格）人群而提供资金。达到了资格条件且具有永久居留权的外国人也可以获得此类资助。

2002 年，德国政府对该法进行了第一次修订。修订的目的在于使政府在岗技能提升方面以及推动高技能人才创业方面进行更多投入。同时，德国政府还通过该法致力于鼓励更多的企业管理中层去获取职业资格。

该法规定的资助资金将可以用于支付个人参加培训课程以及考试的相关费用，最大资助金额可达 1 万欧元。其中，经费资助通常以提供相当于 30. 5%培训费的无偿赠款以及部分低息贷款的形式给予。通过考试的个人，还可以免于偿还 25%的剩余贷款①。参加离岗培训的人还可以申请获得生

① *Recognition in Germany*. http：//www. anerkennung-in-deutschland. de/html/en/funding_ for_ continuing_ training. php.

活费资助，以弥补在个人收入等方面的损失。

据德国联邦统计局①报道，2008 年，有近 14 万人接受了《技能提升培训资助法》的政府资金资助，政府共提供了 3.82 亿欧元的无偿经费补贴。2009 年、2010 年，政府资助人数及无偿补贴的总金额则在前一年的基础上继续上升。其中，2010 年，共有 16.6 万人享受了政府资金资助。

德国《技能提升培训资助法》的实施以及提供政府资金投入的做法对于市场化程度较高、私营经济发达国家的高技能人才培养以及有关人力资源建设起到了很好的示范作用。

第二节　日本高技能人才的法制建设

一、日本有关技能人才开发的法制体系建设

日本法律系统是大陆法系和英美法系的混同体。日本是亚洲乃至当今世界技能人才培养体系发达的国家之一。日本政府非常重视对技能人才培养的立法，并实施了企业内技能培训。自第二次世界大战以来，尤其是 20 世纪 50 年代后，日本经济进入了工业现代化的高速发展期，需要从国家立法层面来保证技能人才的供给。为此，日本先后出台了一系列法律，建立了种类及规格齐全、比较系统的技能人才培养法律法规体系。

1947 年，日本制定了《劳动基准法》及其配套的实施办法，对劳动环境、劳动时间、薪酬、培训等劳动条件进行了规定，以规范用工，确保工业产业的良性运行和发展。同时还制定了《职业安定法》，规定失业者再就业必须进行职业训练。职业训练归由国家统一管辖，在国家的指导、监督和援助下开展。

1951 年，《产业教育振兴法》颁布实施。该法是规定要对进入初中之后的学生，提供相应的职业技能教育和培训。

1958 年，为了培训紧缺的技能劳动者以及提高其技能水平，促进职业

① http：// www. destatis. de.

训练的开展，日本颁布了《职业训练法》。该法把《职业安定法》和《劳动基准法》进行结合，将以往的职业训练制度和技能人才培养制度整合为一个制度，试图借此使得公共和民间的职业训练形成综合化、体系化的运作体制。该法的诞生，标志着日本现代职业训练制度的确立。

1966 年，日本颁布《雇佣对策法》。出于确保产业和经济发展所需的可持续的技能人才供给的考虑，该法对于劳动力市场的劳动力雇佣行为等方面进行了规定，其中包括对雇主提供培训做出的规定。

1969 年，《职业能力开发促进法》颁布。该法通过对技能开发办法、具体措施、相关机构以及技能鉴定等方面做出法律规定，进一步强化了对于技能人才的培养与开发，从而奠定了该法作为日本技能人才培养领域基本法的地位。其后，随着日本经济、产业情况的发展与变化，该法已历经了 20 次修订。最近一次修订完成时间为 2006 年 6 月。

1999 年，为了进一步促进日本制造产业的发展以及振兴日本核心制造业，日本颁布了《核心产业技术振兴基本法》。该法规定要通过提升职业培训和技能鉴定的水平来保证工人职业能力的开发和提升，同时，还提出要发挥好高技能人才的作用，国家应采取如提供技能指导服务等措施，促进高技能人才队伍建设。

二、《职业能力开发促进法》

1. 主要特点

（1）面向劳动人口完整的职业生涯发展。对劳动者整个职业生涯进行职业能力开发是对日本劳动力市场特征以及用工模式的充分体现。日本企业普遍实行比较稳定的、类似于“终身雇佣制”的用工制度，一旦雇佣，一般不轻易辞退员工。由于采取了稳定的用工制度，职工的工龄长短基本与其技术、技能、经验及对企业的贡献成正比。因此，日本还普遍实行了“年资工资制”，即工资主要随着年龄、工龄的增长而增加。由此，日本企业员工普遍对企业有较高的“忠诚心”，人材“跳槽”等情况非常少，企业对于招工费、职工教育培训费等方面的费用投入均都会有所回报。企业也乐于响应政府号召，积极面向不同职业生涯阶段的职工开展职业技能培训。

（2）政府对技能人才开发给予大力支持。长期以来，日本投入了大量的财政资金用于技能人才开发，以促进就业以及人才资源的不断提升。此外，日本内阁对于教育与培训的主管部门有明确界定，保障各项法律要求全面落实。其中，文部省负责普通学历教育，厚生劳动省负责职业技能训练。厚生劳动省对于职业技能开发促进的管理职能体现在多个方面。如《职业能力开发促进法》规定，由厚生劳动省发挥政府引导功能，制定职业开发基本计划；在投入方面，政府要建立相应的法定公共机构实施职业能力开发，并为开展职业培训的企业提供相应的津贴。

（3）确保多方积极参与。《职业能力开发促进法》对于国家、企业、社会团体、学校等相关方职责和义务均作出了明确的规定，确保了企业、社会团体、学校均积极参与技能开发工作，形成了运行顺畅的职业能力开发系统。从企业方面来看，人才开发工作形成由人事部门组织、各部门参与、教育培训机构具体实施的组织体系。从培训对象和内容方面看，既有层次性，又有专业特色，为企业职工培训以及职业能力开发提供了有效的保障。《职业能力开发促进法》是对日本职业能力开发政策框架以及职业能力开发促进体系的总体概括（见图4—8、图4—9①）。

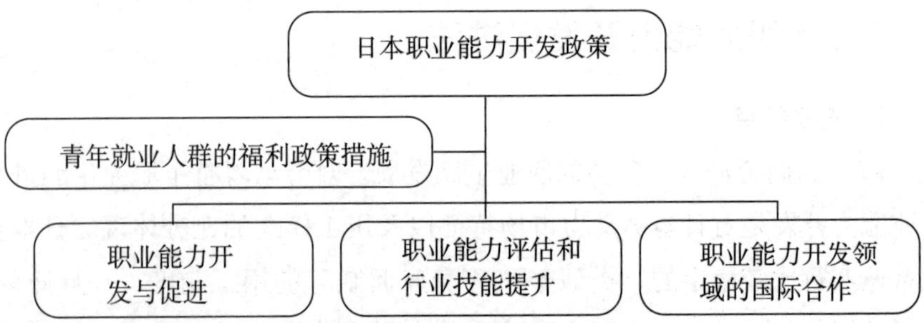

图4—8　日本职业能力开发政策框架

资料来源：日本厚生劳动省官网。

① *Human Resources Development Policies*. http：//www.mhlw.go.jp/english/wp/wp-hw3/dl/6-01.pdf，2013/06/01.

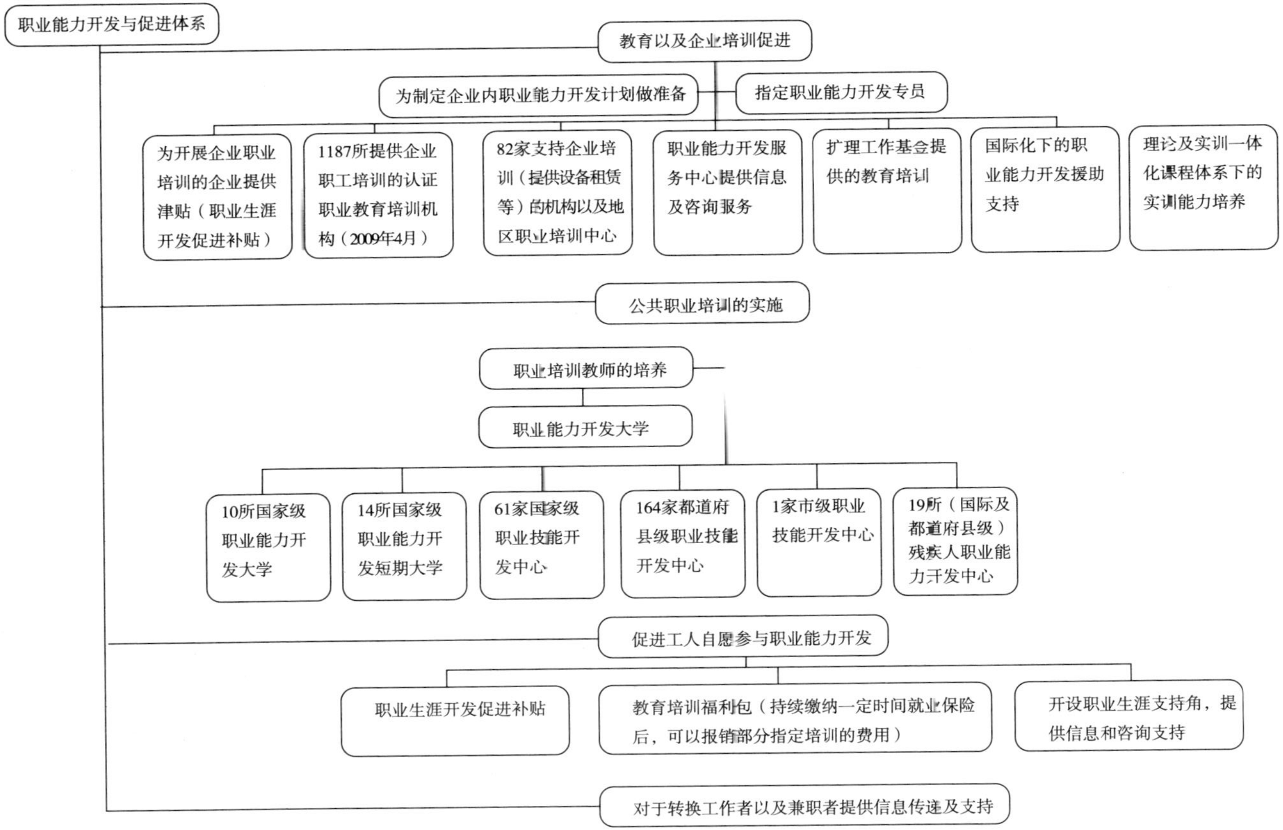

图4—9　日本职业能力开发与促进体系

资料来源：日本厚生劳动省官网。

2. 相关的主要内容

《职业能力开发促进法》(Human Resources Development Promotion Act)分为七章，具体包含总则、职业能力开发计划、职业能力开发促进、职业训练机构、技能鉴定、职业能力开发协会以及附则等，共有一百零八条。该法对于在岗工人技能培养及技能鉴定等方面进行了法律层面的界定，加入了技能人才开发规划等内容，切实保障企业对在岗员工的技能提升，对于日本产业工人就业的稳定性、技能工人地位的提高、高技能人才的培养以及经济和社会的发展，具有重要的意义。结合日本技能人才法制体系的特点，以下介绍、选译部分要点。

(1) 职业能力开发的宗旨。《职业能力开发促进法》总则中对职业能力开发的宗旨进行了描述，即通过全面、系统地采取措施，促进工人工作能力的开发和提升，为有学习意愿的岗位工人提供高质量的职业培训和职业技能鉴定，从而保障就业和提高工人的地位，为经济和社会的整体发展作贡献。具体内涵有三方面：一是在考虑职业发展的情况下，在工人的整个职业生涯中都系统地实施职业能力开发；二是要为工人提供相应的职业教育培训机会；三是用人单位应对工人提供必要的职业培训以及协助，使其能在工作岗位上自愿地接受到教育培训或职业技能鉴定，能够按照自己的职业生涯发展自愿地开发和提高他们的职业能力。可以看出，该法的有关规定并不仅是针对某一问题而简单制定的短期措施，而是站在更为广泛和深远的角度，以实施一系列措施的姿态，促进工人在整个职业生涯中对其职业能力进行分阶段的、系统的开发。

(2) 职业能力开发计划。制定职业能力开发计划是厚生劳动省的一项重要职能。各地方、不同产业，乃至企业的职业能力开发计划均在这一计划的基础上制定形成（见图 4—10）。①

① 图 4—10 至图 4—16 的资料来源为日本法务省官网。

第五条 （职业能力开发基本计划）由厚生劳动大臣为职业能力开发（即职业培训、职业技能鉴定，以及本法中提及的其他职业能力开发和提高）制订基本计划。

2. 职业能力开发基本计划应包括以下内容：

（1）劳动力供需趋势，例如技能劳动者的供需趋势；

（2）有关职业能力开发所应达到的目标；

（3）为实施职业技能开发所应采取的措施。

3. 在制订职业能力开发基本计划时，既要从长远观点分析经济和劳动市场的变化趋势情况，也要考虑到不同产业、不同工种、不同规模企业对技能劳动者的需求，以及劳动者的年龄结构、工作条件、劳动效率等方面的情况。

第六条 （建议）厚生劳动大臣为实现职业能力开发基本计划，认为必要时，可以听取中央职业培训审议会的意见，并对实施职业培训及提高劳动者职业能力的企业主团体提出必要的建议。

第七条 （都道府县职业能力开发计划）都道府县知事根据职业能力开发基本计划，制订本地区内的职业能力开发基本计划（以下简称都道府县职业能力开发计划）。

图 4—10 《职业能力开发促进法》有关制订职业能力开发计划的规定

（3）雇主进行职业能力开发的职责。《职业能力开发促进法》中对于雇佣企业面向本企业员工实施职业开发的职责、义务以及相关要求均作了较为详尽的规定。其中，还包括了对于“带薪教育培训休假”等解决雇佣员工职业技能开发工学矛盾的细致考虑（见图 4—11）。

第八条 （确保多种职业能力开发的机会）雇主应为雇佣劳动者提供各种职业培训机会，开发并提高他们的职业能力。

第九条 雇主为其雇佣的劳动者提供的职业培训既可以是在岗或离岗培训，也可以是针对个人或集体的培训，同时也可以是在公共职业培训中心或其他机构实施的职业能力开发和提升培训。

第十条 雇主还应采取以下措施促进雇佣劳动者的职业能力开发和提高：

（1）让其雇佣劳动者在其他设施（机构）内接受与他们职业有关的教育与培训；

（2）让其雇佣劳动者以个人或集体的形式参与由雇主或其他适合担当职业能力开发和提升的人选所组织的职业技能考核与鉴定。

续表

(3) 厚生劳动大臣应当向社会公布雇主采取的主要措施。

4. 雇主应该提供以下必要支持，使雇佣劳动者能够自愿接受在岗教育培训以及职业技能考核与鉴定：

(1) 给雇佣劳动者提供“带薪教育培训休假”、“(不带薪) 教育培训长假”、为再就业做准备的离岗以及其他形式的离岗；

(2) 采取必要的措施，如调整雇佣劳动者上下班的时间、减少劳动时间或其他措施，保证雇佣劳动者能够接受在岗教育培训以及职业技能考核与鉴定。

5. 厚生劳动大臣应该公布必要的指南，确保雇主能够适当而有效地执行这些措施。

第十一条　(系统的职业能力开发) 雇主应制订一个系统的职业培训计划，以保证他们雇员的职业能力得到逐步和系统的开发和提高。

第十二条　(职业能力开发促进专员) 雇主应按照厚生劳动省令的规定，任命一名人员作为职业能力开发促进专员，并承担以下职责：

(1) 制订培训计划；

(2) 为雇员提供培训和指导；

(3) 在处理与国家、都道府县协会的事务中，为雇主提供培训计划并实施有关方面的咨询和帮助，负责与上述机构的联系。

图 4—11　《职业能力开发促进法》有关雇主职业能力开发职责的规定

(4) 政府的参与与扶持。日本政府积极鼓励并引导企业为其雇佣的工人进行职业能力开发，并在信息、经费、政策等方面给予企业帮助（见图4—12）。

第十五条　国家、都道府县应采取措施保障工人获得各种职业培训，以开发和提升他们职业能力。

2. (对雇主和其他有关人员的援助) 为使劳动者能顺利地接受职业培训、技能鉴定等，国家、都道府县应致力于为企业提供以下帮助：

(1) 提供有关咨询的讲座；

(2) 对制订培训计划及其实施提供咨询和指导；

(3) 对职业能力的开发提高提供技术援助；

(4) 提供有关信息资料等；

续表

（5）举办职业能力开发促进者研讨会，为他们提供交流经验的机会； （6）派遣职业培训指导员； （7）帮助实施部分职业培训； （8）提供其他方面的援助，如允许使用公共职业培训设施等。 3.（对雇主的帮助）为了提高雇主开展职业培训和职业技能鉴定的积极性，鼓励雇主给予雇佣劳动者“带薪教育培训休假”或为其接受公共职业培训中心实施的职业培训提供便利，国家可对雇主的这种行为提供协助或采用措施给予支持。

图4—12　《职业能力开发促进法》有关国家鼓励支持职业技能开发的规定

（5）公共职业能力开发机构。除了鼓励企业开展职业培训以外，日本政府每年也投入大量的资金开展公共职业技能训练。同时，设置了大量的职业能力开发机构。这些机构由厚生劳动省下属的雇佣事业促进团进行管理。其运营经费和事业费都由厚生劳动省直接划拨（见图4—13）。

第十五条　6.（国家、都道府县实施的职业培训）考虑到工人在不同阶段都有系统技能培训的需求，国家、都道府县应建立相应职业培训机构，提供各种职业培训机会，以促使劳动者职业能力得到开发和提高： • 职业能力开发校（实施普通长期和短期培训的机构）； • 职业能力开发短期大学（实施高级培训课程的机构，但不提供厚生劳动省令规定的长期培训课程，主要培养对象为高技能人才）； • 职业能力开发大学（实施高级培训课程的机构，并提供厚生劳动省令规定的长期培训课程，主要培养职业培训教师）； • 职业技能开发中心（实施技能提升培训和能力再开发短期培训的机构）； • 身体不健全者职业能力开发校（为身体不健全者提供养成培训、技能提升培训和能力再开发培训的机构）。

图4—13　《职业能力开发促进法》有关公共职业能力开发机构的规定

（6）技术规程的开发。厚生劳动省作为主管部门直接进行或指导相关机构进行有关技术规程的开发（见图4—14）。

> 第十九条 （职业培训标准）公共职业技能开发机构应按照厚生劳动省令规定的标准实施中级或高级职业培训，以确保培训水平。
>
> 2. 上款所述培训课程的目录由厚生劳动省令规定。
>
> 第二十条 （培训教材）公共职业技能开发机构实施职业培训时，应使用厚生劳动大臣认定的教材。
>
> 第二十一条 （职业技能核查）公共职业技能开发机构的负责人应核查那些接受公共职业培训的人员的职业技能和知识情况。
>
> 2. 通过职业技能核查的人员可称为准技能士①。
>
> 3. 技能核查的标准以及其他相关的事项由厚生劳动省令规定。

图 4—14 《职业能力开发促进法》有关技术规程开发的规定

（7）培训教师的培养。日本对于公共职业能力开发机构中的师资实行许可证制度。对职业能力开发师资队伍的管理由厚生劳动省负责。其中，有相当一部分师资毕业于职业能力开发大学（见图 4—15）。

> 第二十七条 2.（指导教师培训标准）关于指导教师培训课程种类、学科、设备等的标准以及其他相关内容，均按厚生劳动省令规定执行。
>
> 第二十八条 （职业能力开发指导教师许可证）普通的法定职业培训（除厚生劳动省令规定的短期培训课程）的职业能力开发指导教师，须持有都道府县知事颁发的许可证。
>
> 2. 根据厚生劳动省令规定，指导教师的许可证（职业能力开发指导教师的许可）按每单个工种群类颁发。
>
> 第三十条 （职业能力开发指导教师考试）考试由都道府县知事依据厚生劳动大臣每年颁布的指导教师考试有关工作计划来组织实施。考试分为实操技能考试和理论考试。

图 4—15 《职业能力开发促进法》有关师资培养与管理的规定

（8）技能鉴定。《职业能力开发促进法》第五章对职业技能鉴定的办法、方式、参加人员资格、工作程序以及合格者的称号等级等方面进行了

---

① 与第五十条相区别。

规定（见图 4—16）。其中，技能士对应于我国的高技能人才。

> 第四十四条　（技能鉴定）厚生劳动大臣按照内阁政令规定的群类工种和厚生劳动省令规定的等级执行技能鉴定。
>
> 第四十六条　（技能鉴定的实施）厚生劳动大臣每年制订技能鉴定计划，并将此计划通知有关方面。
>
> 2. 厚生劳动大臣把有关技能鉴定考试以及技能鉴定的有关业务，按照政令的规定，委托给都道府县知事实施。
>
> 3. 厚生劳动大臣可以把有关技能鉴定考试的试题、考试实施程序方式、技术要领等部分内容委托中央职业能力开发协会制定。
>
> 4. 都道府县知事可以把有关技能鉴定考试方面的部分业务委托给都道府县职业能力开发协会实施。
>
> 第五十条　（合格者的名称）根据厚生劳动省令的规定，可以把技能鉴定合格者称之为技能士。
>
> 2. 技能士的称号仅适用于该合格者所参加技能鉴定的工种和等级。
>
> 3. 当违反前条规定，某技能士超越范围使用该称号时，厚生劳动大臣有权将技能士称号扣置禁用不超过两年的时间。
>
> 4. 非“技能士”者不能称技能士。

图 4—16　《职业能力开发促进法》有关技能鉴定的规定

第三节　澳大利亚高技能人才的法制建设

一、澳大利亚有关高技能人才的法律体系

澳大利亚是英联邦内的独立国，属联邦制国家，其整个司法体制传承于英国，属于英美法系。澳大利亚的法律体系由联邦法律和各州/地区法律组成。在澳大利亚，面对人口老龄化以及劳动力不足等情况，在充分考虑职业教育培训对国家经济发展的战略作用后，澳大利亚的高技能人才培

养受到了一系列联邦政府、州和地方法律的保护、扶持与管辖[①]。

目前，澳大利亚联邦主要执行以下有关法律[②]：

2005 年，在废除了 1992 年的《澳大利亚国家培训局法》和 1992 年的《职业教育培训资助法案》的基础上，《澳大利亚劳动力技能法》（The Skilling Australia's Workforce Act 2005）颁布。该法对澳大利亚国家培训局的功能职责转移给教育科学和培训部[③]的过渡时期有关方面做出了规定和安排。2010 年 3 月，对该法进行了修订，对州和地区的培训资金的使用条件和目标渠道做出了规定。

2008 年《澳大利亚技能法》（Skills Australia Act 2008）赋权联邦政府成立澳大利亚技能署（Skill Australia）。澳大利亚技能署是一个独立的法定机构，主要职责是就当前的以及未来的劳动力技能和劳动力的开发需求问题，向澳大利亚高等教育、技能、工作和劳资关系部部长提供政策咨询建议。

2011 年 7 月 1 日，《联邦注册培训机构标准法》（The Standards for NVR Registered Training Organisations 2011）开始生效。

2011 年的《联邦职业教育培训监管机构法》（National Vocational Education and Training Regulator Act 2011）将澳大利亚技能培训质量管理局（Australian Skills Quality Authority）确立为对联邦职业教育培训领域进行监管的法定机构。

此外，与联邦政府法律相配套，各州也相继进行了有关技能人才培养的立法。如澳大利亚首都直辖区颁布了《培训和高等教育法》（Training and Tertiary Education Act 2003），新南威尔士州颁布了《职业培训法》（Vocational and Training Act 2005）和《职业教育培训（联邦权力）法》〔Vocational Education and Training (Commonwealth Powers) Act 2010〕等。

---

① 当州或地区和联邦对相同情况的处理不同时，以联邦法律的裁决为准。

② http://www.ivet.com.au/a/73.html.

③ 2009 年，澳大利亚政府在前教育科学和培训部的基础上成立了现在教育、就业和劳动关系部。

二、《联邦职业教育培训监管机构法》

澳大利亚在职业教育培训方面是世界上最成功的国家之一。其国家培训框架、独具特色的技术与继续教育体系以及培训包课程、完善的培训质量评估体系，构成了一个完整的、高质量运行的职业教育培训体系。为此，澳大利亚通过立法等手段不断加强对培训质量的监管，对全面提高职业教育培训的质量，培养高技能人才起到了非常积极的作用。

1. 主要特点

（1）体现第三方独立性。澳大利亚的注册培训机构达 5000 多个，其中私立的有 3700 个。这些培训机构每年为超过 150 万不同年龄、背景，来自各地区的人员提供职业教育培训①。要确保这些公共和私立注册培训机构都能够共同在市场中自主高效运行，建立一个统一、公平和透明度高的培训质量监控体系尤为重要。《联邦职业教育培训监管机构法》的出台，为职业教育培训监管机构（National Vocational Education and Training Regulator，简称 NVR）具有独立性以及第三方评估的公正性提供了法律依据。

（2）对行政司法权的管辖范围有清晰界定。由于澳大利亚实行联邦制，各州及地区均有独立的立法、行政和司法权，州议会可以就与所在州有关的事宜进行立法。因此，对于不同级别法律的管辖权以及相互关系都必须明确。一般而言，在宪法限定的权力范围内，有效的联邦法律可以推翻州法律。在具体事项上，则存在联邦政府与州政府权限的分配管辖的问题。为此，在澳大利亚各项法律中，均结合具体情况，会对联邦与州法律的效力进行细致而明确的规定。其中，《联邦职业教育培训监管机构法》就设有专门章节，对各级政府的各项决定权限做出了相应规定。

2. 相关的主要内容

《联邦职业教育培训监管机构法》是当前澳大利亚培训质量监管领域

---

① Australian Bureau of Statistics. *Vocational Education And Training* (*Vet*). http：//www. abs. gov. au/ausstats/abs @ . nsf/0/FBC2FEEBF38C6DD6CA25773700169C92? opendocument, 2013/01/21.

的主要立法。该法分为介绍、注册、课程学分、国家职业教育培训监管机构发布和取消职业资格等的权利、审查权、执行、国家职业教育培训监管机构、联邦政府与各州的行政管辖权限、事务管理法律事项、报告要求、战略和年度运行计划以及附则十二章，共235条。其中，澳大利亚技能培训质量管理局的职责是该法的核心内容，对有关该机构的组织构成、任务职责、工作程序、法律地位以及权益等方面做了明确规定。以下仅就相关要点作介绍、选译。

（1）功能职责。《联邦职业教育培训监管机构法》第七章对国家职业教育培训监管机构的主要职责做出了规定，即注册培训机构进行注册许可监管。此外，为了监管当局能随着外部环境的变化适时、适当地调整其机构设置，改变其监管理念和监管方式，最大程度地保护各方的权益，该法还赋予了监管机构以收集、分析信息以及向相关部门提出意见建议的权利（见图4—17）。

第一百五十七条　国家职业教育培训监管机构的功能职责

（一）监管机构有以下功能职责：

1. 负责注册审批培训机构；

2. 批准认可注册培训机构所提供的课程；

3. 审计注册培训机构；

4. 促进和鼓励注册培训机构职业教育培训课程开发能力的不断提升；

5. 自行或根据部长的要求，向部长提出有关职业教育培训的意见建议；

6. 自行或根据州或者地区教育部门首长的要求，向州或者地区教育部门首长提出有关州或者地区职业教育培训具体方面的书面意见建议；

7. 自行或根据部级委员会主席的要求，向部级委员会提出有关在所有司法管辖区职业教育培训总体情况方面的书面意见建议；

8. 收集、分析、说明和发布职业教育培训的有关信息；

9. 根据法律的相关规定，公布有关注册培训机构运营情况的信息；

10. 开展有关注册培训机构监管和/或课程认可的培训；

11. 与职业（执业）执照发放机关、行业部门或其他部门做出共同协调安排，以确保注册培训机构遵守本法；

续表

12. 与其他国家负责全部或部分职业教育培训质量监管工作的权威部门合作； 13. 与其他国家的类似机构建立联系； 14. 征求部长同意后，开发核心绩效评估指标体系，以便在每个财政年度评估监管机构的绩效； 15. 根据监管机构的职责功能，开发服务标准； 16. 部长签订的法律文书中所规定的有关职业教育培训的任何其他功能； 17. 监管机构、本法、2000 年《海外学生教育服务法》或任何其他联邦法律规定的其他功能； 18. 任何与以上功能相符或有帮助的行政作为。 （二）在依照以上第一款第六项、第七项的规定准备建议时，国家职业教育培训监管机构可以向与提出意见无关的州的监管机构咨询。 （三）除非经部级委员会同意，否则部长不得在以上第一款第十六项规定的法律文书中确定某项功能职责。 （四）国家职业教育培训监管机构必须在风险评估框架下执行其功能职责。 （五）国家职业教育培训监管机构在执行其功能职责时必须参考其所接收到的有关本法的信息和报告。 （六）未达到第（四）款或第（五）款所规定的有关国家职业教育培训监管机构执行其功能职责的要求，并不影响其行使功能职责的合法性。 （七）国家职业教育培训监管机构有权做任何必要的或与执行其功能职责有关的、便于完成的任何事情。

图 4—17　澳大利亚《联邦职业教育培训监管机构法》有关国家职业教育培训监管机构功能职责的规定

资料来源：澳大利亚联邦政府网站。

（2）其他要求和权利。为了保障国家职业教育培训监管机构的独立性，《联邦职业教育培训监管机构法》也对国家培训监管机构的工作范围以及工作程序提出了一定的要求，并赋予其相应的自主权（见图 4—18）。

第一百五十八条　财务可行性风险评估要求 国家职业教育培训监管机构必须对注册培训机构财务可行性提出要求。这些要求被称为“财务可行性风险评估要求”。

续表

第一百五十九条　国家职业教育培训监管机构的独立性

在满足第一百六十条规定的情况下，国家职业教育培训监管机构独立地执行任务职责或行使其权利。

第一百六十条　部长可以向国家职业教育培训监管机构提出指导性意见

（一）根据法律文件，如果部长认为，为了保护职业教育培训的领域整体性，有必要提出意见建议，可以向国家职业教育培训监管机构提出。

（二）但是，部长不得提出以下意见建议：

1. 将个别特定机构和个人认定注册为培训机构；

2. 将个别课程认定为职业教育培训认证课程；

3. 与特定注册培训机构有关；

4. 与职业教育培训认证课程有关个人有关。

（三）国家职业教育培训监管机构必须遵守依照第一款规定提出的意见建议。

第一百六十一条　国家职业教育培训监管机构对于王权享有特权和豁免权。

第一百七十八条　与评估结合的国家职业教育培训监管机构

当部级委员会评估监管机构是否一直遵守职业教育培训标准时，国家职业教育培训监管机构必须对部级委员会持合作态度。

图 4—18　澳大利亚《联邦职业教育培训监管机构法》对国家职业教育培训监管机构有关要求和权利的规定

资料来源：澳大利亚联邦政府网站。

第四节　美国有关技能成才的法制建设

一、美国有关技能人才的立法情况

美国是英美法系的主要代表国家，多采用不成文法，尤其是判例法，强调“遵循先例”原则。以下是美国政府颁布的有关弱势青年、成人和失业工人的技能培训以及成人继续教育的主要法律。

1862 年《莫里尔法》（Morrill Act）：为了推动当时的工农业发展，在该法案下，联邦政府第一次向职业教育培训提供财政支持，向每个州的公共学院拨付了 3 万亩公共用地以及 1.5 万美元，大力开展农艺和机械工艺技术教育。《臭雷尔法》以法律的形式确定了联邦政府通过资金资助职业教育培训的做法，对于美国以后职业教育培训稳步发展起到了重要的奠基作用。

1917 年《史密斯—休斯法》（Smith-Hughes Act）：该法规定，联邦政府拨款在全美各州开展国会指定职业领域的职业培训。最初，联邦政府每年拨款用于推动各州开展职业农业技能、家庭经济、工业和贸易领域的培训。到 1963 年，该法案得到了进一步拓展，政府开始拨款为从事兼职工作的年轻人提供培训服务。指定职业领域扩展到了渔业以及医疗护理岗位，培训方式上也开始侧重于校企合作以及技师培训等方面。由此，《史密斯—休斯法》为联邦政府资助技能人才培养体系提供了法律保障，并标志美国的双元教育体系的形成。

1933 年《瓦格纳—裴赛法》（Wagner-Peyser Act）：依据该法，政府首次建立了公共就业服务机构以及美国民间资源保护队，为美国公众提供就业服务。

1937 年《国家学徒法》（National Apprenticeship Act）：开发了学徒培训项目，为工会和雇主提供技能支持。美国共有 30 个州开展了学徒培训项目。

1958 年《国家国防教育法》，由联邦政府为促进科学和工程领域的教育培训提供资金。

1962 年《人力开发和培训法》（Manpower Development and Training Act，简称 MDTA），开始重点对因机械化而失业的工人或未充分就业的工人提供培训援助。1963 年，由于义务教育入学率的变化，高中失学者的数量有所增加，美国对《人力开发和培训法》进行了修订，将青年人占该项目服务的总的受益人数的比例从 5%提高到了 25%，以便为更多的青年人提供服务。

1964 年《经济机会法》（The Economic Opportunity Act），开发了一系列项目，包括非常有名的邻里青年团项目（The Neighborhood Youth Corps

Program)[①] 和青年就业培训计划（The Job Corps Program)[②]，以通过帮助年轻人获得工作经验和培训，进一步扩大义务社工和培训服务。

1966 年“集中就业项目”（Concentrated Employment Programs)，该项目由美国劳工部提出，由政府拨付经费在全美 82 个区域提供一站式服务，以应对解决较严重的地区贫困的情况。

1971 年《紧急就业法》（Emergency Employment Act)，为了应对当时的高失业率，共向公共就业服务部门划拨了 22.5 亿美元，将 15 万人安置在州和地方政府工作。

1973 年《人力开发和培训法》和《教育法》被《全面就业培训法》（Comprehensive Employment and Training Act，简称 CETA）所取代。新的拨款机制更侧重于通过提供职业技能培训帮扶导致贫困的失业情况。同时，《全面就业培训法》还进一步强调了联邦的集权[③]，实行集中化的培训管理体制，即培训工作由联邦政府控制，具体事务由州和地方官员负责。

1978 年《全面就业培训法》（再授权案)，提出了建立私营产业理事会（Private Industry Council，简称 PICs)，通过第七项（Title VII）授权——开展总额为 50 亿美元的项目，为经济困难者提供私营部门就业机会，给提供培训和雇佣符合该法援助条件工人的私营雇主给予税收抵免，并将更多重点放在了企业在岗培训上。

1982 年，《岗位培训合作法》（Job Training Partnership Act，简称 JTPA）取代了《全面就业培训法》。该法主要做了两项变动：一是较大程度地提高了私营部门对于当地政策的参与，授权地方私营产业理事会自由选择并负责监督培训提供方；二是将目标服务对象定位在经济困难失业工人。

1984 年的《卡尔·柏金斯法》（Carl Perkins Act)，扩大联邦政府拨款

---

① 该项目运作于 20 世纪 60 至 70 年代，旨在为 14—21 岁的城市贫困青少年提供机会使他们获得工作经验，并鼓励这些青少年继续学业。

② 旨在为 16—24 岁的弱势就业青少年提供免费的教育与职业培训，使他们掌握市场所需的就业技能，从而提高他们的生活质量。

③ 刘学民、邸妍：《赴美职业技能培训与促进再就业培训考察报告》，http://www.calss.net.cn/n1196/n1346/n6008027/6161091.html，1999/11/05。

补助职教的对象，并规定联邦拨款推动政府与私人企业之间的合作，提升职业教育培训的学术基础。1990 年、1998 年及 2006 年，美国政府先后对《卡尔·柏金斯法》进行了三次修订。

1998 年，《岗位培训合作法》被《劳动力投资法》（Workforce Investment Act，简称 WIA）所替代。该法的主要政策有三项：一是在全美都建立职业生涯中心；二是在集体合同下开设个人培训账户；三是要求在地方委员会中私营部门的成员比例达到 51%。

2012 年，美国出台了《劳动力投资促进法》（Workforce Investment Promotion Act）。该法是在对 1998 年《劳动投资法》进行修订的基础上制定并颁布实施。

二、美国技能人才立法的基本特征

1. 立法宗旨为构建技能劳动者“蓄水池”

美国私有经济构成了整个经济的主体，技能劳动者则基本都来自于仅有普通工薪收入的中低层次家庭。为此，美国技能人才相关立法的宗旨是，在以私营经济为主的经济环境下，通过扶助贫困家庭和作为后备技能劳动者的个人获得教育培训资源（包括为经济困难的培训学员提供生活补助帮助其完成学业），提升整体劳动力资源质量，发挥劳动力“蓄水池”功能，以确保技能劳动者的有效供给，促进私营经济发展，并扩大就业，保障国家的安全稳定运行。

2. 以项目活动形式贯彻执行各项法案

美国的技能人才立法体现了判例法所具有的实用主义。各项立法均有明确的针对性以及相应的时效性。立法同时即建设相应的工作项目和负责的职能机构，以项目活动形式开展。一旦项目结束，机构就相应撤销，相关法律失效。这些法案及项目间往往相互独立，仅针对依据法案要解决的问题来开展。

3. 立法是政府财政拨款的基本依据

运用财政资金提供培训就业公共服务是美国技能人才培养相关法案的具体体现。相关法律文件中都会明确规定资助的项目，如拨付多少经费，怎样分配、申请、使用、监督等。除了国家财政经费支持以外，部分法律条例中还会有税收优惠或减免条款，以鼓励和支持利益相关方（如企业）参与或承担相关项目，从而有效地促进技能人才的培养。

4. 法律措施便于实施

美国技能人才的各法案，除了包含指导性的原则规定，还包含了大量具体实施的详细条款，如要解决的问题、要达到的目标、需采取的措施以及款项的数额、期限、责任等。由于条款规定十分明确具体，文字表述严谨、逻辑性强，不容易产生歧义，因而责任清晰，程序性强，便于实施。

三、《柏金斯法》

1. 历史沿革

《柏金斯法》极大地推动了美国青少年职业技能的培养以及劳动者整体素质的提升。《柏金斯法》因卡尔·D. 柏金斯而命名[①]。在《柏金斯法》的框架下，美国政府扩大了职业教育培训公共资金投入的范围，将包括高中、专科学生、高中辍学者、劳动力再培训、经济困难学生、差生和残疾学生纳入到其中。同时，还提供政府资金用于职业指导、职业学校的建设以及职业教师的培养。

《柏金斯法》最早颁布于 1984 年。1984 年《柏金斯法》全名为《卡尔·D. 柏金斯职业和技术教育法》(Carl D. Perkins Vocational and Technical Education Act)。该法强调了有效的职业教育培训项目对于一个自由和民主国家未来发展的重要性。该法案致力于实现经济与社会双重目标。在经济方面，目标是提高劳动力技能水平，使成年人获得工作机会——这一长期的目标可追溯至《史密斯—休斯法》；社会发展方面，努力为成人提供平等的职业教育培训机会。

1990 年《柏金斯Ⅱ》和 1998 年《柏金斯Ⅲ》则采用了基本一致的技

① 卡尔·D. 柏金斯曾于 1949—1984 年在美国众议院任职。在任职期间，卡尔·D. 帕金斯一直致力于增加和扩大美国青年特别是弱势青年受教育的机会。他同时也是 1963 年《职业教育法》及 1968 年、1976 年修订案的主要倡议者。

能人才发展战略，开始重视和关注学生成绩的提高。主要通过以下三项措施：一是整合学术教育和职业教育。二是扩大了职业教育培训的关注重点，强调行业和职业技能水平的提升，开展岗位专业技能培训。三是通过实施技术准备项目①等战略加强中等教育和中学后教育之间的联系，推动和确保所有青少年都能获得高质量的职业教育培训，从而为经济发展提供和储备优质技能人才。

2006 年，美国国会对《柏金斯Ⅲ》修订并重新授权颁布了《卡尔·柏金斯生涯和技术教育促进法》（The Carl D. Perkins Career and Technical Education Act），也被称为《柏金斯Ⅳ》。

2. 《柏金斯法》现状及其改革方案

与 1998 年的《卡尔·柏金斯职业和技术教育法》相比，2006 年的《卡尔·柏金斯生涯和技术教育促进法》的显著特点，就是用“生涯和技术教育”取代了“职业和技术教育”，从而将原先局限于学校教育阶段的职业和技术教育延伸到工作阶段，极大地促进了后备技能人才以及高技能人才的培养。

新法还将原有目标加以扩展，一是更加注重职业生涯和技术教育项目学生的学业成绩，二是加强中学和中学后教育之间的联系，三是提高州和地方问责制。《柏金斯Ⅳ》授权时限为 6 年，包括 2012 财年。

经过以上改革，在《柏金斯法》框架下，州和地方主要在以下方面投入资金：发挥激励作用，以推动项目不断改进；建立一个强有力的问责制度，以确保质量和效果；加强学术教育、职业生涯和技术教育的融合；确保包括残疾学生在内特殊人群能够获得职业和技术教育；开发和改进课程；购买设备，以确保课堂上传授最新的技术；提供职业指导和学术咨询服务；为教师、辅导员和管理员提供专业培训和技术援助；给职业和技术教育学生组织提供支持。

---

① 技术准备项目（Tech Prep Program）旨在促进中等教育与中等后教育的衔接。该项目是一个四年的学习计划。其中，前两年指高中的最后两年，后两年提供中等学历教育。这个四年的学习计划所涉及的课程在内容上相衔接。

2012 年，美国政府又发布了《投资美国的未来：生涯和技术教育改革蓝图》① 的政策报告，提出对 2006 年《卡尔·柏金斯生涯和技术教育促进法》进行修改的建议（见表 4—1），目的在于使所有学生都能接受到继续教育，开始职业生涯。

表 4—1 对 2006 年《卡尔·柏金斯生涯和技术教育促进法》的改革建议一览表

现有法案存在的缺陷	改革原则	改革建议
对于实施高质量的生涯和技术教育项目方面的激励不足； 州政府不与劳动力和经济发展机构合作，以确定生涯和技术教育项目的重要关注领域	有效联合 在生涯和技术教育项目与劳动力市场需求间建立有效的联系，培养学生当前所需的技能，并为其在高增长行业就业做准备	明确提出要提高生涯和技术教育项目的质量；为各州实施高质量的生涯和技术教育项目提供有效指导； 州政府发挥更积极的作用；州政府认可确定高增长行业部门的职业需求
中等和中等后教育机构的资金渠道不同； 没有清晰的路径使雇主、行业和劳动力参与生涯和技术教育项目的课程设计与实施； 没有形成相关机制来分担生涯和技术教育项目的成本	强化合作 在中等和中等后教育机构、雇主及行业间建立密切的合作关系，以提高生涯和技术教育项目的质量	财团资助：建立联合财团，通过拨款确保中等与中等后教育机构间的合作； 私立部门匹配：加强雇主、行业及劳动力市场参与对生涯和技术教育项目的设计和实施

① U. S. Department of Education. *Investing in America's Future*: *A Blueprint for Transforming Career and Technical Education*, http: //www2. ed. gov/about/offices/list/ovae/pi/cte/transforming-career-technical-education. pdf, 2012/04.

续表

现有法案存在的缺陷	改革原则	改革建议
州对于地方生涯和技术教育机构的拨款根据僵化的公式来分配； 各州的参与和责任措施各不相同； 对优秀的地方生涯和技术教育机构，没有相应的激励及奖励机制	有意义的责任机制； 在对生涯和技术教育项目绩效有共同定义以及清晰标准的基础上，改善生涯和技术教育项目中所有学生的学术成就，并提高其技术水平和就业能力	在州内建立不同财团争取公共拨款的竞争机制：使州政府具有更多的自主权，根据劳动力市场需求，来选择和资助高质量的项目； 建立加强数据系统和缩小参与项目不公平程度差距的共同定义：运用统一的参与和绩效指标，形成高质量的数据系统，从而形成有意义的比较和评估； 加强对绩效的激励：对达到或超过绩效目标的机构给予奖励
对于州政府在推动实施高质量的生涯和技术教育项目方面的责任和作用，未作明确规定； 拨款机制僵化以及目标过于分散，不利于高效使用有限的资金从而实现创新性发展和激励	更加强调创新； 通过州政府政策和实践的改革创新，支持生涯和技术教育项目在各地的有效实施	州政府要为生涯和技术教育项目的成功和创新发挥作用：确保州政府能够实施相关政策和体制，以支持生涯和技术教育项目在地方的有效实施； 一个竞争性的生涯和技术教育创新和转型基金：在地方开发和实施新的实践和模型，以支持州政府一级的改革

资料来源：美国教育部。

四、《劳动力投资促进法》

1. 历史沿革

如前所述，财政拨款在美国立法以及公共政策中扮演着极为重要的作用。由于1998年出台的《劳动力投资法》，针对美国整个技能人才培养体系建设提出了一系列极具操作性的措施，对经费投入、组织建设都有所强化，从而在技能人才培养方面发挥了重要的推动和促进作用。

《劳动力投资法》的宗旨是，通过职业培训提升劳动力质量，增强国家竞争力。同时，结合职业训练与就业服务，促进失业者再就业，确保国家稳定发展。它的主要措施是：在各州每个地区建立劳动力投资委员以及青年就业培训计划青年理事会；指导州长建立州劳动力投资合作网络体系，指定成员协助州劳动力资源的开发；指导州长根据实际需求，确定开展劳动力投资的领域。

2012年，在对《劳动力投资法》进行修订的基础上，《劳动力投资促进法》得以颁布实施，旨在进一步提高劳动力投资体系的运行效率。

2.《劳动力投资促进法》重点修订的内容

结合《劳动力投资法》的实际运行状况、存在的问题以及当前美国经济发展的形势需要，《劳动力投资促进法》对《劳动力投资法》所做主要修订如下：

（1）梳理了联邦劳动力开发计划。《劳动力投资促进法》将超过25个联邦政府资助的劳动力开发计划整合成一个单一的劳动力投资基金，专门为成人、失业工人、找工作的青少年提供服务。各州还预留了一定比例的资金，专门为困难就业群体（包括边缘青年）提供服务。

（2）州和地方劳动力投资委员会2/3的成员是雇主，强化了其创造就业机会的功能作用。

（3）扩大地方的决策权。《劳动力投资促进法》取消了超过19项关于地方劳动力委员会代表性、赋予地方选取官员、确定委员会成员组成的联邦授权。同样，对于州劳动力委员会的类似要求也被中止。地方劳动力委员会定期进行地区劳动力的需求分析，包括经济环境、工人知识和技能状况以及现有劳动力开发活动的开展情况，以提高对本地工人和雇主的支持服务等。

（4）提高问责性和透明度。《劳动力投资促进法》要求州和地方政府首脑为所有的劳动力发展计划设置“公共绩效评估标准”，以帮助消除浪费并确保有效地使用纳税人的钱。该法案还要求每五年对培训计划进行一次独立评估。

（5）创建一个无缝的劳动力开发系统，简化报告流程。与现行法律相似，《劳动力投资促进法》允许各州，就所有有关就业、培训服务及相关项目的情况，向联邦政府提交州劳动力开发整体计划。为了提供更大的管理灵活性以及降低过于烦琐的文书工作要求，该法案允许州长将这些项目直接纳入到州劳动力投资基金下。该法案加强了州长在本州划定劳动力开发工作开展地点的权力，以帮助确保工人和雇主更容易获得资源和支持服务。

（6）鼓励开展更多培训以满足职位空缺的需求。《劳动力投资促进法》要求地方委员会指定将部分资源直接用于培训。这项措施允许各州自行确定为合格培训机构所要达到的标准，从而使许多社区学院和其他培训机构能够进入到服务系统中来。该法案还要求服务供应机构贡献其部分资源以支持一站式就业中心的基础设施建设，为培训和其他直接服务于工人的工作提供更多的资源。

（7）改革青年就业培训计划。《劳动力投资促进法》对青年就业培训计划进行了调整，以确保职业生涯和职业技能培训是面向人员紧缺职业、面向已取得普通高中毕业证书但难以找到工作的弱势青年而开展，并（或）通过培训使青年获得雇佣单位认可的专科文凭（Postsecondary Credential），而这一文凭也是证明其具备全球经济下就业能力的凭据。它建立了一个新的绩效问责制和管理系统；并要求所有项目的实施方通过重新竞争获取资金，确保了实施方具有高品质以及服务弱势青年的专业知识。

（8）促进成人教育和职业复苏。《劳动力投资促进法》也修订了《成人教育与家庭识字法》和 1973 年《复苏法》。该法案加强对于提供基本识字和数学等核心技能的关注，并致力于将这一考虑贯彻到就业活动。

第五章
高技能人才的培养实践

第一节　高技能人才培养的特点

高技能人才的成长，与国家（地区）的教育制度、社会文化、经济发展特征密切相关。在工业化和现代化的过程中，一些国家和地区经过长期实践积累，形成了独特的高技能人才培养模式。各国高技能人才的成长路径，在很大程度上反映了其本国的经济发展历程。分析研究各国高技能人才培养的实践做法，其成效离不开法律制度的保障、培训机构教育培训技术方法的革新、企业参与支持的贡献、社会对技能文化的培育传承、劳动者个人对技能的内在追求与热爱以及经济社会发展和就业对高技能人才的需求拉动。根据对主要发达国家和地区职业培训模式的比较研究，各国在高技能人才培养方面具有以下的共同特征或发展趋势。

一、高技能人才培养的基本理念

1. 高技能人才培养要以人为本、终身培训

高技能人才培养必须在强调满足社会职业需要的前提下，充分尊重人的主体性，把人的全面发展、潜能的充分发挥和人格完善作为职业培训追求的目标之一。高技能养成的目标始终是培养符合社会经济发展需要的优秀人才。如果给予高水平的科学指导，经过长期磨炼，技能学习者一般都可以熟练掌握所学技能，可以说，技能学习者人人都可以成才。技能培养要尊重和促使技能学习者发挥主观能动性，要关注技能学习者接受指导的方式、方法和质量，强调自我学习和自我评价。要根据人才成长的客观规

律，着眼于劳动者职业生涯发展不同阶段的需要，规划培训体系，开展培训工作。

2. 高技能人才培养要服务经济发展和促进就业

培养高技能人才，要着眼于提高帮助劳动者养成符合劳动力市场需要的职业技能，提高其就业能力；要着眼于提高社会生产力，促进经济发展。开发职业培训课程，要尽可能对当地经济战略和产业政策有清楚的了解，推动人才培养与经济发展需求相匹配；要尽可能对当地人力资源素质结构状况进行总体把握，使培训课程对劳动者而言具备足够的针对性和实用性。要着眼于经济发展和就业需要，进行培训课程标准和内容开发。

3. 高技能人才培养要依法实施

培养高技能人才，要有完善配套的培训标准，包括职业分析分类、职业标准、培训大纲、系列教材；要有布局合理的培训机构，包括系统学制教育的专门学校，也包括各级各类职业培训机构以及企业培训基地；要有能够完成实习教学的实训设施设备，还要有高素质的技能导师。这些要素构成一个宏大的系统工程，涉及多方利益主体，必须要创建健全完善的法制环境，依法组织实施。

二、高技能人才培养的主要特点

1. 不同类型的高技能人才采用不同的培养模式

各类职业教育培训的共同特点是以就业为导向，促进职业技能的形成和发展。但是由于不同类型高技能人才的能力结构中，技能成分和地位的不同，对其培训模式就有所区别。德国“双元制”培训模式的培训目标就是以岗位为定向，以培养高技能、高素质的技术工人为目标；“职业技术学院模式”的培养培训目标是使学生经过理论和实践两方面的职业教育培训，成为更高层次的实用人才。英国现代学徒制的培养目标在传统学徒制的基础上有了进一步的发展，从传统学徒制单纯培养熟练技术工人，发展到培养理论联系实际的新型劳动者。日本的企业内培训重视岗位培训与离岗培训相结合，除了以企业为单位的企业学校教育、阶层教育及职能教育等正式的离岗培训外，还在企业的车间进行非正式离岗培训。

2. 国家职业资格标准是职业培训的基本要求

英国、加拿大、澳大利亚、德国等国的职业培训实践都将职业资格标准要求作为职业培训的基本要求，使他们能较快适应社会职业岗位的要求。韩国的技能大学培养目标也是实用型人才，不过更注重的是培养技术应用能力，即所谓“多技能技术者”，在掌握了一定科学知识的基础上，拥有独立思考的思维能力和丰富的想象力，并具有独立设计、制作的行动能力和精巧的手艺等多种技能的人。

3. 培训内容选择突出职业能力要求

培训内容选择以职业能力为本位、以职业活动为核心、以职业资格发展为目的、以职业素质提升为根本，倡导培训目标的整体性，使学生获得综合职业能力，即专业能力、工作方法的能力、个人能力与社会能力。澳大利亚培训包就是将行业要求具体化。美国能力本位培训实践中，将培训内容的选择设计为“劳动力市场分析、职业分析、工作分析、教学分析”的步骤。德国的职业教育培训的重要经验是，课程设计以职业活动为核心。

4. 高技能人才的培养过程走向公开透明

英国、德国的实践表明，把社会上各种职业及职业活动过程紧密联系起来，使教学实施过程公开透明，有利于企业、社会的参与，职业培训成果也便于社会检验。课程的透明性表现在：教学文件、设备资源都有详细的计划和说明；人手一册的学生手册中会告知他们所享有的权利和相应的服务、有关课程内容的说明以及成绩的评定标准，对教师评定的成绩不满的申诉过程等。

第二节 德国的“双元制”高技能人才培养模式

一、德国教育制度对学生技能成才的支持

德国是高度发达的工业化国家，经济实力居欧洲首位。德国“双元

制”技能人才培养体系享誉全世界，技艺精湛的高技能人才队伍是其经济发展的强大支撑力量。德国实行10年制义务教育，技能人才培养在整个教育体系中占有重要地位，是学生升学就业的主要渠道，“两次分流”体现出德国教育体系和德国社会对技能人才培养的重视和支持。

1. 第一次分流

德国学生在小学后实行第一次分流，分别进入普通中学（5—6年制，大多数学生毕业后进入职业学校）、文理中学（一般为8年制，为升入普通高校做准备）、实科中学（介于普通中学和文理中学之间）和综合中学（前三类学校的综合）四类学校，初步确定了今后就业升学的基本方向，目的性比较明确。

2. 第二次分流

德国学生初中（5—6年制）毕业后实行第二次分流，根据不同职业的要求和学生及家长的意愿，一部分学生升入文理中学高中部（具备升入高等学校的资格），大部分学生选择职业学校（或培训企业）接受“双元制”职业教育培训。较高层次的职业教育培训（师傅学校、专科学校、高等专科学校、职业学院、应用型大学）必须以接受过较低层次的职业教育培训为基础，并具有一定的职业实践经验。

二、德国职业教育培训的层次与类型

德国职业教育培训分为初中后的初级职业教育培训、中级职业教育培训（相当于高中一年级以后）和高中后的高级职业教育培训。

1. 初级（初等）职业教育培训

初级职业教育培训①属初中后职业教育培训，主要形式是“双元制”。它的目标是培养工矿企业的专业技术工人和其他行业的低级雇员。入学条件虽然原则上没有限制，但实际上招收的绝大多数学生为五年制中学以上的毕业生，学制一般为三年半。学习者进入“双元制”后，既是企业招收

① 初级职业培训、初级培训、初等职业教育培训等提法，都是指代此阶段的职业教育培训。

的学徒，同时又是职业学校的学生。“双元制”培训中，企业的职业技能培训，严格执行联邦教育部和经济部联合颁布的培训职业（专业）教学大纲和教学条例；而职业学校的理论教学，则执行各州政府根据企业教学大纲制订的学校教学计划。职业学校的教学内容完全是补充职业培训所必需的基础知识和专业理论。“双元制”的教学，特别强调职业性、实用性和针对性。

经过“双元制”职业教育培训而结业的学生，必须通过行业联合会的严格考试，才能获得满师证书（即毕业证）。然后，才有资格去劳动市场应聘，上岗就业（但不能带学徒和独立开业）。“双元制”毕业生就业一段时间（2—5 年）后，可以脱离从业岗位，接受较高层次的职业教育培训，谋求较高层次的就业机会（有的还需经过短期的理论补习）；也可以进大学预科学校，补足理论后，获得大学本科的入学资格。

作为初级职业教育培训的另一种形式，还有一种全日制的职业专科学校。它一般招收六年制中学的毕业生，学制 2 年。其培养目标与“双元制”相同，但理论教学和实践教学均在学校进行，因而它只限于某些对实践教学要求不高的培训职业（专业）。这种学校的毕业生，既可以直接就业，也可升入高层次的职业教育培训。

2. 中级（中等）职业教育培训

中级职业教育培训属十年级（高一）后的职业教育培训。主要培养工矿企业的技术员、技师或各行业中级雇员等，也培养企业的职业培训教师。主要的学校大体有以下两类：

（1）专科学校。专科学校也称为技术员学校，它是由国家开办的中等专业学校，学制一般为 2 年，培养技术员。它的招收对象要求具有相当于六年制中学毕业或同等学力，经过“双元制”或全日制基础职业教育并有相当时间（最少 2 年以上）的工作经历。这类学校也有非全日制的，但学制一般要适当延长。

（2）技师学校。技师学校由企业或工商会、手工业联合会开办的非全日制中等专业学校，学制比较灵活，一般为 2 年左右，主要培养技师。

与之相类似的，还有一种职业培训教师学校，主要培养企业的职业培训教师。在这一类型的学校毕业并经过严格考试后，可获得技师证书或教师资格证书，然后，可在企业谋求较高的职位（可带学徒）或独立开业，也可担任企业中的职业培训教师或实习指导教师。

在技师学校或教师学校中，学员必须接受基本的师范教育。在德国，不经过正规的师范教育并通过严格的考试获得资格证书是不能带学徒或担任任何教学工作的，包括职业培训和指导实习。

在中级职业教育培训中，还开办了各种补习学校（预科班），专为从业人员提供理论补习，使其获得高等专科学校或大学的升学机会。

3. 高级（高等）职业教育培训

高级（高等）职业教育培训属全日制高中后职业教育，是德国职业教育培训的最高层次。入学者除要求有相当学历（十二年级即高中毕业以上）外，还要求经过“双元制”或中等职业教育培训，并应有一定时间的工作经验。大体有以下两类学校：

（1）高等专科学校。高等专科学校学制一般为三年，有的要外加一年实习。它的入学条件是具有高中毕业（十二年级）以上或同等学力（如中专、职业补习学校等预科班），熟练掌握一门职业的专业技能并有相当时间的工作经验。它的目标是培养专科工程师、专科经济师或各行业的高级雇员。

（2）职业教育培训师范学院。职业教育培训示范学院学制 4—5 年，它的招生条件很严格，既要求具有完全中学（十三年级）毕业或同类学历，又要求经过“双元制”的职业培训并至少从业半年以上（有些州要求 1 年以上）。

这类学校瞄准国家对职业学校或中等专业学校专职教师的规格与要求，培养初、中等职业教育培训学校的师资力量。学生毕业后，必须先后通过两次国家的教师资格考试并拿到证书才能独立任教。在两次考试之间，还必须完成为期两年的教学实习。在这两年内，2/3 的时间作为实习教师，在职业学校或中专校实习上课，1/3 的时间在国家开办的教师实习学院学习师范专业理论。

三、“双元制”的基本模式

“双元制”模式的形成具有德国历史渊源和文化特征。德国的传统文化就是全民、全社会重视职业教育培训的“职业文化”，坚持企业的主要责任。

1. “双元制”的基本模式

“双元制”是德国典型的职业教育培训形式①。在普通中学学习的学生，大部分进入“双元制”职业学校。“双元制”职业教育培训的形式是学生与企业签订合同，以在企业当徒工为主，学校教育为辅，每周 3—4 天在企业培训车间或跨行业企业的培训机构进行实际操作，1—2 天在校学习专业理论。学徒通常由雇主直接招募。不同职业的学徒期不同，但大多数为 3—4 年。学徒的工资补贴由各行业集体协议决定，通常为该职业熟练工的 1/3，到学徒制的最后一年，学徒的工资补贴可以达到熟练工的一半。学徒要经过中期考试和毕业考试两次大考，由专家组成的考试委员会统一主持，包括笔试和实际操作。通过毕业考试后，学徒可获得由行业联合会颁发的全国认可的职业资格证书。

2. 企业在“双元制”中的角色

企业根据发展需求确定培训职业与培训人数，学生根据自己的兴趣爱好投报企业与相关职业。企业确定培训学员后，与学校开展合作，分别承担理论与技能培训。在德国接收学生培训的企业要有行业协会认可的资质，没有资质的企业可委托有资质的企业进行学生培养。学习前学生与企业签有培训合同，学习期满培训合同结束，企业不能对学生学习后的就业去向有所限制。实际上绝大部分学生毕业后都留在了培训企业。

企业培训的经费原来完全由企业负担，政府没有任何经济补贴，但德国统一后，由于找不到学徒岗位的失业青年增多，联邦政府也逐渐为给失业青年提供额外学徒制岗位的企业提供全额或部分经费，并给予减税

---

① *The German vocational education and training*（*VET*）*system*. http://www.bundesregierung.de/Webs/Breg/EN/Homepage/_ node.html.

优惠。

企业虽然承担了培训费和生活补贴费用，但学生实习期间也为企业创造了利润，学生留在企业工作也消除了招聘新员工的磨合期损失，加之没有员工招聘等方面的费用，企业也得到了熟悉生产管理、企业文化认可度高的忠诚员工。总之，企业在经济上有付出也有回报，但总体上仍以承担社会责任为主。德国500人以上的企业90%参与“双元制”学徒培训。

3. “双元制”的主要特点

“双元制”体现在技能人才培养的全过程，具体特点为：两种教育主体（企业和学校，在某种程度上可以说企业承担主要责任），两类教学内容（职业技能和专业知识），两种教材（企业实训教材和学校知识教材），学生两种身份（企业学徒和职业学校学生），两类考试（技能考试和资格考试），两类证书（行会考试证书与企业学习证书、学校毕业证书）。

四、德国企业的高技能人才培养

德国企业的职业技术层次主要有三类：操作工、技师或技术员、工程师。

德国的“双元制”培训针对初次进入职业岗位的技术工人。若想取得更高职业层次，就业后还可以申请进修培训，需要相应的企业工作经历至少一年以上。进修培训主要有两类：针对生产管理方面的技师培训，获得资格证书后有技师职称，可进入基层管理岗位。技师的培训目标是企业基层管理人员，教学侧重技术与管理。技术员进修培训，获得资格证书后有技术员职称，可作为基层技术管理人员或作为设计工程师的助手。技术员的培训目标是工程师的助手，教学侧重技术与理论，技术员培训的理论要求较技师高，如数学要达到大学入学要求（相当于我国的高中毕业要求）。

在课程方面，技师职业培训与技术员职业培训以学校教学为主，主要是技术理论课程学习，教学安排中下企业实习一般只有两三个月，毕业时也要通过行业的职业资格考试。职业培训内容依据政府框架文件进行，一般学制为两年。取得技师证书，通常需要至少7年时间。按此计算，若一个人16岁开始“双元制”培训，23岁左右可能获技师证书。

第三节　欧美培养高技能人才的现代学徒制

通过师带徒方式培养高技能人才，是工业化生产时代的传统人才培养模式。从20世纪末开始至今，改革传统学徒培养模式，建立现代学徒制度的实践，在许多国家纷纷开始启动，并方兴未艾。大多数欧盟国家以及澳大利亚、美国、加拿大等发达国家，还有印度、印度尼西亚等发展中国家，都建立了或正在探索建立适合现代经济发展需要的国家现代学徒制系统。现代学徒制已经出现了多元化的发展趋势，国家间的差异正在增大。

一、欧洲现代学徒制的发展[①]

经过工业革命的引领，欧洲在推动技术进步、产业升级的同时，各类人才包括高技能人才的培养，始终走在实践探索的前沿。学徒制在欧洲，历史悠久，适时变革，效果突出。

欧洲的学徒制分为需求引导型和供给引导型两大类。需求引导型的学徒制也可以称为高企业合作与低学校整合型，其特点是雇主责任感高，企业培训强大，学徒制与全日制教育结构相分离，如德国、奥地利、瑞士。供给引导型的学徒制也可称为低企业合作与高学校整合型，其特点是雇主责任感低，企业培训相对较弱，学徒制与全日制教育结构进行了较为密切的整合，如英国、荷兰、丹麦、法国等。这一点可以在加拿大生活水平研究中心2005年的一项研究中得到验证。在该项研究中，加拿大生活水平研究中心比较了德国、法国、爱尔兰、美国、澳大利亚的学徒制实践，将这些国家的学徒制系统分为北欧系统（Anglo-Saxonsystems）和盎格鲁撒克逊系统（Northern European systems）两类。

北欧系统以德国为典型，丹麦、奥地利、瑞士等都属于这一类型。这

① Tracey Anderson & Hilary Metcalf. 2003. *Modern Apprenticeship Employers Evaluation Study*.

些国家普遍有重视职业教育培训的历史传统，相关立法较为完善。企业参与融入全日制教育结构，学徒部分融入全日制教育结构，雇主责任感高与热情较高，企业与学校分工、合作明确。

盎格鲁撒克逊系统以英国为典型，爱尔兰、澳大利亚、加拿大等都属于这一类型。这些国家的企业培训传统一般为“自愿自助”，企业投入职业培训的意愿较低。而且国家比较注重普通教育，职业教育培训的地位相对较低，人们对学徒制的态度不够积极。但自20世纪末以来，这些国家在政府大力推动下进行大力度的改革，参加学徒制的人数显著增加。

二、英国现代学徒制

英国的现代学徒制具有以下突出特点：与国家职业资格证书整合、产业负责、行业广泛参与、培训课程具有灵活性强广度大的特点、培训期限弹性化、学徒具有雇佣身份。

在英国，学徒制并不是在完善的法律框架中开展的，而主要是以改革项目的形式在开展。改革由英国教育部领导，其下属的学习与技能委员会是全方位负责学徒制的实体机构，负责制定相关政策、拨款、管理等事务。每个学徒制的框架与技术证书由行业技能开发署及各行业技能委员会设计。符合英国政府公布的学徒制框架的培训，就可以得到英国政府的专项拨款，学习与技能委员会把拨款分配给培训机构，培训机构再与雇主、颁证机构等签订合同，分配这些拨款。

由于雇主与青年的沟通渠道不是很通畅，并且雇主参与学徒制的积极性有限，大部分学徒岗位是通过各种公立或私立培训机构安置的。学徒在企业学习特殊岗位技能，并由雇主支付工资；同时也在培训机构接受普通文化知识和基本理论培训。学徒制的完成时间不是固定的，而是根据是否达到受训职业的能力要求，通常为1—4年。对学徒的考核主要依靠收集学徒在工作现场表现的证据，由专业颁证机构、培训机构甚至雇主本身进行。完成学徒制后，学徒可以获得受国家认可的职业资格证书、技术证书和关键技能资格证书等认证。

三、美国注册学徒制①

美国学徒制沿袭自欧洲，结合美国实际，由劳工部指导推动，在实践中不断发展完善。

1. 美国学徒制的发展沿革

美国注册学徒制作为现代意义上的学徒制，在沿袭传统学徒制优点的基础上，与学校教育机构紧密合作，实现了学徒工理论与技能知识的双重提高，以及学位证书与资格证书的双证书。注册的协议得到法律和相应管理部门的保护和监督，使得学徒制在内部各要素之间的相互沟通与协调中健康发展。相对移植于欧洲的带有行会性质的学徒制，美国注册学徒制迎合了经济发展对人才培养的新需求，在确保学徒制及其优越性在现代社会得以存续的同时，其内涵和形式都有了巨大的变化。

第二次世界大战后为解决转业退伍军人的就业问题，注册学徒制成为他们接受就业培训的一种重要途径。为进一步响应社会和教育领域的发展需求，美国劳工部于 1977 年对原有学徒制法律在具体的操作方面加以完善，其中一个突出的特点就是旨在使学徒制惠及到更多职业领域中的人群，以更加灵活地应对世界经济变化对人才的需求。

21 世纪以来随着社会经济的迅速发展，新的职业不断涌现，从 2000 年开始美国劳工部开始加强对诸如医疗保健、信息技术、生物技术等快速发展的行业领域的注册学徒制的发展。这为美国新兴产业的发展对人才的需求提供了可能。2008 年 10 月，美国劳工部对学徒制法律相应条款又做出进一步完善，主要包括多元培训方法的创新、资格证书的完善、远程教育教学手段的应用、课程质量和标准的提高等法律的及时修缮，都有助于增强学徒制的灵活性，使其尽量保持与劳动力市场变化的同步性。

至此经过 70 多年的发展，美国注册学徒制已经日趋成熟，在相对完善的法律机制和管理体制的支持下内部运行机制逐步健全。

---

① http://www.dol.gov/dol/topic/training/apprenticeship.htm.

2. 美国学徒制的参与主体

美国注册学徒制主要由学徒工、企业雇主、社区学院、州立学徒制事务局和一站式就业指导中心五个基本参与主体组成，这些参与主体在美国学徒制法规和劳工部的监管下各司其职，共同协作完成注册学徒制的课程计划。

（1）学徒工。根据注册协议规定，学徒工必须要完成一定学时的由企业和学校共同承担的培训与学习课程，学徒制的学习期限因岗位和行业标准的不同，而从一年到五年不等。在职学习与培训期间，学徒工还可以获得由企业雇主提供的部分工资收入。培训结束后，学徒工的职业能力通过学徒制管理部门的认可后，方可结业，并取得州学徒制事务局或劳工部颁发的资格证书。与此同时，学徒工如果修足相应专业的理论课程学分，还可以获得一个两年制或四年制的学位。

（2）企业雇主。企业雇主是学徒工实践学习的平台，企业雇主根据事先的协商与相关规定，与学徒工签署协定，并在州立学徒制事务局或劳工部学徒制办公室进行备案。在与学校教育机构合作的过程中，企业参与学徒制课程计划的制定工作，并对学徒工的实践培训计划及具体实施负责，根据个体的专业个性需求，为其量身定制培养方案，为其分配一个相应行业领域的熟练工作为师傅，指导其操作性实践课程的实施。此外，企业雇主还为学徒工提供从培训开始到结束期间逐步增长的工资资助，以及他们在社区学院发生的与理论课程学习相关的学费、杂费和教材费等开销的资助。

（3）社区学院。公立社区学院是为学徒工提供理论课程教学的主要教育机构。按照相应注册协议规定，根据企业雇主与学徒工的需求，社区学院提供相应行业专业领域的理论课程的教学工作，主要包括数学、图纸阅读、应用英语等基础课程，以及与特定岗位相关的高级技能课程。这些理论课程的教学工作与企业培训课程同步交替进行，学校课程一般安排在周末或晚上进行。针对当今职业岗位对高技能工人之需求强烈的趋势，在学徒制管理部门颁发给学徒工“学徒制结业证书”的基础上，社区学院还为修够相应专业理论课程学分的学徒工提供申请副学士的机会。

（4）管理机构。州立学徒制事务局负责协调劳工部与本州注册学徒工作的开展，具体负责本州学徒协议的注册、结业证书的发放工作；同时，组织与指导企业单位与社区学院等机构，共同开发不同行业领域的学徒制课程方案，并指导实施工作。美国现有27个州以及哥伦比亚波多黎各地区和维尔京群岛拥有州立学徒制事务局，其他不设该机构的州，相应工作由美国劳工部学徒制办公室负责组织实施。根据美国劳工部的规定，学徒协议必须要在相应的州立学徒制事务局注册备案协议，包括对诸如学徒工需要学习的技能课程的选择、熟练工与学徒工的比例，以及在不同阶段薪酬水平等的详细规定，并要求各方在州立学徒制事务局的监管下，按照规定执行各自的职责与义务。

（5）就业服务机构。地方一站式就业指导中心是附属于当地学校或社区的就业服务中心，该机构是于1998年在克林顿政府签署颁布的《劳动力投资法》的支持下而不断建立的，旨在为相关单位和个人提供相应的职业培训与就业咨询等信息方面的服务工作。美国大部分州都有若干个一站式就业指导中心，有的设在大学或社区学院内部，有的位于当地的社区。它在学徒制工作的开展中主要起着辅助性的作用，对学徒工培训就业信息的咨询，雇主企业募集学徒工信息的提供，州立学徒制事务局事务的开展，都有着重要的协助作用。

第四节　美国强调个性与竞争的高技能人才培养模式

一、美国对高技能人才的需求

美国高技能人才成长体系的形成受多方面影响，但主要影响因素有两个，一个是文化特征，一个是经济社会发展的特点。美国强调个性化，强调竞争，它的经济和社会发展政策是低福利、高收入、高就业率。在就业结构方面，流动性较强。在产业结构方面，中低端制造很少，主要产业是第三产业和高新技术产业。人们对美国的产业有一个误解，认为美国的主要产业是在服务业、第三产业，如金融、信息服务等方面发展。实际上，美国制造具有雄厚实力。据经合组织报告，2010年的制造业产值，中国第一，占整个世界份额的19.8%；第二名是美国，占19.4%。美国主要是生产一些高附加值、高技术产品，比如飞机、电脑处理器等。美国对高技能人才的需求，体现出其与产业结构和就业结构的一致性。

二、美国灵活的职业教育培训

美国是高度发达的市场经济国家，教育管理由州或地方政府负责，联邦政府教育部通过控制教育基金施加影响，劳工部通过实施就业转业培训计划进行引导。美国职业教育培训没有独立完整的体系，或者说没有专门的体系专门用来培养高技能人才。职业教育培训课程、项目的方式散落至各个阶段的教育系统来开展。它的典型特征是学校教育与职业培训高度融合，通过在培训课程中植入强大的学分互认及转换系统实现。学生像是在一个大型的课程超市里，根据自己的需要，选择和搭配一套属于自己的个性化的课程。

三、美国培养高技能人才的几种模式

1. 校企合作教育模式

美国的合作教育模式产生于20世纪初，合作教育是由学校与企业签订合同，共同来制订学生的工读计划。学生一方面是在学校学习普通知识、学术知识及和学生职业密切相关的各种教学单元；另一方面是在工作岗位进行学习，用于发展职业能力。学习与劳动交替进行。学生可以选择半天劳动半天学习，也可以选择其他类别的形式。企业依据自身条件和学生能力，为学生提供劳动岗位，在此基础上可以支付一定报酬。学校同时也要对企业和学生进行监督与指导。校企双方有效配合，共同完成对学生的教育。经过努力，合作教育顺利发展，学校和企业都感受到现场教学的优势，学生不仅获得了实践的机会，同时也为将来的职业生涯奠定了基础。通过合作教育把社会和企业的资金吸引过来，为高技能人才成长获得了更多的资金支持。

2. 青年学徒制培养模式

美国的青年学徒制源于德国及瑞士、丹麦等国家。青年学徒制目前作为最有前途的技能人才成长模式之一，正日益受到关注。在青年学徒制模式下，学生被安排到企业中去工作，并且在学院指导下修完相关职业课程。这种模式是由学校与企业相结合的一种模式，目的是提供工作本位的学习方式。青年学徒制的特点可以归纳为企业提供有偿工作，学术性学习与职业性学习相结合，学校与工作场所相协调，高中和高中后学习相衔接，通用的学术性或职业等级证书相配套等。青年学徒制模式引入了资格证书授予，增加了资金投入，评估和总结，受到学生、企业和学校的普遍欢迎，吸引了大批学生的参与。

3. 技术准备计划教育模式

技术准备计划是一种为期四年的教育计划，从高中二年级开始，再加两年高中后教育培训。它的参与机构包括中学、职业院校、大学还有企业，它使教育机构和工商企业各方进行合作并签订协议，允许部分特殊高中生在中学时代选修大学课程，并挣得学分，并为学生提供岗位。技术准备计划可以获得两年制的学士学位或技术证书。技术准备计划为美国劳动力市场提供了充足的技能型人才，有效地联系了高中、社区学院和四年制大学，提高了就业率。

4. 技能人才成长的教育基础为学分互认

美国建立了完善的学分互认和转移系统。同一层次、不同教育机构的课程学分可以互认：比如综合高中和区域学校、私立综合高中与公立综合高中互认；在不同层次的教育机构中互认：比如高中和大学的双学分课程，学生在中学里修的相关课程，可以得到社区学院甚至四年制大学的认可；在合作教育中互认，学生在企业的工作经验也可以转换为有效的学分；不同区域之间学分也可以互认。这个体系可以支持有意愿从事技能岗位工作的人员，在任何受教育时期、任何职业生涯阶段、任何学习场所都可以根据需要，学习有关技能课程，并获得社会的认可。

第五节　日本企业的高技能人才培养方式

一、日本对高技能人才的需求

日本从第二次世界大战后的一片废墟中快速崛起，以赶上欧美为目标，全社会团结一致，致力于产品的高品质和低价格。通过多年的努力，20世纪80年代日本制造业繁荣发展，被称为“日本第一”，制造业牵引着日本经济的发展。在这其中，日本制造业的高技能人才功不可没。进入20世纪90年代以后，全球化竞争日趋激烈，以中国为代表的亚洲迅速发展起来，产品的附加价值下降，日本各大企业纷纷将生产企业转移到海外，日本称这一现象为“制造业的空洞化”。日本对信息技术、基因生物产业等新产业和服务产业的关注度不断升高，对高技能人才重要性的认识有所下降。但在最近一段时期，日本重新认识到制造业的重要性和优越性，其中最为典型的做法就是“回归国内生产”，专注于生产高附加价值和高性能的产品，从开发到生产实现一体化，形成适应多品种、少批量生产的“细胞生产”方式。

为了重振日本制造业的辉煌，日本深刻认识到“制造业的基础在于人才”①。一般情况下，制造业被认为是资金密集型和技术密集型产业，但高技能人才的作用仍然是无可替代的。日本认为，轻视技能会削弱其作为技术进步的源泉和催化剂的作用。从历史发展来看，技术通常是以“技能的技术化”为媒介不断发展提升的。技术进步，首先是依靠实验操作等技能人才的熟练操作经验支撑的。无论技术怎么进步，为了确保质量，或者为了维持适应需求变化调整生产的能力，技术和技能的相互合作不可或缺，两者缺一不可。轻视技能还可能降低技能人才的魅力，使得技术传承陷入

---

① 日本財団法人岐阜県産業経済振興センター. 中小企業の技能者育成に関する調査研究(关于中小企业技能人才培养的调查研究). 2005/03.

困难的局面①。那么，企业究竟从这些技能人才身上寻求什么样的知识和能力呢？据调查，日本企业最为重视的高技能人才，是拥有“可以使得生产工程更加合理的知识和技能”的人才，其后依次为：拥有“炉火纯青的熟练技能”的人才，拥有“设备的保养及改善相关的知识技能”的人才，拥有“品质管理、检测、试验等相关的知识技能”的人才，拥有“独立处理多项工程的技能”的人才等②。也就是说，虽然有很多企业最看重技能人才的技能本身，但是更多的企业从技能人才身上寻求的，是高效运作生产线的技能和知识。从纵向来看，与5年前相比，日本企业越来越重视能够提高生产效率的知识和技能，以及确保产品质量的知识和技能。

从生产角度来看，企业对高技能人才的需求贯穿于生产的各个阶段，而不仅仅是在制造阶段③。在开发设计阶段，技术工人需要参与到超小型、超精密的实验作品的制作作业中，所承担的任务是：提出最适宜的制造方法和修正设计错误，他们是知识型技能人才。在量产准备阶段，在新加工技术的具体实施、短时间内的设备制作、产品的品质、费用、速度等相关各个部分，技术工人都承担了重要的任务，为增强竞争力发挥了重要的作用。

对高技能人才的需求也与生产方式的转变密切相关：随着生产方式的变化，能够承担多样工种的“多能工”倍受欢迎。这也是对组织管理、改进改善等综合能力、与ISO相关的能力知识等方面的需求④。随着技术革新产生了新的加工方法，随着数字工程学的普及，拥有熟练运用控制、测试、分析等装置的技能，能够适应制造现场的高科技化的技术工人（高科

---

① 泉輝孝. 生産現場の人才ニ-ズと日本型技能者育成システム（生产现场的人才需求以及日本型技能人才培养体系）. 奈良大学紀要奈良大学紀要 23 号. 1995/03.

② 藤本真，大木荣一 . ものづくり現場における技能者育成方法の変化（制造现场技能人才培养方式的变化）. 日本労働研究雑誌特別号№595. http：//www. jil. go. jp/institute/zassi/backnumber/2010.

③ 日本財団法人岐阜県産業経済振興センター. 中小企業の技能者育成に関する調査研究（关于中小企业技能人才培养的调查研究）. 2005/03.

④ 日本財団法人岐阜県産業経済振興センター. 中小企業の技能者育成に関する調査研究（关于中小企业技能人才培养的调查研究）. 2005/03.

技技术工人）变得越来越重要。可见，随着技术革新和制造设备的升级，对技术工人所要求的能力也越来越高，与过去相比，对知识型的技能要求更多。技术革新的竞争，使得技能越来越趋向于单一化。但是，更为明显的是技术的高度发展和多种功能的共同进步。也就是说，很多的企业不仅仅是在积极地推进劳动者的多功能化，还要求高技能人才具备“与产品质量相关的知识”、“发现问题、解决问题的能力”、“判断机械运行状态的能力”、“上下游工程的知识”等，提出了较高的知识要求。从高技能人才方面看，对自我的要求，也不再是“单纯的技术工人”，而是拥有“多方面技能的工人”。这些技能人才积极支持企业的“多能工”培养活动，以“提高自己的能力”、“增加自身工作的价值”①。这些变化将在高技能人才培养体系的变革中表现出来。

二、日本的企业高技能人才培养

1. 日本企业是从事高技能人才培养的主体

虽然日本重新认识到高技能人才的重要性，但是由于工厂向海外转移，年轻人远离制造业，日本年轻的技术工人仍在减少，技术工人的年龄层正在走向老龄化。尤其是，从2007年开始，“团块一代”（1947—1949年出生的婴儿潮一代）陆续退休，日本丧失了大量优秀的技术工人。与此同时，企业对熟练技术工人的需求却越来越大。根据“日本制造业情况调查”（2004年8月）②，缺少“熟练技术工人”的企业，在原材料型制造业中，人员缺少的比例达到43.8%（而过剩的仅占2.2%）；在加工型制造业中，有53.0%的企业缺少技术工人（而过剩的仅占1.0%）。另外，关于熟练技术工人的重要性，在原材料型制造业中，44.6%的企业认为“重要性很高”（认为“重要性不高”的仅为3.5%）；在加工型制造业中，53.3%的企业认为“重要性高”（认为“重要性不高”的仅为3.8%）；根据这一

---

① 泉輝孝. 生産現場の人才ニ-ズと日本型技能者育成システム（生产现场的人才需求以及日本型技能人才培养体系）. 奈良大学紀要奈良大学紀要 23 号. 1995/03.

② 日本财团法人岐阜県産業経済振興センタ一. 中小企業の技能者育成に関する調査研究（关于中小企业技能人才培养的调查研究）. 2005/03.

调查可以看出，日本企业对熟练技术工人的需求进一步加大。

在企业中，如果技术工人的质量和数量下降，可能会削弱制造业的竞争力，这令日本的有识之士极为担忧。因此，日本政府认识到“制造业的基础在于人才”，出台《制造业基础技术振兴基本法》，建立“制造业大学”，从政策上支持重建日本制造业的人才基础。不过，在日本，从事高技能人才培养的主体始终是日本的企业。

2. 在企业中注重在岗培训和离岗培训并用

高技能人才的培养必须适应技能形成过程的客观规律。那么，这些熟练的技能是如何为人们所掌握的呢？技能的形成和工作实践、教育皆有密切的关系。首先，技能是在技能者从入职开始的，是在各种各样的工作经验和职场经验中逐渐磨炼而形成的。在这一过程中，工作的失误、成功以及关于工作的思考，都是技能形成不可或缺的要素。相应的，高技能人才培养必须注重在岗培训（On the Job Training，OJT，在工作现场一边工作一边进行训练）。其次，经过教育训练，或为考取某种资格证而进行练习，在这些教育培训过程中，高技能人才也因此掌握了专业技能。相应的，高技能人才培养也必须注重离岗培训（Off the Job Training，Off-JT，脱离工作现场、在教室进行学习）。

基于上述认识，在培养高技能人才时，日本注重通过现场工作、现场培育来保证其技能的掌握（在岗培训），也选择让员工去接受公司内外的研修（离岗培训）。但在此之外，还应当充分注意到，学校教育在高技能人才培养体系中的特殊地位。因此，关于日本高技能人才的培养体系，可以总结为：“基础教育与职业教育并重”，“在岗培训和离岗培训并用”。

3. 在社会上注重基础教育和职业教育培训并重①

关于日本高技能人才的培养，一般情况下的认识是，日本重视职业教育培训的重要性，以企业为主体开展职业教育培训。但往往容易为人所忽略的是，日本的基础教育为职业教育培训打下了良好的基础，而这些基础

① 泉輝孝．生産現場の人オニ-ズと日本型技能者育成システム（生产现场的人才需求以及日本型技能人才培养体系）．奈良大学紀要奈良大学紀要 23 号．1995/03.

教育是由学校完成的。基础教育是在学校中进行的，“专门教育和特殊技能教育”是在企业内部教育中完成的，日本在这一方面的分工很明确，这也是一种得到日本全民赞同的培养形式。

在如今的日本，几乎所有的人在 18 岁之前都接受全日制教育，高技能人才的主要来源，就是高校的应届毕业生。高等教育的主体是普通本科（普通教育），这种教育着力于提高受教育者的知识理解能力和交流的能力，着眼于提高技能劳动者的一般技术水平。在学校接受完基础教育之后，日本的高校毕业生进入企业接受专门的职业技能教育。由此可见，日本高技能人才培养体系是将培养技能人才的责任交给学校和企业两方共同承担的。

在日本高校中，工科学习的目标是在制度上培养“骨干”技能人才，而不是特定的某一职种的技能人才。当他们以技能者的身份参加工作时，毫无疑问，他们成为骨干技能人才这一宝贵资源的来源。但是，在高校就读的学生中，工科专业学生的比例在 1970 年达到了 13%，20 世纪 80 年代下降到 10%，20 世纪 90 年代进一步下降到 8%，而且潜在的工科学生人数越来越少。长久以来，这种现象在日本被称为“工科沉没时代”。但是，从企业对人才的需要来看，企业在招收员工的时候，作为骨干技能人才的重要人才来源，他们往往更愿意招工科生，而不愿意招收普通的本科毕业生。因此，学校教育的变化，已经深刻影响到了日本高技能人才培养体系，影响到这一培养体系的作用发挥，这也从消极的一面印证了学校教育在人才培养体系中的基础性作用。

当然，学校教育毕竟是基础性的，应届毕业生也不可能立刻适应生产实践的要求，迅速成为高技能人才。在这一过程中，以企业为主体开展的职业教育培训发挥了关键作用。学校教育往往过分注重应试备考，造成教育内容的单一化，学生往往缺乏个性和创造性。而从较差学校毕业的学生也往往会缺乏自信①。

① 泉輝孝. 生産現場の人才ニ-ズと日本型技能者育成システム（生产现场的人才需求以及日本型技能人才培养体系）. 奈良大学紀要奈良大学紀要 23 号. 1995/03.

通过企业内的教育培训，学校教育的缺陷在一定程度上得到了克服。首先，对于自己录用的员工，企业一直都是很少按照个人能力来进行排序。企业人事管理的基本方针是开发和灵活运用全体员工的潜能，而非以分数取人。因此，日本企业会投入大量资源进行人力资源的持续开发。这一过程中，也有相当比例的学习成绩较差的毕业生，他们从受冷落的、很自卑的情绪中逐渐被解放出来，不断奋发图强、持续加以改善。

4. 企业高技能人才培养的策略

企业进行职业教育培训的根本目的，是期望获得高技能人才。企业所寻求能力与员工自身能力之间往往存在一定的错位，为了消除这种错位，职业教育培训就显得十分必要。而企业为了满足对高技能人才的需求，必须制定相应的教育培养政策，为此，企业需要从两个方面进行思考。一是在哪些工作（职种）或事业领域，需要什么样的教育？二是应该采取怎样的教育培养方针（政策），采取何种程度的、有计划的教育培养措施①。

在确定技能人才教育培训的方针政策之后，企业以“收益性”以及“企业支付能力”为判断标准，决定进行哪些方面、进行哪种程度的教育训练投资。“收益性”是指“谁”（教育培养的实施主体：指导者与指导体制），对“何种规模的”（接受培养的人数）“谁”（接受培养的对象的特性），进行“什么内容的”（教育培养内容）、“什么样的”（教育培养方法）培养。“收益”不仅是影响企业决策的指标之一，更包含了“如何进行教育培养”的全部内容。在这一过程中，接受培养的对象的属性不同，收益会有所不同；接受培养对象的人数不同，在经济支出上会带来不同的收益。因此，第二个“谁”（接受培养的对象的特性）和“何种规模”这两点，是考虑收益的最重要因素。

在决定投资额度之后，企业会一边考虑“支付能力”（即对教育培养的预算制约），将“收益性”与“希望得到的能力”作为分配标准，来制

① 藤本真，大木荣一. ものづくり現場における技能者育成方法の変化（制造现场技能人才培养方式的变化）. 日本労働研究雑誌特別号№595. http：//www. jil. go. jp/ institute/zassi/backnumber/2010。

作完成“在哪一领域投入多少”的基本计划（能力开发资源的分配战略）。也就是说，这一分配战略实际由两部分构成：一是“对于公司内外的教育培养机构企划、实施的能力开发，投入多少费用”（即公司内、公司外的资源分配战略）；二是“在某一教育培养领域分配多少时间”（即因为教育培养领域的不同，所导致的资源分配不同的战略）。作为资源分配基准的收益性，与投资决策相同，虽然涉及“谁”（教育培养的实施主体：指导者与指导体制），对“何种规模的”（接受培养的人数）“谁”（接受培养的对象的特性），进行“什么内容的”（教育培养内容）、“什么样的”（教育培养方法）培养等等多种因素，但其中最重要的仍是第二个“谁”（接受培养的对象的特性）和“何种规模”两个因素。

三、日本企业高技能人才培养方式的变化

为了适应环境的不断变化，日本企业对不同培养方式的重视程度、资源投入也会有所不同，表现出一种比较灵活的职业培训方式。在过去数年中，日本进行高技能人才职业教育培训的方式发生了重大变化，可以概括为从“以在岗培训为中心，离岗培训为辅助”，转为“在岗培训、离岗培训并用”①。

1. 在岗培训的开展

直至目前，日本最为重要的高技能人才的培养方式，仍是通过现场工作、现场培育来确保技能的掌握。据调查显示，5 年前最受日本企业重视的培养方式为“上司对部下的、先入职员工对后入职员工的日常性指导”，目前，虽然受重视程度有所下降，但仍然是最受重视的培养方式，并且远高于其他教育培养方法。在岗培训方式还包括“将员工从较容易的工作岗位调到较难完成的工作岗位”等。

为了促进在岗培训的顺利开展，日本企业从方方面面进行了各种

① 藤本真，大木荣一. ものづくり現場における技能者育成方法の変化（制造现场技能人才培养方式的变化）. 日本労働研究雑誌特別号№595. http：//www. jil. go. jp/ institute/zassi/backnumber/2010.

努力①：

（1）以老带新。由企业组织经验丰富的员工为新员工进行数月甚至一年的基础教育。其中，实习、现场训练是教育培训的主要内容之一，其目的是促进技术工人积累经验，“用身体记住”，熟练使用机械，成为高技能人才。

（2）员工内部交流。企业非常重视员工内部交流，并主动为此创造方便条件。如：建立“质量管理同好会”，培养技术工人改善提案的能力；组织“共同学习会”，促进设计者和技术工人之间的相互理解，并特意将设计者和技术工人的工作场所设置在同一地点，以促进二者的信息交流。

（3）一对一交流。企业促使员工间的一对一交流。针对高技能人才老龄化、“团块一代”退休引起的后备人才不足等现状，企业指定老员工与继承人进行一对一的技能传承训练。

日本企业非常重视高技能人才的自主权。如：鼓励一线员工购买机械，认为员工如果成功，能够增长员工的自信；抑或由员工改良机械，以符合生产需要，即使失败了也是积累宝贵的经验。这些宽松的政策导向，有助于充分激发员工的生产积极性，提高工作绩效。

2. 离岗培训的开展

日本企业目前仍然最重视现场工作中的员工技能培训，不过，据调查，随着对技能人才知识和能力要求的变化，越来越多的企业开始选择让这些员工去接受公司内外的离岗培训。尤其是对公司外部培训（即“让员工参加外部教育培训机构、生产商等开展的研修课程”）的重视程度有了相当大的提升。

从调查结果看，日本企业利用外部培训的主要目的在于，弥补在岗培训缺失的部分，即弥补“上司对部下的、先入职员工对后入职员工的日常性指导”和“将员工从较容易的工作岗位调到较难完成的工作岗位”的做法的缺失。日本企业正在逐渐扭转“以在岗培训为基础形式，培养公司内

① 日本財団法人岐阜県産業経済振興センター. 中小企業の技能者育成に関する調査研究（关于中小企业技能人才培养的调查研究）. 2005/03.

部技能型正式员工”的偏见，而在考虑投资效率的前提下，逐渐转变培训方式，必要时利用公司外部的教育训练机构来进行正式员工的培养。因此，与5年前相比，日本企业对外部教育培训的需求量有所增加。主要特征是，在技能型、技术型员工中正式员工所占比例越高，这类企业对外部教育培训的需求就越大。同时，内部教育培训资源越缺乏，这类企业对外部教育培训的需求就越大。

为促进离岗培训的开展，日本企业主要采取了以下方式[①]：

（1）企业内设教育培训机构。日本企业在公司内部设立教育培训机构，对技能人才有针对性地进行培训。具体来说，目前，对质量管理、质量提高和安全生产等方面的要求越来越高，因此，很多企业很早便致力于对班长和专业管理人员进行离岗培训的管理技术研修。例如，在日立制作所的生产技能研修所，将之前由专业人员负责的质量管理和生产管理，交付“现场”的技能人才。为了顺利实现这一转变，必须事先对技能人才进行积极的技术教育，如科学分析等。此外，基于职业能力开发促进法，有越来越多的企业开始在内部设立短期大学，致力于培养工程师。

（2）选择外部教育培训。日本企业充分利用民间教育机构，灵活使用外部讲座和讲师，对技术工人进行专门的教育。毕竟不是所有的中小企业都可以负担在组织内设立专门教育培训机构的成本，他们的员工主要在企业总部、设备生产商、公共职业培训设施、都道府县立研究研修设施、中小企业大学等地方去学习。比如，由公共职业培训学校再编形成的技能开发中心，除了技能鉴定考试的应试备考之外，还针对质量管理和序列等基础技术教育提供了强大的培训服务。

（3）补贴员工培训费用。为了激发员工自我学习、自我提高的积极性，日本企业采取了支付培训费用、将获取技能资格与薪酬待遇挂钩等激励措施。日本企业积极支持员工的自我学习和提高，为积极学习、努

① 日本財団法人岐阜県産業経済振興センター. 中小企業の技能者育成に関する調査研究（关于中小企业技能人才培养的调查研究）. 2005/03.

力提高技能的员工提供各种支持，包括承担资格认定的费用、对获得资格认定者给予一次性补贴奖励、将长期的薪酬待遇与资格认定进行联动，甚至采取赠送夏威夷旅行等人性化的激励措施，对技能人才提高工作效率进行激励。此外，日本企业也着力营造尊重技能人才的企业文化，为他们设置了“师傅”、“师父”、“技师”、“工师”等职位。显然，这些措施都极大地激励了技能人才，促使其不断进行自我提高，积极开发自身潜力。

四、日本企业培养高技能人才的成效①

日本技能人才的在职培养，主要着眼于促进产品质量的提高和企业竞争力的提升。从日本高技能人才培养体系的效果来看，基本达到了培养高技能人才的初衷，并有诸多其他方面的积极作用。

1. 培养员工解决问题的能力

日本企业的职业教育培训不仅仅是学习“工作方法”的单纯教育，更重视学会“解决问题的能力”。向非熟练的员工教授“工作方法”仅仅是在基础训练阶段，更重要的是，教育“发现问题和解决的方法”以及正面应对这些问题的“积极态度”。日本企业认为，只有经历过现场工作，自己亲身经历过一系列问题之后，才能真正地了解现场。因此，日本企业着力为员工提供一定的课题，让他们自己思考解决方法，从而达到培养的目的。而脱岗培训虽然内容相对比较抽象，偏向于技术，也充分考虑了实际需要。比如，在教材设计时，注重工作经验的归纳和失败教训的共享，注重培训的针对性，安排专人与外部专家进行沟通等。

2. 充分发挥工作本身的教育作用

日本企业通过作业组织的灵活编制，避免了将僵化的职责任务硬性分配到个人的做法，而是根据个人能力、现场作业方式和情况变化，灵活地变换职责任务的分配。事实上，灵活的作业组织编排，已成为日本企业经

① 日本財団法人岐阜県産業経済振興センター. 中小企業の技能者育成に関する調査研究（关于中小企业技能人才培养的调查研究）. 2005/03.

营的一个重要特征。显然，这一安排方式既能够充分发挥工作本身的教育作用，也通过重视和尊重员工个体差异，达到激励员工的目的。

3. 推动企业内平等主义的动力机制的形成

培养体系的初衷是开发所有员工的能力，因而是结果导向的，是平等的。这体现在，日本企业既没有将技能人才和工程师明确划分开，也不存在将技能人才划分为熟练操作工、半熟练操作工和不熟练操作工的三个阶层。日本企业是将应届毕业生平等地视为不熟练的操作工，企业对所有人都有期望，希望开发他们的潜能。而大多数国家传统的做法往往是：将员工分为熟练操作工、半熟练操作工和不熟练操作工这三个阶层，对占员工多数的半熟练操作工和不熟练操作工漠不关心，不注重他们的技能培养。与此相比，日本高技能人才的培训体系具有明显的进步性。

与此相配套，日本企业的薪酬设计是年功序列（按照工龄发放工资），这也有利于员工技能的持续提高。在确定薪酬标准时，这一机制综合评价了工人的工龄、持续参加工作的年数以及职业能力评价等多方面因素，重视员工在各自职位上的工作能力，而非职位本身。因此，在职责增加和岗位转换时，没有必要再一一修改工资。这避免了欧美“职务工资制”的弊端：即重视行业的区别，重视岗位评价，这样做很可能会影响到岗位轮换，也会因技术革新等变化引发工资纠纷等。近年来，欧美逐渐开始关注按照实际的工作能力来发放工资，其实这也是日本在人才管理方面的一个文化现象。

4. 高技能人才的培养过程本身有助于形成良好的合作氛围

从培训的开展机制中，我们不难发现，日本企业非常重视有意识地促使员工内部、特别是设计者和技术工人之间的交流合作，从而培养“多能工”。因此，日本的高技能人才并非泰勒主义设想的从属型的蓝领工人，不是与经营者、设计者存在一定的敌对意识的人。相反，在日本，技术（设计）和技能的区分并不明确，两者互为主导关系。在工作中，两类员工不断地进行信息交流，共同致力于双方的技术能力的提高。这一过程本身，就缩小了两者之间在地位上的差距。

五、日本高技能人才培养的不足[①]

日本高技能人才培养体系取得了诸多效果，但也存在若干不足。日本国内对此也有充分的反思。一般所认为的不足主要体现在以下两个方面。

1. 高技能人才培养体系没有与激励保障机制充分挂钩

技术工人努力提高技术水平，直至成为高技能人才、通过职业资格鉴定，但并不一定能够大幅度改善物质待遇。根据大阪府的调查，很多大企业都在公司人事制度中引进了职业资格制度，制定出职位升迁标准的企业非常多。但是，将评价的标准公开地展示在员工面前的企业却很少，仅占到40%。而企业规模不到100人的中小企业当中，有一半以上没有制定明确的升迁标准。在制定出来的升迁标准中，最常见的是“能力评价”，然后依次是“业绩评价”和“工龄评价”以及“获得公共资格证书的数量”。将取得“技能士”放入考核升迁标准中的企业仅有23%，取得“技能士”仅作为参考的有66%。可见，日本大多数企业仍然明确采用年功序列制（以工龄为标准论资排辈确定待遇）。日本企业没有明确的政策或制度表明要“以技能为标准确定待遇”。在一个日本企业，是否真正重视职业技能鉴定，基本取决于各公司的管理人员。

技能鉴定没有受到足够重视，在日本造成了一系列不良后果。一般认为，技能鉴定制度能使合格的技能人才对自己的技能水平更加有信心。但由于日本企业里的考核标准很不明确，最终导致通过技能鉴定后的员工并没有显著提高自信心。

2. 高技能人才培养体系没有与员工社会地位充分挂钩

以德国为例，学徒在接受培训的最后考试时必须及格，之后才能加入到技术工人的行列中去。技术工人再经过两年教育，参加技师考试及格才能够取得技师资格。付出巨大努力取得技师资格后，即意味着获得很高的社会地位：如果是手工业行业，可以取得独立经营开业的权利和训练徒弟

---

① 日本財団法人岐阜県産業経済振興センター. 中小企業の技能者育成に関する調査研究（关于中小企业技能人才培养的调查研究）. 2005/03.

的权利；如果是工业行业，可以获得升迁的资格。可见，在德国获得技师资格可以带来显著的实际利益和社会地位的提高。

相比之下，日本企业较为注重公司内部平等，强调非阶级社会构造，既没有将技能人才和工程师明确划分开，也不存在将技能人才划分为熟练操作工、半熟练操作工和不熟练操作工的三个阶层。此外，也没有工会为保护员工的既得利益而阻止新的会员加入。这固然有利于员工间交流，具有很大进步意义，但取得“技能士”资格的员工，也就因此不能明显地提高社会地位。

第六节　高技能人才培养的基础建设

高技能人才的培养培训离不开基础工作的支撑。标准建设、课程开发、职业培训制度等基础建设工作对于高技能人才培养具有十分重要的意义，既是各国政府高度重视、投入资金重点建设的重要方面，又是相关组织和机构加大力度、不断深入改革创新的重要领域。澳大利亚培训包、德国的工作过程导向课程开发、日本的公共职业训练制度在标准开发、课程实施、政府引导实训等方面，具有十分典型的代表性。

一、澳大利亚的培训包①

20 世纪 90 年代以来，澳大利亚联邦政府和各州、领地政府投入巨额资金用于发展职业教育培训，聚集了众多资深的政府官员、企业家、行业协会专家、技术与继续教育学院的知名学者，改革澳大利亚职业教育培训体系，研发职业教育培训产品，推出了培训包（Training Packages，简称 TP）制度。

1. 培训包的内容

培训包是职业教育培训的依据，是澳大利亚全国通用的职业技能认证

① *Standards for Training Packages*. http://www.nssc.natese.gov.au/vet_ standards/standards_ for_ training_ packages, 2012/11/19.

标准。培训包的内容包括职业能力标准、职业培训标准和考核评估标准三部分内容。培训包由国家统一组织开发，紧密结合产业变化和企业需求。培训包具体阐述了对职业岗位（群）的实践技能和基本理论要求，其本质是将行业要求具体化，提出一系列行业人才必须具备的能力标准，国家要求注册的教育培训机构必须严格执行这个标准。

2. 培训包对职业教育培训的影响

培训包的能力标准由产业部门依据自身发展所需的知识和技术而提出，并且成为职业教育培训系统课程制定和发展的依据。这使澳大利亚的职业教育培训系统能够据此不断地发展出新的课程，并且很快地改编现存的课程，从而使职业教育培训课程能够更好地反映国家资格证书所要求的能力标准。这就确保了职业教育培训的内容和结果能够很好地适应产业发展的需求。

培训包内包括多种资格证书水平。一般而言，包括了从证书到高级学位证书的水平。在培训包内设计了一系列的路径，能够使学生从一种资格证书水平转入到另一种水平，并且允许学生去获得全部的证书。而且可凭借资格证书接受相应的高等教育，从而使职业教育培训系统和高等教育系统相互沟通。

培训包提供先前学习经历和能力评价。培训包要对受训者先前的学习和已经达到的能力进行评价和认可，这种方式保证了学习者不必对掌握的知识和技术进行重复学习。培训包规定对学生能力（即教育和培训的结果）的评价要直接地依靠个体在产业中或在相似的工作环境中表现出来的可以观察到的能力。从长远来看，这是一种能够较准确地评价人们能力的方式，也应当是职业能力形成和发展中更为合适的评价方式。因此，职业教育培训的毕业生并不需要在工厂中进行“再次培训”，雇主只凭其所获得的资格证书就能够非常清晰明确地了解雇员的技术状况。

培训包实施的结果是建立起了对职业教育培训的制度化的质量管理和检查系统。关于培训质量的评价完全集中于对职业教育培训的结果和能力的获得，而不是只注意于资金投入、学生教育等方面。这也是提高职业教育培训质量和水平的重要举措。

3. 培训包的意义

培训包将产业所需要的知识和技术转化为“能力标准”，作为职业教育培训学生培养和评价的依据，为建立统一的澳大利亚国家培训市场奠定了制度基础。它使得全国无论公立、私立培训机构的职业教育培训有了可以遵循的统一的职业标准、评价原则和认证要求；使得职业资格证书一经国家认可，就可以全国通用，使澳大利亚的技能人才培养质量和水平能够在较高水平上达到统一。

二、德国的工作过程导向课程开发

德国从 1995 年开始推动职业教育培训课程改革，探索进行工作过程导向的课程开发，产生了积极的效果和影响。

1. 指导思想

课程开发从培养学生的适应能力转向培养学生参与构建工作世界的能力。随着现代企业制度的发展，企业的管理模式转向了知识管理。为了提高企业的核心竞争力，企业开始注重调动和发挥员工的积极性，为每个员工的潜能发展提供舞台和空间。以工作过程为导向的职业教育培训课程开发确立了全新的指导思想，着眼于培养学生的创新能力。

2. 教学内容

教学内容从专业理论知识转向工作过程知识。在传统的职业教育培训中，教学内容指向了专业理论知识和抽象的专业技能，而工作过程知识没有被考虑到。在以工作过程为导向的职业教育培训中，专业劳动处于中心地位，教学内容指向于职业的工作任务、工作的内在联系和工作过程知识。

3. 教学方式

行动导向教学成为主要的教学方式。行动导向教学并不是一种具体的教学方法，而是以行动或工作任务为导向的一种职业教育培训教学指导思想与策略，是由一系列的以学生为主题的教学方式和方法构成的。在行动导向教学中，教师不再是知识与技能的传授者，而更多地是作为教学的咨询者和课堂教学的主持者。教学的重心由传统的教师教转向了学生学，项目学习成为主要的学习形式，情景学习成为以过程为导向的典型特征。

4. 工作过程导向的综合性课程开发

以工作过程为导向的课程开发过程一般可以分为 8 个步骤进行：领会职业与工作过程的关系，了解工作过程的特点；分析该职业的学习条件；分析和了解该职业的行动区域；描述各行动区域；选择需要学习也可以用于学习的行动领域；将该行动领域转化为学习领域；描述各学校区域；表述学习领域中的各个学习情境，可能时设计成教学项目。

三、日本的公共职业训练

1. 公共职业训练的需求方

作为一项重要的社会福利政策，公共职业训练的服务对象不仅仅是失业者，还是全体公民。公共职业训练的主要需求方可以分为三类：离职者、在职者以及初高中毕业生。此外，残疾人、非正规就业者、不工作不求学不培训人员、女性等群体也被纳入公共职业训练的政策体系。

2. 公共职业训练的供给方

日本能够提供公共职业训练的机构比较多，主要分为雇用能力开发系列机构、残疾人职业能力开发、学校青年自立培训学校、企业营利性培训机构、非营利组织等雇用能力开发系列机构。

雇用能力开发系列机构是实施公共职业训练的主要部门。雇用能力开发机构是一个接受厚生劳动省委托的独立行政法人，其总部位于横滨市。雇用能力开发系列机构包括：职业能力开发大学校，由雇用能力开发机构设立，主要负责公共职业训练中技术含量较高训练时间较长的课程（专门课程和应用课程）；职业能力开发短期大学，它们主要提供专门课程的长期训练和短期训练；职业能力开发促进中心和高级职业能力开发促进中心，它们是雇用能力开发机构在地方的分支机构，同时也是独立行政法人，主要承担短期训练（包括普通课程和专门课程）的任务；职业能力开发校，主要由都道府县和市町村政府设立，它们主要负责普通课程的训练。

此外，雇用能力开发系列机构还包括：1 所职业能力开发综合大学校，它主要负责为其他的职业训练机构培养合格的职业训练指导员，其教育水平相当于大学本科，毕业生获得工学学生学位。残疾人职业能力开发学校，专门为残疾人提供职业训练的机构。青年自立培训学校，主要针对不读书不工作不接受培训的人员以及其他不愿意工作或者难以找到稳定工作的年轻人，为他们提供半年时间的集体训练，使他们适应工作场所的氛围和人际交往习惯，并掌握必要的工作技能。这些学校绝大部分是非营利组织，也有一些是学校法人，还有一些是合资公司和有限公司，青年自立培训学校，从厚生劳动省获得业务委托。企业、企业联盟、社团法人、财团法人、工会以及其他不以营利为目的的社会组织，依照职业能力开发促进法，也能够向社会提供职业训练，如果这些机构获得本县知事的认定，就可以成为认定职业能力开发机构，有的甚至可以冠名为××职业能力开发校或者××职业能力开发短期大学校。认定职业能力开发机构不属于雇用能力开发系列机构，但是在政策待遇上和雇用能力开发系列机构没有区别。

3. 公共职业训练的运作机制

日本的公共职业训练的资金主要来源于政府的税收。根据日本的雇用保险法，雇用保险金按照劳动者工资的1%收取，其中企业和劳动者各承担一半，而企业所缴纳雇用保险金的0.3%作为公共职业训练的财源。日本的公共职业训练首先是一种由政府主导的行政行为；同时，公共职业训练也是职业训练的一个子系统，公共职业训练机构也可以举办收费的课程。而营利性的培训公司也可以通过委托培训举办免费的训练课程。劳动者可以根据自己的判断，在各种不同的职业训练提供者之间进行选择。公共职业训练机构和其他的职业训练机构之间形成一种既相互合作、又相互竞争的关系。

（1）政府主导。①制定法律法规，构建制度框架。在公共职业训练中，政府的主导作用首先表现在起草和制定相关的法律法规，构建公共职业训练的制度框架。和公共职业训练相关的主要法律只有两部，其一是职业能力开发促进法（最近的修改是在2006年），其二是雇用保险法（最近的修改是2010年）。这两部法律的行政主体都是厚生劳动省。除了法律之外，还有许多配套的制度，比如基金训练制度、职业形成促成金制度、工作卡制度等。②业务分解与委托。在公共职业训练中，政府的主导作用还表现在把业务进行合理的分解，然后委托给适当的机构。作为政府部门，厚生劳动省及其下属机构并不直接提供具体的公共职业训练服务，但是通过法律和相关的制度构建，厚生劳动省把公共职业训练的业务分为三部分，并委托给不同的机构来执行。第一部分是职业训练，由厚生劳动省委托给雇用能力开发机构（独立行政法人）管理和执行。第二部分是职业技能的鉴定，由厚生劳动省委托给中央职业能力开发协会管理和执行。第三部分是招生推荐就业以及协调工作，由各地方的职业安定所负责。③绩效监督与政策指导。厚生劳动省对于接受业务委托的单位以及都道府县政府在公共职业训练上的表现，负有监督责任以及政策指导的权力，尤其是地方政府是否在合理的范围内使用财政资金以及是否存在骗取政府补助金的情况等，都在严格监管范围之内。例如，在 2010 年，厚生劳动省对 47 个都道府县使用职业能力开发校设备购置补助金的情况进行了调查，发现有 15 个县存在补助金虚报的情况，并严令其返还这些虚报的补助金。

（2）准市场机制。①分权化。公共职业训练体系虽然是由厚生劳动省建立起来的，但它是一个多主体的运营体系，地方政府在其中也发挥了非常大的作用。地方政府有权力设立职业能力开发短期大学校和职业能力开发校，还可以设立其他的职业训练机构，通过获得委托训练的资格来提供公共职业训练。另外，地方政府也可以根据本地的经济发展需要和社会保障的特点，制订本地区的公共职业训练计划和政策。当然，地方政府的公共职业训练计划和政策，必须符合职业能力开发促进法等相关法律的框架。可以说，在公共职业训练问题上，中央和地方是在同一个法律框架之下的相互竞争的政策提供主体。②公私竞争。为了提高公共部门的服务质量和效率，在具体的服务提供过程中，引入公私竞争机制是福利国家福利市场化的主要经验之一，也是公共服务准市场机制的核心所在。提供公共职业训练服务的不仅有公办的职业能力开发机构，还有各种认定的职业能力开发机构，包括大量的委托训练机构。劳动者在选择训练机构时有比较多的选择，职业训练机构所获得的补助金数额和它们招生的人数正相关。另外，公私之间的竞争不是完全自由的竞争，在同一个地区，每个培训机构的招生规模是限额的，每年的招生次数由地方政府统一决定，同样的课程，其教学内容大体相同，如果需要向学员收取费用，那么学费也是由地方政府统一确定的，其基本原则是同样的课程，收费相同。在这样诸多规制之下，无论公私，职业训练机构之间的竞争主要体现在服务水平和教学水平之间的竞争。

第六章
高技能人才的评价认证

第一节 高技能人才评价认证的制度体系

对高技能人才进行评价认证，国际上的通常做法是通过职业技能考核鉴定、职业技能竞赛选拔、学习或工作成果评定等多种方式，对劳动者个人所具有的职业专业知识、技能水平、工作能力等进行评定认定，其结果一般通过授予职业资格或社会荣誉等方式体现。评价认证为培养和使用服务，其过程坚持以职业能力为导向、以工作业绩为重点，兼顾职业道德和职业知识水平，达到制度完善、评价科学、基础健全、质量可靠。

一、职业技能鉴定

从有关国家高技能人才评价的实践看，职业技能鉴定是按照国家制定的职业技能标准或任职资格条件，由政府认定的考核鉴定机构，对劳动者的技能水平或职业资格进行客观公正、科学规范的评价和鉴定。

职业资格是各行业或企事业用人单位按照特定职业的工作目标和任务，对从事这一职业的人员所提出的必备的专业知识、职业技能和工作能力的基本要求。职业资格的认证要以职业技能鉴定为前提，因此，通过技能鉴定的劳动者可从社会权威认证机构获得对自己进入或从事该职业资格的认可，其主要形式是职业资格证书，这是劳动者进入社会劳动就业的重要凭证。职业资格作为对劳动者职业能力水平的认证，与学历文凭的根本区别在于，它与职业活动的具体要求密切结合，更直接、更准确地反映了特定职业的实际工作标准和操作规范以及劳动者从事这种职业所达到的实际能力水平。

二、职业资格证书制度

职业资格证书制度是劳动就业制度的一项重要内容。在现代社会，职业资格制度有利于促进劳动者技能的提高，有助于在职人员的职业发展，有利于促进职业安全和社会生产力进步。为此，职业资格制度在各国普遍建立起来。各国的职业资格制度内容大同小异，其核心制度内容都是：由政府规定特定职业的技能标准、任职资格，由政府认定技能鉴定和考核评价机构，由技能鉴定和考核评价机构对劳动者的技能水平或职业资格进行评价和鉴定。目前，英国、德国、澳大利亚等世界主要发达国家以及许多发展中国家都已经或正在建立包括高技能人才在内的职业资格证书制度。

第二节　英国的国家职业资格认证体系

一、英国国家职业资格证书制度的建立

英国是较早建立国家级职业资格证书制度的国家，经过 20 多年的发展，现在已经发展成为了涵盖职业资格、学历资格的整体资格框架。

1. 英国国家职业资格证书

1986 年，英国政府发表了题为《共同工作：教育和培训》（Working Together：Education and Training）白皮书。这个白皮书由教育科学部和就业部联合发表，确定了“能力标准”的国家就业行为目标。为促进这一目标的实现，白皮书建议成立国家职业资格委员会，并授权这个委员会制定一种合理的、先进的职业资格标准，从而创造出一种在实际上能增加拥有这种资格的人的数量的结构。从一开始，国家职业资格委员会采取的原则就是以“能力展示”（Demonstration of Competencies）的形式获得职业资格，强调学生操作能力的培养。需要就业的学生必须通过考试并获得由国家认可的发证机构授予的国家职业资格证书，即要以国家职业资格委员会

颁布的标准要求自己。

（1）国家职业资格的内涵。国家职业资格证书（National Vocational Qualification，简称 NVQ）制度即由当时的国家职业资格委员会负责开发和管理。国家职业资格是以国家职业标准为导向、以能力为基准、以实际工作表现为考评依据的一种职业资格证书制度，也是一种特殊形式的国家考试制度。

"国家职业资格"是一种以能力为基础的资格认定，每一个"国家职业资格"皆是一项"能力说明"，它由主要职能、能力单元、能力要素以及操作上的具体要求和范围等所构成。以中层管理标准为例，该标准中，主要职能包括营运管理、财务管理、人力管理和资讯管理；能力单元包括改善和维持工作，预算与监控资源运用，招聘、培训、使用和激励员工，创造维持与加强有效工作关系和信息收集运用等 10 个能力单元；而各能力单元又包括 2—5 个能力要素，如财务管理中的第一能力单元包括控制成本、提高价值和根据财务预算监察、控制各项活动两个能力要素；各能力要素下的具体操作说明又有若干条；范围说明详述各式各样的情况，包括从工作地点、职业状况或设备来说明能力的应用范围。英国大多数行业（约占全国工作岗位的 90%），如贸易、服务、工程、建筑、制造业等 11 种大的行业，实行了职业资格证书制度。

（2）国家职业资格的级别能力水平。英国国家职业资格涵盖了包括从刚工作的新手到高级管理人员的所有技能和知识层次，有 5 个级别。每个级别反映了实际工作中该级别所需的知识和能力以及其在工作中拥有的责任和权力（见表 6—1）。英国国家职业资格获得了英国雇主和雇员的广泛认可，大多数企业大量需要同时具有学历文凭和职业资格证书的员工。

英国国家职业资格的核心是"以能力为本位"、"以能力单元为基础"和"能给学员今后的继续学习或者就业留下接口"，这极大地改进了当时的职业资格评定过多考知识而非技能、没有学分而与其他资历不能有效衔接的状况。各职业领域的国家职业标准由行业培训机构设定，而资格的评定标准则由颁证机构进行开发。

表 6—1 英国国家职业资格（NVQ）级别及能力标准①

英国国家职业资格（NVQ）级别及能力标准	
级别	能 力 标 准
1	能够在可预见的环境下进行常规性工作
2	能够在没有人监督的情况下独自完成更多工作，其中有些工作是较为复杂的，并且非常规的；有一定的责任心和自我管理能力；能够参与团队工作
3	能够参与更广范围内的工作，其中大部分工作都带有一定的复杂性，而且非常规；有较好的责任心和自我管理能力；在需要的情况下，能够对他人进行一定的指导
4	能够参与更多技术性强、职业素养要求高的工作；责任心和自我管理能力都很强；能够管理一支工作团队并对该团队的工作负责；能够调配和使用资源
5	能够在不可预见的环境下开展工作；有非常强的自我管理能力，能够对团队工作负责，能有效调配和使用各种资源；能够进行分析、诊断、设计、计划、执行和评估等全部工作

资料来源：英国政府网站。

2. 英国国家普通职业资格证书

1992 年 9 月，英国在继国家职业资格证书之后又推出了“国家普通职业资格证书”（General National Vocational Qualification，简称 GNVQ）政策。这一做法，既能满足那些想选择职业课程的学生的愿望，而又不使他们过早地确定职业方向，同时也为一些想继续接受大学教育的学生留有发展的余地。这种新的职业资格证书制度的出台，是对原有的由国家职业资格委

① http://www.direct.gov.uk,2009.

员会推出的职业定向很强的国家职业资格证书制度的补充。这样做对于青年学生来说有三种高水平的资格证书可供他们选择：普通教育高级水平证书、普通职业资格证书、专门职业的国家职业资格证书。

作为一种资格制度，国家职业资格证书也暴露出了一些问题，如资格界限不够明确、职业资格与学历资格之间的衔接不够清晰、四级和五级资格证书对大众的吸引力不够大等，于是在继承“以能力为本位”和“以能力单元为基础”这两项资格评定原则的基础上，英国政府委托英国资格与课程委员会先后开发出了以下两套资格证书体系方案：国家资格框架、资格与学分框架。

3. 英国国家资格框架

英国国家资格框架（National Qualifications Framework，简称 NQF）于2004 年 9 月 1 日开始在英国全面实施。在国家资格框架中，英国政府根据知识、技能、理解力、自理能力、分析和创造性思维能力等指标，把所有资格分为 9 个级别，从入门级到一级、二级，直到八级。与高等教育资格相比，国家资格框架中的四级以上资格证书才能相当于高等教育水平，其中四级相当于高等教育证书；五级相当于高等教育和继续教育文凭、基础学位和国家高等教育文凭；六级相当于学士学位、本科毕业证书和文凭；七级相当于硕士学位、研究生证书和文凭；八级是最高级别的特别专家级别，与高等教育资格体系中的博士级别相当（详见图 6—1）。

国家资格框架的建立在一定程度上改变了资格证书庞杂、证出多门的局面，但由于该框架是以资格为基本学习单位，所以通常这些资格证书的学习周期比较长，还存在着重复学习的可能，而且很难最大限度地满足学习者对灵活的学习方式的需要以及满足个性化学习方案的需要。然而，个性化需求的满足往往需要灵活的学习方式和配套的认证方式，这些新的需求都呼唤更加灵活的资格框架的出现。

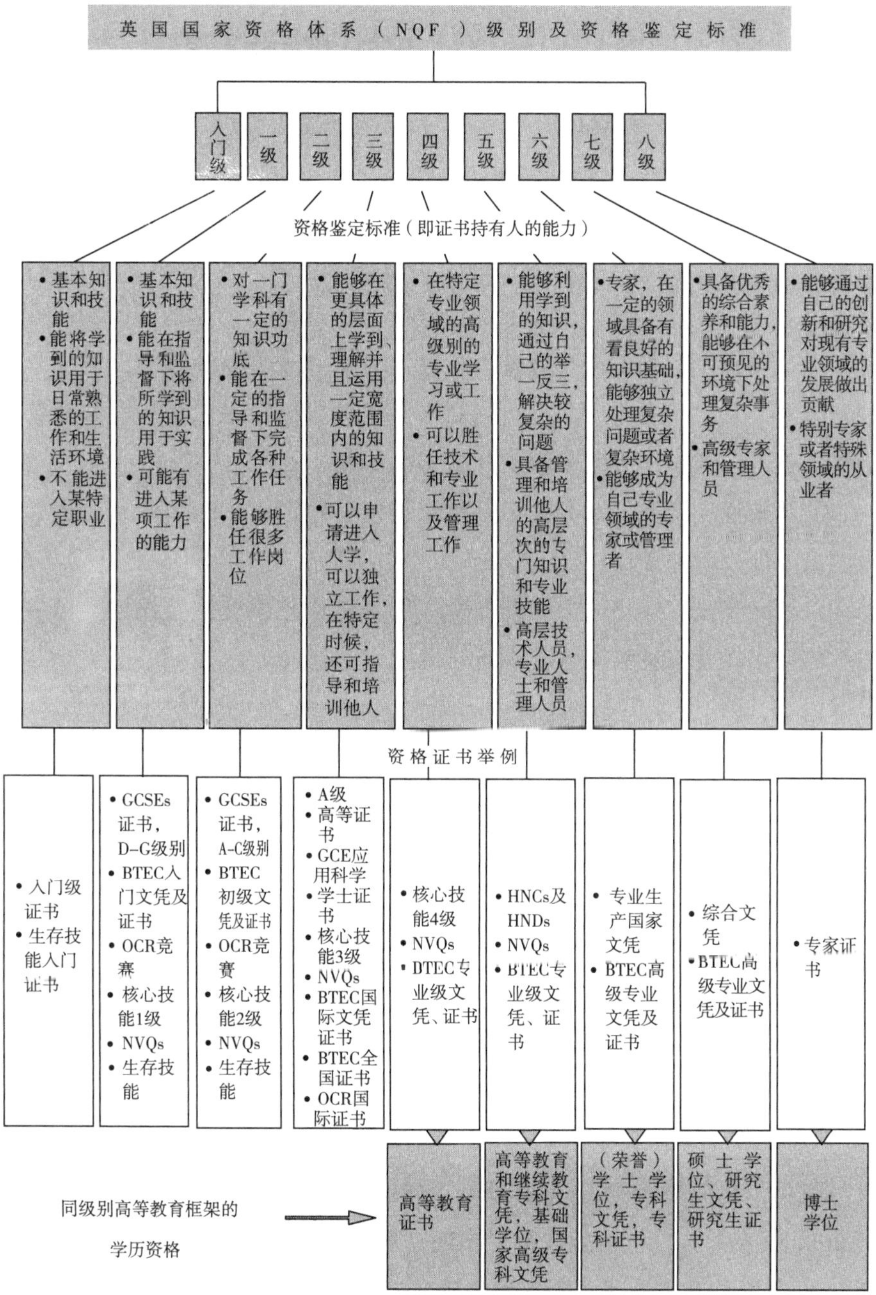

图 6—1　英国国家资格架构级别及资格鉴定标准

资料来源：英国政府网站。

二、英国国家职业资格证书制度的新发展

1. 英国资格与学分框架

资格与学分框架（Qualifications and Credit Framework，简称 QCF）是英国政府于 2008 年 8 月开始正式实施的资格体系。英国开发这个新的资格体系，旨在使资格证书更加贴近雇主需求，对学员更灵活和更容易获得。该框架于 2006 年 9 月至 2008 年 6 月进行了将近两年的试运行，2008 年 8 月起在“英格兰资格与考试管理办公室”，“威尔士儿童、教育、终身学习和技能部”和“北爱尔兰课程、考试和评估监管局”三个机构的联合领导下在英格兰、威尔士和北爱尔兰开始正式实施。

简单来说，资格与学分框架是指学员接受培训时的每个单元课程和获得的每个证书都能赋予一定的学分和级别。通常一个学分表示 10 个学时，而级别等同于国家资格框架中的九个级别。资格与学分框架根据学员学分的不同可以颁发三种证书（见图 6—2）：

图 6—2 英国资格与学分框架证书体系

资料来源：英国资格与考试监管办公室，http：//www. of qual. gov. uk。

因此，在资格与学分框架下，学员既可以获得“一级证明”（An Award at Level 1），也可以获得“八级证明”（An Award at Level 8），其中的“证明”表示这个证书的学时含量，即学员花了多少学时并获得了多少学分，“级别”表示该资格的难易程度，即该资格获得者的能力水平。

英国资格与学分框架最大的意义在于使英国的职业资格框架从以前的

单维模式（只是按照难易程度从入门级到八级）发展到了现在的双维模式（既有按照难易程度划分的从入门级到八级，也有按照学时规模划分的从证明到证书再到文凭，见图 6—3）：

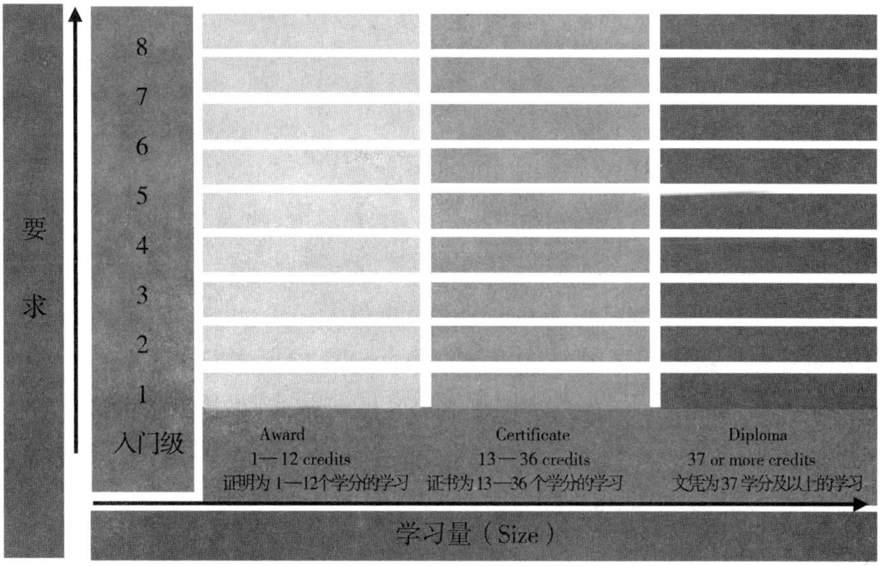

图 6—3　英国资格与学分框架的双维模式

资料来源：英国资格与考试监管办公室，http://www.ofqual.gov.uk。

英国资格与学分框架以一种简单的方式呈现难度和学习量，保障了劳动者所需的知识和技能要求。如图 6—3 所示，该框架结构涉及难度和学习量两个维度，内含了学分（Credits）、级别（Level）、学习量（Size）、学习单元和资格五个要素①。

学分：每个学分代表 10 个小时的国家学习时间（National Learning Time），即学习者在完成学习单元的所有学习结果的平均时间，而不管学习是在何时、何地、以何种形式发生。

级别：资格与学分框架根据难度水平对应了资格证书的等级，即从入门级别到八级共有九级。其中，入门级别最低，八级最高。如硕士相当于

① 邵元君、匡瑛：《全纳的创新资格框架：英国的 QCF》，《外国教育研究》2011年第10期，第69—74页。

资格与学分框架的七级水平、博士相当于八级水平。

学习量：根据学习量大小的不同，资格与学分框架中的“证明”（Award）为1—12个学分的学习，“证书”（Certificate）为13—36个学分的学习，“文凭”（Diploma）为37学分及以上的学习。

学习单元：学习单元是资格与学分框架中最小单元，学分是按照学习单元授予的。学习单元包括名称、学习结果、评估标准等，学习者通过各个学习单元可获得学分，这些学分可以累积组合，获得一个资格。

资格：根据学习量的多少，可以分为三种资格：证明、证书和文凭。

我们可以通过举例说明的方式来了解资格与学分框架下证书的含义。如在ABC Level 2 Award in Managing Conflict in the Workplace（ABC工作场所冲突处理2级证明）这个资格名称中，ABC表示该资格证书将由ABC这个机构颁发；Level 2表示该资格证书的级别为2，即该学员的能力水平为二级；Award表示该资格证书的最高学分为12，即最大学时为120小时；Managing Conflict in the Workplace（工作场所的冲突处理）是专业名称，即学员获得的能力的专业领域。

2. 英国资格与学分框架的社会意义

（1）保障了资格的全纳性，有利于真正实现等值互换。英国职业资格的全纳性体现为“为了每个人的成功”的目标。资格与学分框架囊括了普通初等教育、中等教育、高等教育、职业教育及培训，并通过其全新的结构要素、运行机制等实现了普通教育与职业教育衔接，使得无论是处于哪一水平的学习者都可以在资格与学分框架中找到自己的坐标，并可根据学习难度、学习量、学习内容等制定个性化的学习方案，将学习结果进行比对，从而获得与普通教育等值的认证。这有利于从真正意义上实现职业教育和普通教育的等值互换。

（2）保障了清晰的资格框架的可视性。可视性实现了员工的自我发展期望与企业的发展期望的双赢。一方面，雇主可以通过清晰的、协调一致的资格框架来衡量雇员所持的资格；另一方面，员工可以根据自身的学习需要和企业发展需要，有计划地选择合适的培训，以满足自身和企业的需要。

（3）保障了个体学习多元化需求的实现。这主要体现在：一方面，贯穿于资格与学分框架中的前期学习认可（Accreditation of Prior Learning）原则对学习者之前的学习成果、工作经验予以认可，相同的学分不仅可以在不同的资格之间，还可以在不同的培训机构之间进行转移，于是避免了学习者重复学习的可能，提升进一步学习的热情。另一方面，框架中的学习单元是最小单位，是学分授予的依据，学习者可以根据自身需求和灵活性，以学习单元为单位进行更小步骤的学习。这就为学习者更为方便地协调学习、生活工作奠定了基础①

三、贯穿于工作或学习过程的职业资格认证

1. 职业能力的鉴定方法

英国职业资格评定的内容主要是工作技能和关键能力。考核方式主要为书面考试、口头答问和现场工作考评。一般来说，工作现场的考评主要用于特殊职业资格评定。对于那些普通职业资格评定，口头和书面回答占有相当大的比重，但这并不排除现场考评。在所有的职业资格评定中，现场考评都是必需的环节。

现场考评大多在工作场所进行（工作场所可以是实际的也可以是模拟的），工作场所评定中运用最多的是经常性考察。在英国，职业资格证书的颁发与获得不是取决于某一次工作现场评定，而是由日常学习中的若干次现场评定的累积成绩来决定的。这种经常性考察要求对整个评定过程实施协同管理，对考察结果作系统记录，最后把在不同地点、由不同评定者考察的材料累积起来，以综合评定成绩来反映不同学习背景下的学习成果。在评估时，工作能力会被划分成若干个能力单元，评估师手头会有一张评估表，当评估师认为考生的某个能力单元达标时，他们会在能力单元测试表签署意见并签字。签署意见通常为“能力达标”（Competent）或“能力未达标”（Not Yet Competent）。如果考生对最后的评估结果有意见，可以向证书颁发机构投诉。

---

① 匡瑛:《英国“为了每个人的成功”述评》,《外国教育研究》2003年第10期。

对关键能力的考核也是职业资格评定的重要内容。所谓关键能力（也叫核心能力）是指与纯粹的专业性知识与职业技能无直接关系的、超越了职业知识与技能的、独立学习、独立规划、独立实施、独立控制与评价的能力。关键能力是人们在劳动力市场变化、产业结构调整或发生个人职业变更时，以创业的精神或如同候鸟般的“迁移”能力保证其适应职业流动的能力。关键能力通常包括交流能力、母语及外语能力、数学能力等每个人都需具备的适应各种工作环境的能力，但它的内涵也会随着产业的变化和社会的发展而有所变化。

2. 职业资格的评定过程

英国国家职业资格的评定过程基本上分为四步。

（1）第一步，确定能力要素及操作标准。这是构成国家职业资格的基础。英国国家职业资格框架内有不同级别的资格，申请者需要从低到高逐步获得。例如，一级资格下的工作多是日常重复性的、可预见的；而五级资格的持有者则具备在广泛的并且通常是不可预见的环境里从事涉及范围相当广的应用基础原理和复杂技术的工作能力。能力要素及其操作标准、标题和能力单元三者构成了每个级别的职业资格证书。

每个职业资格平均由 10—15 个能力单元组成，每个能力单元通常由 2—5 个能力要素组成。能力要素描述了在某一具体职业领域的一个人能干的事，操作标准是关于操作具体要求的说明。二者决定了资格评定的内容和标准。因此，确定恰当的能力要素和操作标准是搞好资格评定的关键。而标准的确定则根据对当今就业要求的新分析，如在某些工业领域和职业、专业领域，有责任提出资格要求的雇主和雇员，因而能力要素和操作标准由“主导工业机构”（Lead Industry Bodies，简称 LIBS）制定。能力要素和操作标准的确定应符合下列三项要求：规定明确，有使用者如颁证机构、评定者等对他们的明确解释；各项规定要考虑能力的广度，而非局限于特定工作的说明；一个能力要素应由一个主动动词、一个动作对象以及行动条件构成，如在有关退休金管理的职业资格中，能力单元之一是“建立和保存成员档案”，其能力要素是“为新成员制作档案”。

（2）第二步，决定证据材料的形式和数量。国家职业资格框架是一个综合性的、分层次的资格框架。从内容上看，国家职业资格框架分为特殊、普通职业资格；从水平上看，则分为九个由低到高的级别。不同种类、级别的国家职业资格的评定标准是不同的，评定所需证据材料的形式和数量也不同。要根据国家职业资格的性质、级别决定所要收集的证据材料的形式和数量。一般来说，资格的级别越高，所需证据材料的数量也越大；普通职业资格的证据材料形式以口头和书面回答为主，而特殊职业资格则以现场工作表现为主。

（3）第三步，证据材料的收集。收集证据材料包括有关工作表现的证据、辅助性证据和有关以往学习成就的证据。其中工作表现证据是最为重要的。获得工作表现证据一般通过在工作现场的评定，包括所观察到的受培训者在自然工作状态下的工作表现，在工作场所对受训者的工作表现有重点地进行考察，在模拟工作情境中对受培训者的能力测试、熟练度测试和指定作业等。在模拟的工作情境中，尽可能反应复杂多变的工作条件，如时间压力、多种任务间的冲突、速度、内部关系及偶发事件等。进行工作现场评定时，三种方法多重评定，以准确判定一个人能否在各种变化着的工作环境中完成任务，从而提供最令人满意的行业工作能力证明。评定行业工作能力的场所有着严格标准，需经过国家职业资格颁证机构的标准评估；配备受过培训的能胜任工作的评定者、地方评定中心内部的检验者以及记录评定、保存记录、把信息传递给颁证机构等。

工作现场或模拟情境下获得的工作表现并不足以确定受训者的技能迁移能力，而技能的迁移能力正是新劳动力的核心职业能力。因此，在搜集受训者工作表现证据时，要检查他是否理解作为工作基础的一般原理以及如何调整其操作以适应变化着的情境，即获得评定知识与技能水平的补充证据，这主要是通过口头提问、开卷笔试、多项选择考试等方式。

有关以往学习成就的证据在资格评定中也起着重要作用。以往学习成就的证据可以有多种形式，如产品或制成品（设计的图纸、计算机程序等）、文献报告（生产计划、账本等）及经过认可的成绩证明（获奖证书等）。

（4）第四步，评判证据材料。判断证据材料是否符合每一能力要素的操作标准，由资格评定者负责完成。一般而言，资格评定者往往是生产第一线的指导者。资格评定能否按标准严格进行，资格评定能否通过，很大程度上取决于评定者。由于严格坚持标准关系到劳动者素质，进而影响到产品的质量，对本公司或本行业具有必然的潜在利益，因此，资格评定者都努力按标准行事。但为了从严把关，每个地方评定中心内部都配有督察员，负责检查评定是否按标准进行。同时，评定工作还经常接受证书机构的监督和检查。

3. 职业资格的颁证与管理

（1）有关政府管理机构的演变。1964 年英国成立教育与科学部（Department of Education and Science）。这个部门由以前的教育大臣办公室（The Offices of Minister of Education ）和科学大臣办公室（The Offices of Minister of Science）合并而成。

1992 年，科学部分的职能转给了内阁的公共服务办公室（the Cabinet Offices of Public Service）和商贸与工业部的科学与技术办公室（Department of Trade and Industry's Offices of Science and Technology），教育与科学部更名为教育部（Department of Education）。

1995 年，保守党内部大选后进行部门重组，教育部与就业部（Department of Employment）合并为教育与就业部（Department for Education and Employment ，简称 DfEE）。

2001 年大选后，教育与就业部就业方面的职能转给新成立的工作与福利部（Department for Work and Pensions），教育与就业部更名为教育与技能部（Department for Education and Skills，简称 DfES），主要负责学校和成人教育以及部分的儿童福利工作。

2007 年 6 月 28 日，英国首相布朗进行内阁重组，将教育与技能部拆分为两个部门：儿童、学校和家庭部（The Department for Children，Schools and Families，简称 DCSF）；创新、大学和技能部（The Department for Innovation，Universities and Skills，简称 DIUS）。后者还接替了前商贸与工业部的部分职能，而商贸与工业部则更名为商务、企业和改革部（The Department for Business，Enterprise and Regulatory Reform，简称 DBERR）。

儿童、学校和家庭部负责 19 岁以下人群的包括教育在内的所有事务，创新、大学和技能部负责成人教育、继续教育、高等教育、技能、科学和创新。

2009 年 6 月，为应对金融危机的挑战，创新、大学和技能部又更名为商务、创新和技能部（Department for Business，Innovation & Skills，简称 BIS），使高等教育、技能科学更好地为创新、企业和商业服务。

（2）职业资格管理机构。英国负责对各种资格进行鉴定、认可和管理工作的是英格兰资格和课程监管局，苏格兰资格监管局，威尔士资格、课程和评估监管局，北爱尔兰课程、考试和评估监管局。其中英格兰资格和课程监管局的资格监管职能已转给英格兰资格与考试管理办公室。

英国政府对职业资格证书的管理机构经历了以下变化：

1986 年，英国政府成立国家职业资格委员会，负责开发国家职业资格证书制度，并对职业资格证书进行管理。

1997 年，国家职业资格委员会、学校课程评估委员会（School Curriculum and Assessment Authority，简称 SCAA）合并为资格和课程监管局（Qualification and Curriculum Authority，简称 QCA），该局是儿童、学校和家庭部下属的一个非政府部门的公共服务执行机构，负责开发和管理国家课程以及监管英格兰地区的相关的评估、考试和测评工作等。该局负责对全英格兰的注册培训机构进行监管，确保他们的管理、评分和颁证活动都能正常运转；北爱尔兰的职业资格管理工作也归其负责。此外，《1997 教育法案》还赋予了该局审核和管理所有外部资格的权利。2004 年，该局成立国家评估局（National Assessment Agency）专门负责国家课程评估方面的有关事宜。

2007 年，儿童、学校和家庭部宣布将资格和课程监管局的调节和管理功能独立出来给一个新机构“资格与考试监管办公室”①（Office of the Qualifications and Examinations Regulator，简称 Ofqual）。按照规划，该办公室将会统一监管英格兰的各种资格、考试和测评。它的使命是“确保

① http://www. of qual.gov.uk.

所有的孩子、青年和成人学习者都能得到他们努力后应该得到的结果，国家标准得以维护，资格申请者们不管是现在还是今后都会觉得学有所值。”2008 年 4 月，资格与考试管理办公室作为独立的考试与测评系统管理机构开始试运行，政府将出台法律确定其对资格的监管权，使其成为独立的、直接对议会负责的机构，全面负责英格兰和北爱尔兰的资格证书和考试系统，包括对颁证机构的监督、对资格证书的管理、各种资格的评定以及测评费用的定价等。资格和课程监管局的工作将被转给另一个新成立的机构“资格与课程发展局”（Qualification and Curriculum Development Agency，简称 QCDA）。

（3）职业资格证书的质量管理机构。在英国，所有参与职业教育培训的机构都必须经过政府审批成为认证培训机构后才能开展工作。为了保证英国所有经国家审批过的证书都有很好的质量，资格与考试管理办公室在审批证书机构时有一套具体严格的评估标准，譬如雇主和劳动者对该资格的认可程度、该资格对就业有无帮助、该资格开发过程中是否与行业主导机构积极合作，有无质量保证等。还随时对证书机构进行监督和检查，一般三年左右对颁证机构进行复查，重新确定资格。

（4）职业资格证书的实施机构。①产业指导机构。产业指导机构（Lead Bodies）一般都是行业的非政府的民间机构，以产业界的人士为主组成。具体承担本行业的国家职业资格标准的制定、维护和改进国家职业标准，使其不断适应生产技术的发展变化，以满足雇主及就业者的需要。各产业指导机构要得到政府的资质认可，也是政府制定培训和就业政策的主要咨询对象。许多产业指导机构既制定标准，同时又是证书机构。②证书机构。证书机构（Awarding Bodies）（或称颁证机构）是经资格与考试管理办公室批准并在其监督检查下工作的机构。具体负责职业资格鉴定的运作管理，颁发国家职业资格证书。英国大约有 150 多家证书机构，其中不乏具有国际影响的机构，如伦敦城市行业协会等。证书机构必须对资格证书的质量负责，为此它需要采取一系列有效的质量保证措施，在审查和批准鉴定站、选拔和管理内部监督员和外部监督员、管理鉴定现场和颁发证书等各环节全面负责检查质量保证框架。③评估中心或鉴定站。评估中心或鉴定站（Assessment Centers）由证书机构负责组建和认可，具体承担学员的培训与鉴定考评工作，一般设在企业、大学或培训中心。鉴定站的设立必须达到一定标准，并经过严格审核。鉴定站设有一定数量的考评员和内部督察员来完成考评工作。考评员负责根据操作规则和与能力要素相关的范围规定对应试者进行考评。内部督察员由鉴定站的工作人员担任，需经过必要的培训，其作用是协调考评员和考评过程，保证国家职业资格证书在鉴定站考评过程中的质量和一致性。设内部督察人员是英国国家职业资格证书制度的特色之一。英国国家职业资格制度组织管理体系见图 6—4。

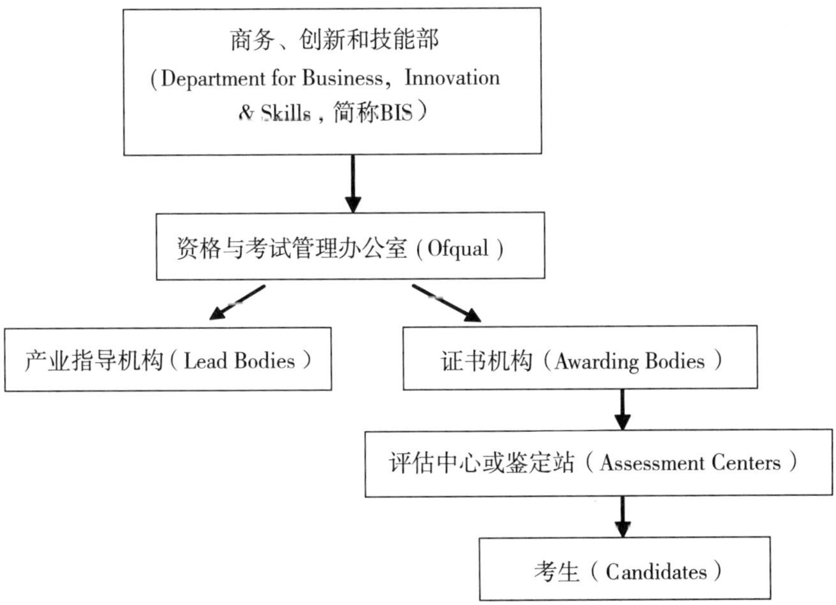

图 6—4 英国国家职业资格制度组织管理体系

资料来源：英国政府网站，http://www.gov.uk/government/organisations/department-for-business-innovation-skills。

第三节　德国的职业资格认证体系

一、德国"双元制"的"三证并存"

德国职业资格证书制度起源较早，迄今已有100多年的历史，也可以追溯至中世纪的行会中所实行的学徒制度，学徒需要经过证书考试才能成为技匠。现代德国的职业证书制度的确立是依据1969年的《职业教育培训法》，其中明确规定职业证书制度的注意事项及范围，并赋予联邦职业教育培训研究所具有拟定证书检定政策及方针的权限，行业总会负责职业资格证书的规划与实行、资格检定规章、证书颁发等。德国的职业证书遍及13个专业领域、350多种职业种类，对德国人的就业与生活有着深刻的影响。

职业资格考试证书、培训合格证书以及职业学校毕业证书三种证书相互联系，组成德国职业培训中的"证书体系"。这三种证书相互独立，各不受另一方的影响，独自说明本身所证明的问题。同时，三种证明又相互补充，可以使人们注意到从业能力的不同方面。"三证"的同时存在，也最大限度地降低了由于对学生的错误评分和偏见对他们未来所造成的不利影响。

德国职业资格考试与"双元制"职业教育培训紧密结合。在接受"双元制"培训过程中，考生在行业协会监督下进行两次考试，第一次是在学习2年左右时的考试，又叫中间考试；第二次是学习结束时的结业考试。按照德国《职业教育培训法》的规定，主管部门（行业协会）负责进行国家承认的培训职业的结业考试。结业考试主要是为了检查应试者是否掌握了规定的技能和必要的实践知识以及职业学校里所学的理论知识，确认应试者是否已经具备了一个技术工人应该具备的资格。考试的内容在培训条例中有详细的规定。结业考试不同于简单的能力测试，虽然它也是一种评定学习成绩的方式，但其目标是确定学徒今后是否能在复杂的实际环境中胜任专业人员的工作，确定学徒今后是否适合他所选择的职业。这两次考试都分别由两类考试组成，即培训毕业考试和职业资格考试，产生两类证书，即培训毕业证书和职业资格证书。

职业资格证书是根据不同职业的规定，由符合条件（每个职业对学员学习专业背景及工作年限都有具体要求，如汽车修理师要求职业学校本专业毕业 2 年工作年限、机电专业毕业 3 年工作年限、其他专业 5 年工作年限）的学员申请，由行业协会组织鉴定考核，合格后颁发。许多职业资格对申请人参加考试次数有限制性规定，如汽车修理师等职业，规定每个申请人终身最多只能参加两次考试，通不过的人员只能终身与此职业资格无缘。

二、德国职业资格证书认证的具体运作机构

德国职业资格证书认证的具体运作机构是经政府授权的行业联合会，比如工商业联合会、手工业联合会、农业联合会和医生联合会等机构。目前这类机构在德国约有 300 家。各联合会的管辖范围是按行政区域来划分的，代表着本地区各行业企业的总体利益并为这些经济实体服务，它们是政府与经济界之间的中介。每个机构负责自己领域内的职工技能鉴定工作。譬如工商业联合会的职责就是负责考核和鉴定产业工人的职业技能。德国统一后，全国按行政区划共成立了 83 个工商联合会。

各工商业联合会集对工人的培训、考核、发证等服务功能于一身，学徒与企业签订的每一份合同全由工商联登记在册，共涉及国家承认的 350 多个职业培训。接受职业教育培训的学生在为期 2—3 年的培训过程中，既在职业学校里学习理论知识，又在企业内训练实际操作能力，且有两次大考，即培训中途的中期考试和最后的结业考试，两次考试均由工商联组织实施。

德国职业学校的考试由德国工商总会考试委员会负责。职业学校的阶段性考试（中间考试），其理论部分和实践部分的考试主要参照德国法律规定的职业教育培训的标准进行，结业考试由企业根据实际工作提出要求，然后由考试委员会的专家根据企业要求及相关的企业标准出题，以保证试题的水准和标准。考试中，监考人员由企业的培训师和职业学校的老

师组成，但这些人员是交叉进行监考的，本企业的培训师不监考本企业的员工。

考试合格后获得的证书不仅能证明持证人的从业技能，而且可以使持证人在求职过程中有权要求得到相应的工作和劳动报酬，使技能与工资真正挂钩。这种具有实际意义的证书既为各企业免除了考核之劳，又为劳动者提供了实惠，受到劳资双方的欢迎。

三、行业协会在职业资格体系中的作用

行业协会在职业资格体系中具有主导地位。国家通过制定有关法律法规明确职业资格制度的内容框架。各有关行业协会不仅对承担培训的企业的资格进行认证，而且还负责确定不同职业的培训时间，负责审查培训企业与受培训者之间所签订的培训合同，负责职业资格认证的考务管理和考试具体安排，负责资格认证后合格证书的发放，等等。由雇主、雇员和学校三方代表共同组成的考试委员会负责执行具体资格认证事务。

行业协会统一在年初发布职业资格认证考试通告，规定具体的考试时间和考试内容，并安排相应的考评小组执行具体的考试过程监督和考试结果评分。考试不及格者给予两次补考机会。如果考生对考试有疑义，可以与考试委员会协商，还可以诉诸法律。在组织实施上，为保证对职业资格认证考核的质量加以有效控制，在命题标准的制定、考核程序的设计以及考评技术的开发等方面，都有着一整套严谨的程序。

第四节　日本的职业技能鉴定制度

一、日本职业技能鉴定制度概况[①]

1. 技能鉴定制度概述

日本技能鉴定制度是依据《职业能力开发促进法》实施的，目的在于

① 日本厚生労働省. 技能検定制度について，技能検定制度とは（关于技能鉴定制度，所谓技能鉴定制度）. http://www.mhlw.go.jp/bunya/nouryoku/ginoukentei/.

提高劳动者的技能水平，提高对技能者的社会评价，调动劳动者的工作积极性，为日本产业发展做出贡献。一般认为，技能鉴定制度在稳定劳动者就业、顺利再就业以及提高劳动者的社会性评价等方面都发挥着重要的作用。

自从日本政府于1959年开始实施技能鉴定制度以来，每年都在不断地充实和完善职业技能鉴定的内容。截至2012年4月，实行技能鉴定的职种为15个大类，136个职种。到2010年为止，技能鉴定达标者超过3437万人。作为对工作人员职业技能的一种有力证明，技能鉴定制度在各个职业领域中受到了高度评价。

2. 实施技能鉴定的主体

考察技能鉴定制度的内涵，可以看出，这一制度具有浓厚的国家色彩。这体现在实施主体上，即技能鉴定遵照国家（厚生劳动省）制定的实施计划，由中央职业能力开发协会出题，各都道府县分别独立进行考试。另外，各个都道府县的职业能力开发协会受理考试申请书、组织考试等，这也是各都道府县的职责范围。

3. 技能鉴定的实施方式

日本职业技能鉴定一般有两种实施方式，分别为都道府县的实施方式和指定考试机构的实施方式。其中最主要的部分，是都道府县的实施方式，这一方式涵盖了建筑木匠等122种职业。在这个体制中，由厚生劳动省、中央职业能力开发协会、都道府县以及都道府县职业能力开发协会分别承担其中相应的职能，举行相应的考试。采用指定考试机构的实施方式的有财务规划、财务设计等14种职业，即由厚生劳动省以及所指定的社会考试机构负责进行考试。

二、等级划分及考试流程①

1. 职业技能的等级划分

日本现行的技能鉴定划分为特级、1级、2级、3级，有的领域只有一

---

① 日本中央職業能力開発協会. 技能検定のご案内. http://www.javada.or.jp/jigyou/gino/giken.html#Anchor1.

个级别而没有等级的区分，各级别的考试规定了所要求的难度标准（见表6—2）。

表6—2 日本技能鉴定等级与考试要求

等级	技能鉴定合格需要具备的技能以及相应的知识水平
特级	每个所鉴定职种的管理者或领导者通常需要具备的技能以及相应的知识水平
1级	每个所鉴定职种的高级技能劳动者通常需要具备的技能以及相应的知识水平
2级	每个所鉴定职种的中级技能劳动者通常需要具备的技能以及相应的知识水平
3级	每个所鉴定职种的初级技能劳动者通常需要具备的技能以及相应的知识水平

资料来源：日本中央職業能力開発協会。

有些领域的技能鉴定只有一个级别，没有等级区分。对此，“技能鉴定合格需要具备的技能以及相应的知识水平”要求为，每个职种高级技能劳动者通常需要具备的技能以及与此相应的知识水平。

2. 技能鉴定的考试内容

技能鉴定的考试内容因职种不同而大相径庭，一般都可分为实际技能考试和学科知识考试。关于考试内容，由国家制定考试标准，具体关于所鉴定的职种以及各个职种的考试标准，则由厚生劳动省确认。

3. 技能鉴定的基本流程

一般来说，日本技能鉴定的流程为：领取申请参加考试的申请表→提出参加考试的申请→领取准考证→参加学科知识考试和实际技能考试→公布结果→发放证书。日本一般会公布比较详细的日程安排（见表6—3）。

表6—3 日本技能鉴定考试的日程安排

	前 期	后 期
发布考试公告	3月上旬	9月上旬

续表

	前　期	后　期
受理参加考试的申请	4月上旬—4月中旬	9月下旬—10月上旬
实际技能考试	6月中旬—9月上旬	11月下旬—翌年2月下旬
学科知识考试	7月末—9月上旬	翌年1月末—2月中旬
公布结果	8月末（3级）、10月上旬	翌年3月中旬

资料来源：日本中央職業能力開発協会。

（1）准备考试。日本技能鉴定制度规定，办理参加考试的申请需具备以下条件：在受理期间提出申请；具备参加考试的资格；在要求填写（或者电脑输入）的事项上，确定没有漏填（输入遗漏）或者误填；在规定的考试手续费缴纳的日期，如期缴纳如数费用（否则被视为自动放弃考试资格）；考试申请书或者是准考证上要求贴照片的地方，一定要按照要求贴上照片（6个月以内的正面无帽半身照片）；想要免除考试的，应该具备该职种（操作）相关的免除考试资格的证明（复件）；在需要出示书面证明的地方，附上证明资料。

参加技能鉴定考试还需要满足一定的实际工作经验要求（见表6—4）。如果之前接受过职业培训或者是有相关学历，工作经验的年数要求会相应地缩短，具体规定由厚生劳动省做出。

表6—4　日本技能鉴定的工作经验年数要求

特级	1级合格之后5年以上
1级	7年以上
2级	2年以上
3级	6个月以上
单一等级	3年以上

资料来源：日本中央職業能力開発協会。

如果具备某些证件（如取得领导资格证书、参加职业技能培训的时候获得技能合格证明），可以免除参加部分考试（具体规定由厚生劳动省做出）。如果是报考的3级考试，接受过职业培训（仅仅局限于所参加的是与自己所报考职种相关的培训）的人员以及在校（仅仅局限于与报考的考试科目相关的专业学科）人员在培训期间和读书期间均有资格参加考试。

另外，在专修学校和各类学校的学习课程当中，如果相关的课程被厚生劳动省指定为技能鉴定相关学科，该课程的毕业生也具有参加考试的资格。接受了公共职业能力开发设施所组织的培训以及获得了职业培训认定的职业训练的劳动者，在技能鉴定的考试资格或技能鉴定考试中，其免考的培训科目可以享受单独的认定。

部分职种（操作类），作为实际技能考试的一部分，要求有相关的依据劳动安全卫生相关法令等取得的限制性操作资格证书和特殊的教育证书。为了确保实际技能考试中的安全问题，参加考试时，如果关于操作类考试的参加资格有限制性规定，但在相关操作中尚没有取得相应的资格证书，原则上不可以参加考试。对于需要接受特殊教育的考试职种，需要提交已完成相关特殊教育的证书或复印件，或者提交个人具备相关技能的申请书。

获得相关条件认可后，劳动者需要前往本人将要应试的地区所在都道府县，从都道府县职业能力开发协会领取参加考试申请书，填写规定的必填事项之后，将填写好的申请书邮寄回都道府县职业能力开发协会进行申请。从 2011 年开始，日本技能鉴定考试不再接受网上申请。

参加考试的劳动者还需按照各都道府县职业能力开发协会所规定的办法，在规定时间内缴纳相应的手续费，具体数额由各都道府县制定，依职种的不同而不同。标准费用：实际技能考试为 16500 日元①；学科知识考试为 3100 日元。一般而言，为了获得更多高技能人才，日本政府、企业会对参加考试的劳动者进行资助。

（2）参加考试。实际技能考试分为前期考试和后期考试，分别进行。原则上是在考试的前一天提前公布题目。考试时间是 4—5 个小时，各个考试的职种不同，标准时间和结束时间不同。另外，有的职种还要进行要素考试和笔试，以测试实际的判断能力，这种情况下一般不事先

① 2013年1月9日汇率：1人民币元=14.05日元。

通知考题。

学科知识考试则在全日本统一进行，各个职种（工作）以及各个等级的考试都在同一天举行。

（3）合格标准。日本技能鉴定考试的合格标准是100分满分。原则上实际技能考试是60分以上（有的职种除了实际技能考试和操作考试，还有要素考试或笔试，各个科目分别设立合格标准。具体规定由厚生劳动省出台），学科知识考试要求是65分以上（基础级别则为60分）。

（4）发放证书。技能鉴定考试合格的劳动者，将被颁发署有厚生劳动大臣名字（特级、1级、单一等级）或都道府县知事名字（2级、3级）的合格证书，并获得“技能士”的称号。如参加1级机械加工考试合格者获得“1级机械加工技师”称号。这一称号对于劳动者薪酬待遇、社会地位等皆有显著影响。如果并非技师却违规使用该称号，根据《职业能力开发促进法》的规定，将会被处以30万日元以内的罚款。

另外，技能鉴定的合格人员，还可以在参加其他的国家资格考试的时候，享受到一些特殊的待遇。

4. 技能鉴定的支持政策

为了促进企业员工提高工作效率、取得有效的劳动成果，日本有多种明确的员工职业培训政策，并提供事业发展基金，鼓励员工积极进行自我职业能力开发，参与技能鉴定。如职业能力评价促进基金将为员工支付参加职业技能考试需要的费用的3/4，并在职业技能培训期间支付工资的3/4。

三、日本高技能人才的认定①

近年来，因为日本制造业大批转向海外，导致日本国内产业空洞化，越来越多的年轻人离开制造业领域，高技能人才走向高龄化。在日本，高精度、高品质产品的制造、新产品研发和发展完善等，这些熟练技能的传承变得越来越困难，这些情况对日本制造业发展产生了巨大的影响。

---

① 千葉県職業能力開発協会. 平成21年度 高度熟練技能者認定申請募集要項. http://www.chivada.or.jp/keisyou/shinsei.htm.

有鉴于此，日本中央职业能力开发协会受厚生劳动省的委托，与都道府县能力开发协会进行联合，将那些继承了优秀熟练技能的技能者认定为“高度熟练技能者”，即高技能人才。在 2008 年进行认定时，有超过 5000 名的技能者报名参加。2009 年上半年的日本全国有 8 个行业 16 个职种共 193 名获得了认定。在获得认定之后，这些高技能人才在各式各样的制造业工作现场发挥了巨大作用。

既然是高技能人才的认定，相应评价标准自然要比普通的技能鉴定高得多。如要求报名者能够理解所从事职业的宗旨，并获得所属企业的推荐等，同时应在有关行业及职种（见表 6—5）之中拥有丰富的实务经验（大约 20 年以上），他们是已获得行业内外各方面承认并拥有高水平熟练技能的人才。

表 6—5　招募高技能人才的行业和职种

	行业名	职种名		行业名	职种名
前期招募	一般机械器具制造业	机械加工、精加工、焊接	后期招募	汽车制造	机械加工、金属模型制作、精加工
	金属制品制造	金属模具制作、电镀、金属板		半导体产品制造	半导体用金属模型制作
	钢铁、非铁金属制造	铸造、铸造用模型的制作		民生用电气制品制造	机械加工、金属模型制作、精加工
	精密机械器具制造	机械加工、精加工		电气机械器具制造	机械加工、精加工、焊接
	塑料、橡胶制品制造	金属模具制作		一般精密、电气机械器具维修	工作机械维修、生产加工机械维修
	运输用机械器具制造	机械加工、焊接		航空维修	机械加工、表面处理
	设备保养	精加工、制罐、配管		铁路车辆维修	修缮、改造
	铁道车辆维修	点检、维修			

资料来源：千葉県職業能力開発協会。

报名者需要准备认定申请书、鉴定表（Check Sheet）、推荐信等，在指定时间内，将申请文件提交给距离工作地点最近的都道府县职业能力开发协会。

收到申请之后，中央职业能力开发协会将成立由各项技能的专家及德高望重的人员组成的“高度熟练技能审查委员会”，对提交的申请文件进行严格的审查。通过认定的技能者，将获得以中央职业能力开发协会会长名义颁发的“认定证”及“高度熟练技能者勋章”。中央职业能力开发协会在主页发布获得认定者的姓名、所在地区和所在企业等信息，目前已经公布了1999年至2009年获得高度熟练技能者认定的高技能人才信息。

第五节　欧洲资格框架

一、政策出台的背景

职业资格是劳动者职业能力的证明，也是国际人才交流的有效证件。经济全球化加速各国、各地区的经济相互影响、相互融合、相互依存，包括生产要素、服务和产品在全球范围内将更为自由地流动和优化配置，这就意味着世界经济中各国的经济开放度将前所未有地增加。日新月异的就业市场环境要求一个全面、高效、公平的职业资格认证体系，这种要求不仅体现在对行业覆盖范围以及对新职业资格和外来职业资格的更新上，更对职业资格认证的原则、方法和内容等提出更深一层的要求。

实施欧洲资格框架的政策背景是适应以迅速的技术和经济变革和人口老龄化为特征的欧洲社会的到来，不断提高公民的知识、技能和能力，以提升欧盟的竞争力和促进社会聚合。为欧盟各国资格制度的建立提供标准参照，增加资格透明度和促进终身学习，使欧洲的教育和培训系统适应知识社会的要求和不断提高就业水平和质量的需要。

2007年10月，欧盟议会通过了欧盟委员会提出的“关于建立欧洲终身学习资格框架的建议”，旨在用一种共同语言描述资格，增加资格透明度、增进可比性和促进在欧盟教育和培训系统里获得的各种资格的承认；

11 月，欧盟委员会在葡萄牙里斯本举行的教育工作会议上正式启动实施了“欧洲资格框架”（The European Qualifications Framework，简称 EQF）。2008 年 4 月，欧盟议会和欧盟理事会联合通过“关于建立终身学习欧洲资格框架的建议”，这标志着“欧洲资格框架”完成了立法程序并进入到实施阶段。欧盟委员会建议各国到 2010 年把他们本国的国家资格框架同欧洲资格框架联系起来，到 2012 年，在欧盟范围内颁发的每个新的资格证书上都应注明相应的欧洲资格框架参照水平。欧洲资格框架的实施具有深远影响。

二、资格水平描述

欧洲资格框架是个多目标、多功能框架。八级资格水平是欧洲资格框架的核心。每一级资格水平均从知识、技能和能力三个维度进行描述，是对与该级资格水平相关的学习结果的界定。在欧洲资格框架中，知识是指理论的或事实性知识；技能是指认知技能（含运用逻辑的、直觉的和创造性思维）和实用技能（含动手灵敏性和方法、材料、工具和器具的运用）；对能力的描述是就责任和自治而言。资格水平从低到高，共分八级。

第一级水平，具有基本的普通知识，具有执行简单任务所需的基本技能，能在结构性背景中和直接监督下进行工作或学习。

第二级水平，具备某一工作或学习领域的基本的事实性知识；具有使用相关信息所需的基本的认知和实用技能，能运用简单的规则和工具执行任务和解决日常问题；能在监督下工作或学习，且具有一定的自治能力。

第三级水平，具有某一工作或学习领域的事实性知识，能了解原理、过程和一般概念；具有完成任务所需的各种认知和实用技能，能选择和运用基本方法、工具、材料和信息来解决问题；对完成工作或学习任务负有责任感，能使自己的行为适应解决问题的环境。

第四级水平，具有广阔背景中的某个工作或学习领域的事实性和理论性的知识；具有在某个工作或学习领域提出具体问题解决方案所需的各种认知和实用技能；能在通常可预测的但可能会发生变化的工作或学习环境里行使自我管理，能监督他人的日常工作，对工作或学习活动的评价和改进负有一定的责任。

第五级水平，具有某一工作或学习领域的全面的、专业的、事实性的和理论性的知识，具有这些知识边界的意识；具有开发抽象性问题创造性解决方案所需的全面的认知和实用技能；能在不可预测的、变化的工作或学习活动环境中执行管理和监督。

第六级水平，具有某一工作或学习领域的高级知识，包括能深度知晓有关理论和原理；具有解决在某一工作或学习专业化领域里的复杂和不可预测的问题的高级技能，能展示掌握的程度和创新意识；能管理复杂的技术或专业活动或项目，负起在不可预测的工作或学习环境中作出决策的责任，能负起管理个体和团队专业发展的责任。

第七级水平，具有高度专业化的知识，其中有些是某一工作或学习领域的前沿知识，能深刻意识到某一领域的和不同领域间边缘区域的知识问题；具有研究或创新所需的专业化问题解决技能，能开发新知识和方法，整合不同领域的知识；能应对和改变复杂的、不可预测的和需要新战略的工作或学习环境，能负起执行评价任务的责任，为专业知识和实践作出贡献。

第八级水平，具有某一工作或学习领域最前沿的和各领域间边缘区域的知识；具有解决研究或创新活动重大问题的，拓展和重新定义现有知识或专业实践所需的最先进的、最专业的技能、技术和方法；能展示学术权威性、创新能力、自治能力和专业品质及在工作或学习前沿领域开发新思想或新方法的持续责任感。

这些水平描述都是对该级资格的知识、技能和能力的原则性和概括性表述，在资格开发中，需要将这些水平描述转化为具体的、有可操作性的行业标准（见表6—6）①：

① European Qualifications Framework for Life Long Learning, http://www.ond.vlaanderen.be/hogeronderwijs/bologna/news/EQF_ EN.pdf, 2008.

表 6—6 欧盟共同职业资格参照等级表

等级	知识	技能	能力
1 级	基本的、一般性知识	执行简单任务所需的基本技能	在直接监督下进行工作或学习
2 级	某一工作或学习领域的基本事实性知识	运用相关信息所需的基本技能，并运用简单的规则和工具执行任务和解决日常问题	在监督下工作或学习，且具有一定的独立工作能力
3 级	某一工作或学习领域的事实性知识，能了解原理、过程和一般概念	完成任务所需的各种认知和实用技能，能选择和运用基本方法、工具、材料和信息来解决问题	对完成工作或学习任务有责任感，能使自己的行为适应解决问题的环境
4 级	广阔背景中的某个工作或学习领域的事实性和理论性知识	具有在某个工作或学习领域提出具体问题解决方案所需的系列认知和实用技能	在通常可预知且有变化的工作或学习环境里进行自我管理、监督他人的日常工作，能对工作或学习活动的评价和提高部分负责
5 级	某一工作或学习领域全面的、专业的、事实性的和理论性的知识，对于这些知识的边界的认知	针对抽象问题的创造性解决方案所需的全面认知和实用技能	在不可预测的工作或学习活动环境中进行管理、监督和检查，提高自己管理技术性和专业性活动，对个人和团体的专业发展管理决策负责

续表

等级	知识	技能	能力
6 级	某一工作或学习领域的高级知识，包括能深度知晓有关理论和原理	某一工作或学习专业领域内解决复杂和不可预测问题的高级技能，能展现创新意识	管理复杂的技术或专业项目，负起在不可预测的工作或学习环境中作出决策的责任，对个人和团体专业发展管理决策负责
7 级	高度专业化的特定工作或学习领域内的知识，其中部分为前沿知识以作为创新思维的基石，并清楚地知道某一领域内的知识问题和交叉领域的知识问题	在研究和创新中，为了发展新知识、工作方法和整合不同领域的知识所需的专业化问题解决技能	应对和改变复杂的、不可预测的和需要新战略的工作或学习环境，能负起为专业知识和实践作出贡献以及评价战略执行情况的责任
8 级	某一工作或学习领域最前沿的知识和各领域边缘区域的知识	在研究和创新中，解决关键问题所需拓展和重新定义现有知识或专业实践的最先进的、最专业的技能、技术和方法，包括综合和评价	能展示学术权威性、创新能力、决策能力和专业品质及在工作或学习前沿领域开发新思想或新方法的持续责任感

资料来源：欧洲终身学习职业资格框架。

三、欧洲资格框架的基本特点

1. 以职业能力为基准

欧洲资格框架等级为八级，从最低第一级资格到最高第八级，以满足不同层次、不同水平人员对资格认证的需求。每一级资格水平从知识、技能和能力三个维度界定了与该级资格水平相对应的学习结果。欧盟各国正对工作场所所需的技能进行设计和定位，注重培养灵活和宽泛的职业能力，如问题解决能力、有效应对变化的能力、与同事和客户交流的能力等，这些能力的要求都反映在职业教育培训教学目标和内容里。

2. 以终身学习为目标

欧洲资格框架目的是增加职业资格透明度，支持成员国间互信，使资格框架和制度在国家和行业一级相互联系，促进个体公民资格的迁移和承认，通过认证正规、非正规和非正式教育背景获得的学习结果，适应建立终身学习体系的要求。它是在终身学习的视野下发展起来的，着重强调满足公民充分利用在各种场合（如学校、高等教育、工作地点和私人生活中等）可获得的职业学习机会的需要作为促进终身学习的一种手段。

3. 承认多种认证方式

欧洲资格框架承认多种学习成果认证方式。评价和认证的方式包括形成性评价、终结性评价及形成性和终结性评价二者结合。认证方法包括传统的测验和考试、履历夹方法、个人陈述法、观察法、模拟法、工作实践证据等。共同职业资格参照等级可以形成平台，进行资格证书的比较、认可和学分转换。

四、欧洲资格框架的主要作用

欧洲资格框架被视为是个“元框架”，它可使国家和行业的资格框架同其他的资格框架联系起来，促进资格的转换和承认，提高资格的透明度，加强参与终身学习的利益相关方的互信，减少跨国工作的学习障碍。

欧洲资格框架的作用主要表现在：可为学习结果和能力水平设立共同参照点，可涵盖国家和行业一级现有的各种各类资格证书，能区分不同等级水平的资格证书。将作为一种转换设计，对学习结果进行定位和比较，不仅在欧洲层面，而且也可在国家、地区和行业一级进行比较。可以作为教育和培训质量保障的共同参照。可以为行业资格开发提供参照，加强各种资格间的相互衔接、协同和联系。框架应成为在欧洲、国家和行业一级推动终身学习发展的动力，将支持欧洲教育和培训系统的后续行动计划和共同目标的实施。

第七章
高技能人才的评选表彰和职业技能竞赛

第一节 高技能人才的评选表彰和竞赛活动

加强对高技能人才的评选表彰，广泛组织职业技能竞赛，可以有效激励技能劳动者爱岗敬业精神，提高生产服务质量和效益，可以培育营造崇尚技能、尊重劳动的社会氛围。为缓解技能短缺和就业紧张双重压力，各国政府发挥公共政策和公共服务职能，由政府对社会紧缺的高技能人才进行表彰奖励，大力推动和组织职业技能竞赛活动。表彰和竞赛作为独特的激励环节，在技能人才培养体系当中，占据着十分重要的地位，起到了不可替代的作用。

一、评选表彰与技能竞赛活动的特点

综观目前的各类技能竞赛，无论是有“技能奥林匹克”之称的世界技能大赛，还是各国各地区所举办的各类区域性的技能竞赛，都是将实际操作技能作为考察内容，这是与各种其他类型的考试最大的区别。所以在技能大赛中获得优胜的选手不仅仅能够熟练掌握书本上面的理论知识，更是能够在实际操作中解决问题的生产能手。因此，竞赛表彰的最大特点在于不是对优胜者给予一次性的物质奖励，而是对其社会地位、职业生涯发展、岗位培训等多个方面进行奖励，以体现技能人才在社会发展中的重要地位。此外，在组织评选表彰方面，政府奖励应主要作为引导手段，其目的是吸引社会资源对技能人才进行表彰，并最终实现加大技能人才投入，

重视技能人才培养的终极目标。在组织竞赛活动方面，政府的作用同样体现在推动行业、企业以及社会的重视和参与方面。

二、评选表彰与技能竞赛的作用

目前，提高劳动者的素质和技能水平成为世界范围内技能人才培养面临的重大课题。通过举行一系列的竞赛表彰活动，一方面可以选拔出一批技术过硬的技能人才并充实到人才队伍中，强化高技能人才队伍建设。另一方面，通过参加国际间的技能大赛，可以使各国及时了解其他国家先进的培养理念和技术发展趋势，并能够在人才培养模式等方面相互借鉴，取长补短。更重要的是，技能竞赛对职业教育和培训起到了重要的导向作用。技能竞赛的项目设置可以作为职业院校的课程设置以及企业培训的内容设计的重要参考依据，称得上是培养技能人才的引路石。在上述方面，日本、韩国、澳大利亚等发达国家有比较长期的政策和实践积累，形成了各具特色的竞赛表彰模式。

第二节　日本政府对高技能人才的评选表彰

一、现代著名工匠的评选表彰[①]

“现代著名工匠”制度，是表彰拥有卓越的技能、在其工作领域被视为“第一人”的技能人才的一种表彰制度。自从 1968 年创立以来，该制度在提高技能人才的地位、提高他们的技能水平等方面，发挥了很大的作用。同时，这一制度着力鼓励那些在技能领域活跃的手工艺人，鼓励那些立志于将来在技能领域发展的年轻人。表彰每年进行一次，由厚生劳动大臣向大约 150 名获奖者授予奖状、杰出技能勋章（盾及徽章）以及 10 万日元奖金。自第一次实行表彰以来，到 2010 年的第 44 届表彰为止，共有

① 日本厚生労働省職業能力開発局. 能力評価課「現代の名工」の表彰に個人エントリー制度を導入.

5138 名技能人员受到表彰。其中，1996 年之前，每年表彰约 100 人；从 1997 年开始，每年有大约 150 人受到表彰。

二、评选表彰工作流程

关于“现代著名工匠”制度的运作流程，一般为：推荐、成立审查委员会，调查并确认受表彰候选人，决定杰出勋章获得者，公布结果，举行表彰大会。2012 年表彰日程的安排草案即为：2 月 1 日至 3 月 30 日接受推荐；5 月中旬至 8 月上旬成立审查委员会，分别设置“部门审查委员会”和“综合审查委员会”；8 月下旬调查并确认受表彰候选人是否具备接受表彰的资格；9 月下旬决定杰出勋章获得者，并通知各都道府县；表彰典礼的前一天公布获奖人名单；最后，于 11 月举行表彰典礼。

接受表彰者应符合以下各项条件：拥有非常杰出技能、现在正在使用本项受表彰技能在职场工作、运用本项技能为劳动者的福利增进及产业发展做出了贡献、被认定为其他技能者的模范。

在符合这些条件的前提下，推荐人将推荐书以及同意推荐者的同意书一起，邮寄至厚生劳动省职业能力开发局能力评价科。之前从厚生劳动省职业能力开发局领取推荐书和同意书，或 4 月中旬之后在厚生劳动省的主页上下载，或到都道府县的职业能力主管科领取。

收到推荐书和同意书后，厚生劳动省职业技能能力开发局能力评价科将就其中内容听取被推荐人所在都道府县的意见。接到调查联络的都道府县，将联络相关机构，确认推荐书和同意书中所列的技能业绩等情况是否属实，并将调查结果上报给能力评价科。如果推荐书和同意书中的内容不完整或不属实，候选人的资格作废。

调查确认之后，由“部门审查委员会”从候选人中选出受表彰员工名单，并进一步由“综合审查委员会”对在“部门审查委员会”审查出来的受表彰人进行综合审查。最终，在审查委员会意见的基础上，由厚生劳动大臣决定受表彰人员，并将结果邮寄给推荐人。

三、个人申请制度的导入①

长期以来，“现代著名工匠”的推荐人选名单，由该技能人才所工作地区的都道府县知事或职业能力开发局局长指定的行业团体推荐产生，一直不允许个人申请。这一规定的局限在于，很可能漏选那些在中小企业或零散服务市场中活跃的优秀技能人才。因此，厚生劳动省决定于2009年起废除指定团体制度，导入个人申请制度。任何领域的申请者，只要有两个推荐人即可进行申请（推荐）。此外，只要是全国规模的事业团体，无论所处产业的性质如何，均有推荐1名员工的资格。

为防止推荐人徇私舞弊，厚生劳动省特别对推荐人资格做出规定：推荐人必须在35岁以上；推荐人和同意人不能是被推荐人的直系亲属；每个推荐人只能推荐一名人员。一旦推荐人被发现收取他人金钱、物品等之后进行斡旋或推荐，则其推荐资格立即被取消。

在导入个人申请制度以后，各个行业推荐的员工数量迅速增加。因此必须进一步细化部门审查。比如，在2009年，厚生劳动省将以前8个审查委员会细分为20个，每个委员会的委员大约3—5人，皆为该领域的专业人士，有的还是以前受过表彰的技能人才，因此这些委员可以比较准确地从事审查工作。

第三节　有关国家开展的职业技能竞赛活动

一、日本的职业技能竞赛②

日本开展的职业技能竞赛种类繁多，其根本目的在于，吸引更多人才成为熟练的技术工人，但各自针对的目标人群有所差异。

---

①　日本厚生労働省職業能力開発局. 能力評価課「現代の名工」の表彰に個人エントリー制度を導入.

②　日本厚生労働省職業能力開発局. 技能者表彰実施要领.

1. 技能最高奖大赛（熟练技术工人技能竞技大赛）

技能最高奖是由中央职业能力开发协会和社团法人全国技术工人联合会共同举办的全国规模的竞技大赛。来自全日本的熟练技术工人将在此争夺日本第一。出场选手是在各自的工种中获得特级、一级或单一等级技能认定证书的技术人才，如获得一级资格的技术人才、有职业训练指导员许可证一年以上的人才等。如果选手只有实践经验，那么必须是拥有七年以上实践经验的熟练技术人才。

技能最高奖大赛的目的，是通过竞赛产生日本最优秀的技术工人，因此不限制年龄。大赛的优胜者将会得到内阁总理大臣奖和厚生劳动大臣奖。

2. 全国技能大赛

与技能最高奖大赛不同，全国技能大赛聚焦青年技术人才，着眼于为下一代青年技术人才设立努力的目标，给大赛主办地区的青年一次近距离体验高超技能的机会，宣传技能的重要性和必要性，营造尊重技能的氛围。此外，由于世界技能竞赛每两年举办一次，全国技能大赛还承担为世界技能竞赛选拔选手的任务，由日本派出参加世界技能竞赛的选手，将从前一年的技能五轮（奥运）全国大赛中选拔（世界技能竞赛预选）出来。

因此，日本全国技能大赛是青年技术人才争夺“技能水平日本第一”的技能竞技大赛，全国大赛的出场选手是由各个都道府县职业能力开发协会选拔出来的精英，故而在年龄上有所限制。

参加全国技能大赛的选手，具体要求为：年龄为 23 岁以下（机械电子学和制造团队参加的职业种类要求 24 岁以下）、日本国籍、过去没有参加过全国技能大赛同类工种的竞技比赛。选手还必须在全国技能大赛的地方预选（也被称为地方技能大赛）中获得优异成绩，或是地方预选中没有但在全国大赛中有的工种，选手已经成为这一工种的优秀技术人才。选手由地方职业能力开发协会向中央职业能力开发协会推荐。

全国技能大赛的竞技工种有 45 种（有的年份没有全部开展竞技），涉及各个方面，包括机械组装、信息技术、冲压模具、美容、冷冻技术等。

一般情况下，每年 11 月份举办全国技能大赛，由中央职业能力开发协会和该年主办城市共同举办，实际为地方举办的形式。

3. 青年制造竞技大赛（青年技能大赛）

为了提高年轻人对制造技术的关心程度，将年轻人培养成能够独当一面的技能劳动者，日本举办“青年制造竞技大赛”，为青年人确立技能学习的目标，提高青年人的技能，促进青年人的就业，壮大青年技术工人的队伍。

与全国技能大赛不同，青年技能大赛的目标群体更为年轻化，参赛对象为：在职业能力开发设施或工业高中在读的、20 岁以下的年轻人。还特别规定，原则上要求选手尚未运用所学技能在企业就职。

2005 年，厚生劳动省举办第一届青年制造竞技大赛。此后规模不断扩大，到 2010 年，青年技能大赛已涉及 14 种竞技工种，包括机械电子、车床、网页设计、情报技术、机器人软件嵌入等。对各工种的第一名授予厚生劳动大臣奖。

4. 全国残疾人技能竞技大赛

为了让残疾人能够作为技能劳动者参与社会活动，获得自信和自豪感，提高他们的职业能力，同时促使社会进一步理解和认识残疾人的职业能力，促进残疾人就业，日本几乎每年都主办全国残疾人技能竞技大赛。由独立行政法人“高龄、障害、求职者雇佣支援机构”举办，这一大赛也被亲切地称为能奥会（技能奥运会 Abilympic，是 ability 能力和 Olympic 奥运的合成词）。

5. 参与世界职业技能竞赛

（1）参与国际技能竞赛。日本对世界技能竞赛非常重视，力争派出国内最优秀的年轻技能人才参赛。日本选拔派遣选手的方法为：中央职业能力开发协会每年主办或与主办地政府共同主办全国技能大赛，国际大赛的派遣选手将从前一年的技能五轮（奥运）全国大赛中选拔。

（2）参与国际残疾人职业技能竞赛（国际能奥会）。国际能奥会（International Abilympics，简称 IA）每四年举行一次。第一届大赛在日本东京举行，作为 1981 年国际残疾人年的纪念，当时的皇太子明仁亲王和王妃美智子一同出席，取得了较好社会影响。第三届大赛以后，由主办国的残疾人团体、国际能奥联合会（International Abilympic Federation，简称 IAF）和国际残疾人职业训练协会（Rehabilitation International，简称 RI）共同举办。

二、韩国的职业技能竞赛①

韩国是世界上公认的技术强国之一。这源于韩国政府对高技能人才的重视。其中尤为重要的一环是对技能人才的选拔激励制度。2009 年通过的“技能促进法”修改意见，极大地提高了公众对技术工人的认识，并且有效地促进了职业技能的发展②。

韩国政府对优秀技能人才的激励体现在各个方面。以世界技能竞赛为例。自 1967 年参加第 16 届西班牙大赛开始，韩国先后参加 26 届比赛，并获得 17 次冠军，彰显其“技术强国”的形象。在 2011 年结束的第 41 届世界技能竞赛中，韩国共获得 13 枚金牌、5 枚银牌和 7 块铜牌，获得冠军。

对于在此次比赛中获得优胜的选手，韩国政府给予了丰厚的奖励。在大赛中获得金牌的选手可获得 6720 万韩元③的奖金，银牌得主获得 3360 万韩元，铜牌得主为 2240 万韩元。此外，得奖者如果有意愿，可以获得国家技术资格框架中的工业工程师的职务。他们也可以以被选为技术人才的方式替代服兵役。另外，如果他们继续从事相同领域的工作，根据其工作的年限，他们还将获得 289 万韩元至 1200 万韩元金额不等的补贴④。

此外，对于在国内比赛中获胜的技能人才，韩国政府也有相应的奖励措施。2012 年 9 月，韩国第 47 届技能大赛在大邱市举行。此次大赛的奖牌获得者中，冠军、亚军和季军分别获得 1200 万韩元、800 万韩元和 400 万韩元的奖金。此外，还获得参加世界技能竞赛的资格、免试成为国家技

---

① http：//www. moel. go. kr，2013/05/08.

② http：//www. moel. go. kr/english/topic/employment _ policy _ view. jsp? &idx = 446，2013/05/08.

③ 按照 2013 年 1 月 11 日汇率，1 人民币元 = 169. 8 韩元，6720 万韩元约合 39 万人民币元。

④ http：//www. moel. go. kr/english/topic/intl_ view. jsp? &idx = 856，2013/05/08.

术资格体系中的工业工程师等其他奖励①。

韩国政府每年举办残疾人技能大赛，其目的是为了推动残疾人就业，提高其信心及技能。第28届残疾人技能大赛于2011年11月在高阳市举办。在此次大赛中，获得官方技能类别中的金银铜牌获得者，分别获得700万、500万及100万韩元的奖金。除他们之外的每位参赛者也可获得10万韩元的奖励。此次比赛的奖牌获得者还可以在其相应的技术领域内免试获得技工的头衔，并获得参加第9届国际残疾人职业技能大赛的参赛资格②。

三、澳大利亚的职业技能竞赛

澳大利亚职业技能竞赛由澳大利亚职业技能组织（World Skills Australia，简称WSA）联合了澳大利亚联邦政府、澳大利亚技术和继续教育学院、注册培训机构、行业、企业、学校以及相关志愿者等各方力量开展。澳大利亚职业技能组织旨在培养和发展澳大利亚年轻人的技能，通过激励年轻人追求技能卓越以及为他们提供展示职业技能才华的平台形成培养技能人才、孕育技能文化的良好社会氛围。自1981年加入世界技能组织，经过几十年不懈努力，澳大利亚职业技能竞赛及相关项目的开展均采用标杆管理，各项标准达到了世界技能组织的国际先进水平。

1. 地区竞赛、全国竞赛和世界技能竞赛

澳大利亚职业技能竞赛分三个层次，分别为地区竞赛、全国竞赛和世界技能竞赛。澳大利亚职业技能竞赛亦每两年为一个周期。通过地区竞赛遴选进入全国竞赛，全国竞赛的获胜者，若符合各项条件，将成为澳大利亚国际技能团队成员，参加世界技能竞赛。

2. 职业技能竞赛体验项目

与世界技能竞赛“HAVE A GO”项目类似，澳大利亚职业技能竞赛体

---

① *The 47th National Skills Competition held in Daegu*, http://www.moel.go.kr/english/topic/employment_policy_view.jsp?&idx=942, 2012/09/05.

② *The 47th National Skills Competition held in Daegu*, http://www.moel.go.kr/english/topic/employment_policy_view.jsp?&idx=873, 2012/09/05.

验项目（Try'a Skill）亦为互动性项目，它允许参观者亲手尝试各行业领域的各种技能。供展示体验的设备集趣味性、教育性于一身，参观者能够身临其境，近距离接触某些领域涉及使用到的一些基础技能。参观者还可以与行业专家、技工、教师、教练以及当地的企业家就职业教育培训方面的问题进行咨询、互动。该项目的开展遍及全澳，它旨在引导人们重视技能，通过技能教育培训为青年的未来提供众多可行的职业选择。在澳大利亚，许多竞赛体验项目与地区竞赛、全国竞赛以及职业博览会等结合在一起举办。

3. 职业教育培训学校竞赛

职业教育培训学校竞赛是基于技能实践教师和行业专家设计并组织实施的行业标准框架下的一系列模拟工作情境项目。该项目面向开设有关课程的职业学校在校生。项目共分汽车服务、商业服务、西餐厨师、建筑业等 11 个类别。竞赛两年为一周期，与澳大利亚职业技能竞赛地区竞赛同步。各地区（州）竞赛 11 大类的此类项目获胜者将进入全国竞赛同台竞技。

4. 职业技能卓越模型研究

该研究项目旨在研究并开发职业技能卓越的核心特征。项目于 2010 年由澳大利亚职业技能组织、杜塞多普技能论坛（Dusseldorp Skills Forum）及澳大利亚皇家墨尔本理工大学三方合作实施。

该项目主要研究成果如下：竞赛选手对深入掌握获取相关知识以及能够受到应有的尊重这两点最为重视；选手最需要的是耐力和决心；挑战、渴望成功以及对学习的渴求才是激发选手积极性的真正因素，而不仅仅是挑战；激励专家的因素主要为构建专业技能的机会以及看到青年人的出色表现；选手和专家们在关于“什么使他们从事的行业或专业更具吸引力”的问题上看法比较相似，即酷爱工作的团队、享受学习、致力于新技术的应用；专家的主要任务是支持选手；选手认为他们最显著的变化是通过参加竞赛提升了自信心和技能水平。

第四节　世界技能竞赛

世界技能竞赛（World Skills Competitions，简称 WSC）由世界技能组织（World Skills International，简称 WSI）举办，具有超过 60 年的悠久历史，被比作“世界技能奥运会”，是全球职业技能培训界的盛事。每两年，来自世界各地，代表各自国家及地区同龄人中顶尖技能的青少年人才，聚首一堂，同台竞技，比拼技能，增进友谊。世界技能竞赛的开展，加强了世界各地职业技能资讯交流，促进了全球职业教育培训大发展。

目前，除机电一体化、制造业团队赛以及航空维修的参赛年龄可放宽至 25 周岁以下外，其余赛项参赛选手年龄均要求小于 22 周岁。世界技能竞赛最初每年举办一次，后改为每两年举办一次。自 1950 年西班牙第一届世界技能竞赛至 2011 年，共在全球 17 个国家及地区成功举办了 41 届赛事。

第 41 届世界技能竞赛，即伦敦 2011 世界技能竞赛于 2011 年 10 月在伦敦 EXCEL 国际会展中心举办，是有史以来最大规模的国际技能竞赛和职业技能活动。社会各界约 2 万民众参与了此次盛会，来自全球 52 个国家和地区的 950 名青年选手参与了 46 个竞赛项目的角逐，最终 188 名选手分获金银铜牌，317 名选手获优胜奖。中国、纳米比亚、阿根廷、巴巴多斯、拉脱维亚、巴拉圭等国家派出选手，与西门子公司一道，首次组团参赛。经过 60 余年不断探索完善，世界技能竞赛项目的开展以及凭借新兴主流媒介的迅速传播，使这项竞赛真正吸引了全世界人们的目光。

一、世界技能竞赛的起源

1946 年，第二次世界大战刚结束，第三次工业革命方兴未艾，当时的西班牙急缺大量技术工人。世界技能组织前身的创始人、时任西班牙青年组织总干事奥拉索（José Antonio Elola Olaso）提出了一个极具前瞻性的观点，认为应唤起民众意识，使青年、家长、校方和企业相信，高效的职业培训体系有助于构筑他们的美好未来。奥拉索与其合作伙伴认为，推行这种理念最好的方式就是组织竞赛，通过参与竞赛唤起青年人的竞技精神，激发青年人学习职业技能的兴趣和热情。很快，政府机构、企业和一些宗教职业培训学校对奥拉索团队拟推行项目表示出了浓厚的兴趣。

1947 年，第一届全国性职业训练竞赛在西班牙举办，来自机械行业的 4000 名青年学徒参加了该竞赛。1950 年，西班牙、葡萄牙两国在西班牙举办了第一届“国际职业训练竞赛”（The International Vocational Training Competitions，简称 IVTC），两国的 12 名青年技工参加了比赛。1953 年，德国、英国、法国、摩洛哥、瑞士又加入进来。1954 年 6 月，成立了由参赛国行政代表、技术代表组成的竞赛组委会。后来，全球越来越多的国家陆续参与到这项国际竞赛中。在国际职业技能训练组织成立 50 周年大会上，国际职业训练组织被易名为“世界技能组织”，国际职业训练竞赛也随之更名为世界技能竞赛。

二、世界技能竞赛的组织机构

世界技能竞赛的组织机构为世界技能组织，这是一个非营利性的国际组织，旨在通过成员之间的交流与合作，提高世界范围内的职业技能标准和职业技能培训水平。该组织在全球目前有 60 余个国家和地区成员。

1. 世界技能组织的愿景、使命及目标

（1）愿景：在世界的任何一个角落，人们可以获得需要的工作技能并且可以找到其掌握并实现技能的途径。

（2）使命：通过世界范围内的合作行动，促成一个根本性的、建设性的共识，即高水平技术技能可以推动经济发展以及人自我价值的实现。

（3）目标：推动技能竞赛及相关赛事的开展；组织成员、合作伙伴及其他利益相关者参与到愿景和使命的实现过程中；吸引全球关注技能、支持技能开发；为开展技能活动提供可持续发展的平台。

2. 世界技能组织的组织管理结构

会员代表大会（General Assembly Meeting）：每年召开一次，是世界技能组织的最高权力机构。

理事会（Board of Directors）：会员代表大会的执行机构，在闭会期间负责世界技能组织开展工作，并负责向会员大会报告工作情况。

秘书处（Secretariat）：理事会下设机构，负责处理世界技能组织的日常工作。

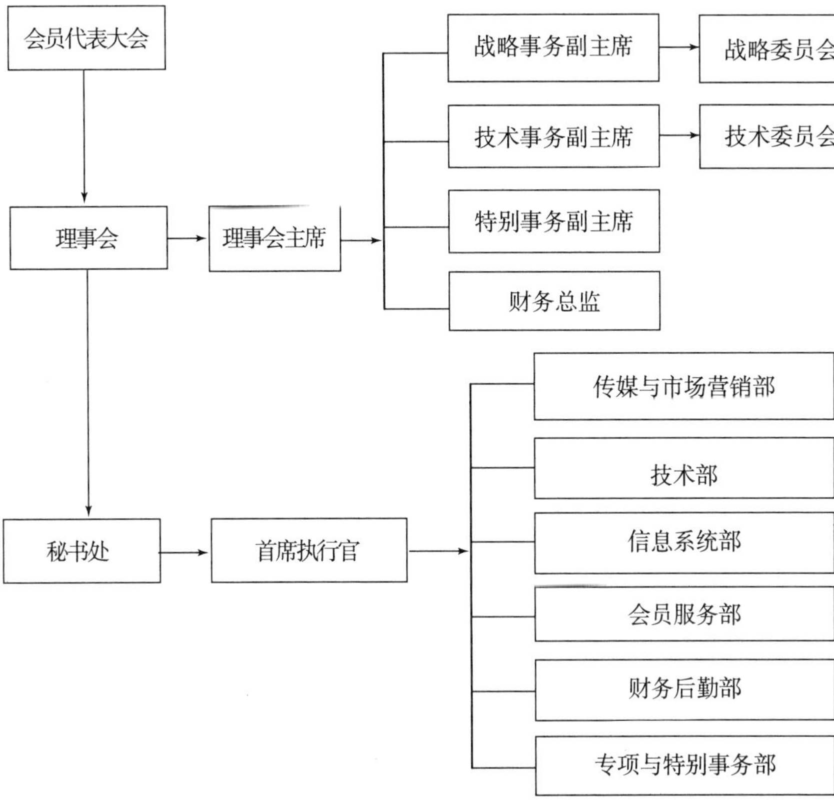

图 7—1　世界技能组织的组织管理机构图

资料来源：世界技能组织官网。

三、世界技能竞赛的管理制度

世界技能竞赛共分三个层次、四类竞赛，由低到高分别为国内地区/州竞赛、全国竞赛、区域性/洲际竞赛和世界技能竞赛。选手们应先通过国内地区竞赛遴选进入全国竞赛，全国竞赛的获胜者，若符合各项条件，方能代表本国参加区域性竞赛或世界技能竞赛。目前已开展的区域性竞赛有北美洲、欧洲、东盟、海湾合作委员会等竞赛。

1. 技能领域分类

目前，世界技能组织将技能行业分为六大类，每大类又细分若干子类（见表 7—1），此外，世界技能组织还对各技能子类做了进一步说明。

表 7—1　世界技能组织技能行业分类

序号	技能行业	技能子类
1	建筑与建筑智能化技术	石膏与干墙工艺、金属瓦、制冷、风景园林、大木工、细木工、家具制造、油漆、石雕、砌砖、电气安装、热力管线操作、铺砖技术
2	艺术与时尚创造	产品展示设计、平面设计、服装设计与加工、插花、珠宝
3	信息与通信技术	信息网络技术、网络系统管理、商业用途软件解决方案、印刷媒体技术、网页设计
4	制造与工程技术	数控铣床、数控车床、金属加工、创意建模、电子、工业控制、制造技术团队创意竞赛、机械工程设计、机电一体化、移动机器人、模具加工、塑料模具工程、自动化控制、钣金、焊接
5	社会与个人服务	面包、美容、护理、糖果/糕点制作、烹饪、美发、加勒比黑人发、餐饮服务
6	运输与物流	飞机维修维护、汽车维修、汽车技术、汽车喷漆

资料来源：世界技能组织官网。

2. 竞赛规则

世界技能组织制定了包括章程、议事规程、竞赛规则、道德准则在内的一系列基础文件，而技术说明书则是重要的技术性文档。竞赛规则由技术委员会负责更新并经会员代表大会审议通过，所有技能竞赛项目均须执行此规则。规则共 17 章及 8 个附件，详细介绍了组织程序、参赛人员、赛事管理、评分奖励等相关竞赛管理规定（有关参赛选手的规定见表 7—2）。

表 7—2　世界技能竞赛竞赛规则、参赛选手相关规定（摘录）

选手数量	每个会员每场技能竞赛只允许 1 名选手或一个小队出赛
年龄限制	选手年龄应小于 22 周岁，如某个技能项目有例外者必须在大赛举办前 12 个月由专家组提议，技术委员会同意并通过全体会员大会批准。这类推荐通常于上届大赛由评审委员会提出。目前的例外为机电一体化、制造业团队赛以及航空维修的参赛年龄可放宽到 25 周岁以下
参赛次数	每个选手只能参加一次世界技能竞赛

资料来源：世界技能组织官网。

四、世界技能竞赛的相关活动

1. 互动体验项目

互动体验项目是第 40 届世界技能竞赛主办方卡尔加里组委会的创举。2009 加拿大卡尔加里世界技能竞赛首次推出了名为 Try-A-Skill/Try-A-Trade® （一试身手）的体验项目，让观众亲身体验技能的乐趣和魅力。这在后来的英国伦敦第 41 届世界技能竞赛上被进一步推广。在伦敦第 41 届世界技能竞赛活动场上，到处可以看到一个明显的标志“HAVE A GO”。这个标志是邀请在场观众参与赛事组委会精心安排的丰富多彩的“一试身手”活动，它在场边搭建起不同技能互动体验区，邀请所有在场观众融入到技能竞赛的氛围中，去动手真实体验技能带来的欢乐。

2. 世界青年技能论坛

2005 年 5 月，在芬兰赫尔辛基召开的世界技能组织战略研讨会上，通过了一系列旨在促进该组织可持续发展的优先重点领域。会议一致认为，参赛选手是该组织中最为关键的利益相关人，世界技能组织应不仅仅让选手们获得“平生唯一一次”的大赛经验，还应让他们持续参与到组织愿景及使命的实现过程中。通过成立青年论坛（World Skills Youth Forum，简称 WSYF），组织历届竞赛青年冠军重聚一起，探讨今后如何更好地开展竞赛等一系列问题。

世界青年技能论坛的目标任务是，积极鼓励并支持发展参赛选手校友网以及在世界技能组织及其成员组织下开展的相关青年活动，扩大并深化世界技能组织的国际影响力。论坛每两年召开一次，基本选择在竞赛休赛年度内的会员代表大会会议期间举办。论坛最后将意见汇总整理形成最终报告，提交至会员代表大会。若经采纳，将作为世界技能组织工作计划的一部分进行实施。

自 2006 第一届论坛召开至今，共举办了四届世界青年技能论坛。2012 年 5 月，第四届世界青年技能论坛在韩国济州岛召开，青年冠军代表向会员代表大会提出了一系列建设性意见，建议将有助于“2012—2015 世界技能组织行动计划”以及世界技能基金会相关项目的开展，建议还有可能促成一个“全球校友计划”的设立和实施。

3. 全球战略合作

职业技能与行业生产服务活动共生，二者紧密依存、相互影响、相互作用。行业企业为世界技能竞赛及世界技能组织其他项目的开展提供大量的资金技术支持，而技能活动的开展又为行业企业源源不断输送青年技术骨干，提供高技能人才支撑。二者的完美结合又促进了新技术、新工艺、新方法的诞生与应用。此外，世界技能组织大力倡导的全民技能参与活动，无疑在营造关注技能、学习技能的社会氛围的同时，提升了行业品牌的社会关注度。

多年来，全球的行业合作伙伴在提供全方位行业视角这方面发挥了积极的不可替代的作用。目前，世界技能组织的合作伙伴遍布全球，包括欧特克（Autodesk，美国电脑软件公司）、思科（CISCO，企业网络产品全球供应商）、费斯托（FESTO，世界气动元件、组件和系统生产厂商）、韩国三星、德国西门子公司等知名行业品牌。

4. 世界技能基金会

世界技能基金会于 2011 年在西班牙正式成立。基金会作为围绕世界技能组织相关活动、世界技能竞赛相关工作承担研究、宣传和教育职能的部门，团结和动员在技能领域有共同兴趣的个人、组织及团体，致力于培养高素质劳动者，以促进经济社会发展。基金会的研究及技术合作领域拓展到世界技能组织非成员国国家及地区。基金会将重点在以下四个领域开展工作：理论研究、新青年新创新新技术、分享最佳实践及学习经验、领导力培养。

第八章
高技能人才的跨国流动

第一节　高技能人才跨国流动

一、技能人才跨国流动的背景和现状

20世纪70年代末至90年代初，以信息技术为特征的第三次技术革命推动了全球经济和产业格局的大调整，同时也加剧了各国对于信息、技术、资金和人才等要素的国际化竞争。各国人才资源在数量、知识和能力等方面都难以适应快速发展的需要，越是发达国家和发展较快的国家和地区，人才短缺的问题越为突出和明显。根据《2012人才短缺全球调查结果》① 显示，在2012年的调查中，全球超过1/3的受访雇主表示，他们无法找到适合公司需求的人才。尤其在高失业率的国家中，雇主们直指人才短缺阻碍了企业发展。大部分雇主表示，缺乏具有技术能力和职场技能的适合人才是他们遭遇人才短缺问题的原因。在2012年全球雇主认为招聘最困难的前十大职业岗位中，就包括技术工匠、技术人员和IT技术人员等高技能人才（见表8—1）。

---

① 世界500强公司万宝盛华集团（Manpower Group）2012年第1季度针对全球41个国家及地区、超过38000位雇主进行的调查结果，http：//www. manpowergroup. com。

表 8—1　全球雇主认为招聘最困难的十大职业岗位

1	技术工匠	6	财务和会计人员
2	工程师	7	驾驶员
3	业务代表	8	管理阶层/高层主管
4	技术人员	9	工人
5	IT 技术人员	10	秘书、个人助理、行政助理及办公室职员

资料来源.《2012 人才短缺全球调查结果》。

面对激烈的技能人才竞争，许多国家各施奇谋，除加大国内技能人才教育和培养力度外，还大力实施人才引进计划。作为高技能人才，其跨国流动主要受两种因素的影响：一是与经济相关的工作机会、报酬、生活条件等；二是目的国家的移民政策。那些经济发展水平高、工作机会多、报酬和生活条件好的国家对跨国流动人才具有很强的吸引力。然而，不同国家在移民政策上的差异使得进入这些国家的难易程度不同。只有那些既具有吸引力又容易进入的国家才是跨国流动人才最向往的目的地，也是获取人才最多的国家。于是，各国利用薪酬政策、移民政策、加强国际交流合作等手段，吸引海外人才资源，同时营造良好环境，留住人才。

为了引进紧缺的高技能人才，各国纷纷放宽移民政策，特别是放宽对高技能人才的技术移民限制。美国从 2001 年开始逐步撤销了有关外国技术人员在美国办理签证的绝大部分限制政策，为吸引全球高端人才奠定了基础。2002 年 1 月 28 日，英国宣布了技术移民计划。澳大利亚先后设立了企业家移民计划、高级专业人才移民计划和商业杰出人才移民计划等，引进国家急需的高层次人才。一向对移民政策限制严格的欧洲也开始纷纷改革，2007 年 8 月，法国实施“优秀人才居留证”计划；2008 年 10 月，英国正式实施“记点积分制”移民制度；2009 年 5 月，欧洲议会通过了“蓝卡计划”，打算在未来 20 年内引进至少 200 万技术人才。① 各经济大国纷纷通过简化移民程序、高薪聘用、技术移民等措施，从世界各地广纳技术

① *EU Blue Card Network*, http://www.apply.eu/BlueCard/.

人才。

目前，全球化、高科技革命、知识经济、国际产业分工协作和转移，也使人才的跨国流动成为这个时代的必须。根据国际移民组织（The International Organization for Migration，IOM）预测，作为持续全球化和经济自由化的结果，21 世纪的人员跨国流动将变得更加显著。贸易和投资支撑着移民流动的持续发展，发达经济体对劳工更多的需求和不发达经济体充足的劳动力推动了全球劳工移民①。2010 年，全球移民总数为 2.14 亿人，其中大约有 9000 万人是经济移民或技术移民。通过技术工作签证、技术移民、投资移民前往国外生活与工作的人，无论从规模还是比例来看都呈现持续明显的增长趋势②。

二、高技能人才国际流动的特点

1. 发达国家仍是人才主要流入国

高技能人才跨国流动的动机首先是经济利益，根据预期报酬来作出关于跨国流动的决定。因此，他们往往流向最需要其技能并且报酬最高的地方。这一特征使得技术人员的跨国流动同一个国家的国民经济状况密切相关。例如，由于英国制造业近些年来吸引了越来越多的国外投资，因此雇用了一大批高级技术人员。这些人员除了来自欧洲国家以外，其他多数来自美国和日本等工业化发达国家。

移民政策对于技能人才的跨国流动也有较大影响。美国作为移民国家，吸引了许多技术人员定居。为解决技术劳工短缺问题，2003 年英国开始借鉴美国和加拿大的“绿卡”制度推行“高技术移民计划”。这是 30 年来英国首次对外开放其移民政策。技术人员的跨国流动弥补了人才吸纳国高技能人才的不足，推动了这些国家的经济发展，提高了这些国家的知识经济水平。

---

① 联合国人口基金会：《2011 年世界人口状况报告》，第 75 页。

② 王辉耀：《技术移民法立法与引进海外人才》，机械工业出版社 2012 年版，第 41 页。

据估计，从20世纪60年代到90年代，发展中国家流入到发达国家的技术移民总数超过了200万人。据联合国发展计划署（United Nations Development Programme，UNDP）的统计，发展中国家在国外工作的专业人才数以百万计，并以每年10万人的数量递增。印度每年外流的高科技人才达6万余名，土耳其平均每年外流370余名专家，菲律宾培养的专门人才有12.3%移居国外。

2. 发展中国家外流人才出现回流现象

大量高技能人才由发展中国家流入发达国家，给发展中国家带来了很多影响。首先是造成了发展中国家本国的人才短缺，尤其是通过技术移民外流的高技能人才，他们不仅是国外需要的技术人员，同时也是国内稀缺的人才；其次，人才外流导致本国教育费用有效利用率大幅降低，人才的流失已成为一种最大的资源流失。

面对人才外流日益突出的现象，发展中国家开始出台一系列人才引进措施，一方面设法遏制高技能人才流向发达国家，一方面千方百计从世界范围内招揽国际人才。印度是发展中国家中人才流失最为严重的国家，政府为吸引流往国外的人才回国工作，投资建成18个计算机软件科技园，对园内企业实行多方面政策优惠，吸引了5500多家海内外公司进园创办企业。这对减少人才外流和吸引已流失的人才回国，发挥了明显作用。为引进人才，在推行“技术立国”战略的同时，韩国政府和企业在改善外国人生活环境和待遇方面也做了很大的努力。在韩国，外国熟练工人的工资高于普通工人，同时能得到企业的特别服务。韩国产业资源部的统计显示，截至2008年4月底，在韩国居住90天以上的外国人总数达到53.6万人，其中外国劳动者25.3万人，他们当中有不少是来自中国和菲律宾等亚洲国家的技术工人。①

与此同时，随着印度、中国和新加坡等发展中国家和新兴工业化国家经济实力的增强和国内环境的改善，越来越多的海外人才选择回国。特别

① 刘长虹：《世界各国开发利用国际人才资源的特点》，《广东科技》2008年总第193期。

是“9·11”事件之后，美国移民政策开始收紧，加上2008年国际金融危机的影响，美国经济遭受重创，失业率打破历史纪录，导致“人才逆流”现象的产生，使发展中国家人才外流出现回流趋势。

3. 职业资格在高技能人才跨国流动中发挥重要作用

为引进最需要的高技能人才，各国在移民政策中对技术移民的条件都进行了严格的限制。加拿大、澳大利亚等移民大国，会针对国内不同时期的人才紧缺职业，定期制定并颁布移民职业清单，根据清单中不同类别的职业，对具有相应工作经验、培训经历和一定技术专业等级的申请人会进行优先考虑。作为能够证明申请人符合其标准要求的重要依据，职业资格发挥着重要的作用。

为了更好地开发和利用国际人力资源，职业资格的跨国认证也开始受到越来越多国家的重视。为促进欧盟成员国之间的高技能人才流动，2005年10月20日欧盟认证指令（EU Recognition Directive）正式生效，它规定欧盟成员国公民具有的职业资格（在规定专业职业内）① 在其他成员国内也具有等效性。在德国，具有职业资格的移民申请人不但在技术移民评估中有额外的加分，还可通过2012年颁布的职业资格认证法（Federal Recognition Act），将国外职业资格转换成等效的德国职业资格，使具有一定能力的技术人员在最短时间内找到与其教育程度相匹配的工作岗位。随着技能人才流动的国际化，各国在大量引进技能人才的同时，也在充分发掘其职业资格的潜在价值。

三、有关国家政府引进高技能人才的策略

1. 英国宽松的人才发展战略

英国奉行全球化的人才观，对人才流动采取比较开放的政策。英国推行的相关政策具有以下特点：一是人才理念独特。英国高科技应用领域的

① 欧洲联盟提供了自动认证的专业资格，主要包括七个专业职业（医生、牙医、兽医外科医师、药剂师、护士、助产士、建筑师），这是因为这些行业在整个欧盟有统一的培训标准。

人才不多，但高科技领域的研究成果却处于世界前列。其原因是英国大力购买高科技人才的研究成果，而规避了高科技人才培养所需投入的大量资金、时间和精力。二是奉行宽松的人才政策。即不限制人才流动的同时，努力提高本国人才回流的条件与优势。三是人才来源面向全球，不局限于培养和使用本国人才。英国政府倡导“多元文化”及“多民族共存”的策略。四是用人机制灵活，推行新学徒制。

2. 法国信息产业人才引进措施

法国政府投资15亿法郎支持信息产业的革新研究。此外，国家用5年时间将全国通讯院校的教师和毕业人数增加50%。1998年法国利用解决“千年虫”的机会，引进了一大批外国电脑精英，给1000多名外国专业技术人员发放了居留证。通过这一系列的措施，法国电脑业自2000年以来为国内外人才提供了4.4万个就业机会。

3. 日本人才国际化战略

在人才培养方面，日本始终将教育作为立国之本，同时发展高效的企业内培训。而对于国外优秀的人才资源，日本采取各种手段利用外国人才资源，解决日本科技人才短缺的难题。政府除调整政策、提高科技人员待遇、大力发展理工科教育以外，还积极推行人才国际化战略，吸引国外人才。日本吸引人才的方法是：高薪聘请外国专家，多种途径引进人才，在海外建立机构招徕海外人才。目前，日本已成为继美国之后在利用全球人才方面受惠最大的国家。

4. 韩国人才回流的措施

韩国推行“技术立国”战略，实施“长期回国计划”、“临时回国计划”以及推进“21世纪精英工程”。“21世纪精英工程”的目标是1999年到2005年之间，以信息通讯网络、计算机、人文科学为重点兴建研究院和大学14—17所，在著名高校内创办世界一流水平的研究中心。

5. 印度软件人才发展战略

印度十分关注“软件兴国”战略的实施落实，同时启动“百万软件人才工程”，把跨国就业看作为一种培养国际化人才的重要渠道。软件业的崛起，不仅改变了印度在世界产业中的地位，而且也改变了人们对于人才外流心态的认识，从对人才外流的担心到促进人才外流。印度软件业的成功是人才优势，尤其是海外人才转变为产业优势的一个典型范例，海外人才已成为印度软件业的推动器。他们在促进印度软件产业发展、提升本国技能人才培养能力的同时，树立了印度的民族信心和对人才外流的全面认识。

6. 新加坡21世纪人才资源前景计划

新加坡政府对高科技人才入境取消了各种限制。同时设立招揽人才委员会，推行吸引、留住人才的策略。这使它成为世界上真正实行完全开放的人力政策的少数国家之一。新加坡前总理吴作栋指出："精英跑掉，新加坡的事业就会垮掉"，"要让新加坡成为最好的人才家园"。为了大力培养、吸引人才，新加坡推出"21世纪人才资源前景计划"。其中把"扩大高级人才群"作为一个基本战略，体现出新加坡对于高技能人才的重视。

第二节　主要移民国家重视引进高技能人才

知识经济的深入发展使世界各国对各类专业人才的需求量急剧增加，人才短缺成为一种世界性的现象。美国、加拿大和澳大利亚作为世界三个主要移民国家，把争夺世界各国优秀人才作为一项国家战略，通过不断修改本国的移民政策，吸引全世界大批高技能的专业人才，为本国利益服务。

一、美国有关高技能人才移民的政策规定

美国是一个移民国家，从国外引入技术人才一直是美国政府长期以来的重要政策。美国接纳的职业移民中，第三优先者即为具有两年以上技术劳工职业训练或两年工作经验的技术劳工、初级专业人员、非技术劳工。①。从建国早期的劳工移民到现在的职业移民，可以说美国就是依靠外来移民以及其后裔建设和发展起来的。自20世纪50年代至今，美国多次修改移民法并不断推出人才引进政策，为符合本国不同时期经济发展需求的高级人才敞开了大门。美国不仅在本土大力培养和造就高技能人才队

① http://www.cfr.org/immigration/us-immigration-policy/p20030.

伍，同时还在世界范围内与其他国家进行极为激烈的争夺。物质生活条件优越、合理的人才管理规则、知识应用率高、宽松的学术氛围、开放的思想环境等，都是吸引世界众多国家高科技人才的关键性因素，具其他国家不可比拟的优势。

美国吸引外国人力资源的政策是一个分层次的体系，它为不同条件、不同要求的外国人才提供各种通往美国的渠道，其中涉及高技能人才的移民政策主要包括职业移民政策和工作类非移民签证（见图 8—1）。

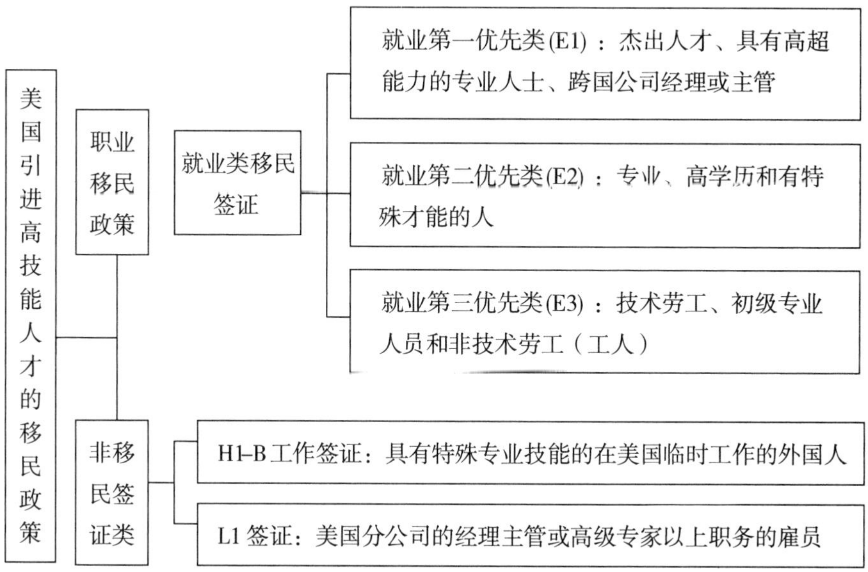

图 8—1　美国引进高技能人才的主要政策措施

资料来源：美国国家外交关系委员会。

1. 职业移民政策①

职业移民政策（Employment-based Immigration Policy）主要指外国居民通过应聘在美国工作的方式而进行的移民。根据美国移民法的规定，每一财政年度，约 14 万职业移民签证被提供给符合资格的申请人。对于就业类移民签证的条件，美国一般都要进行严格的限制和挑选，并存在配额限

① http：//travel. state. gov/visa/immigrants/types/types_ 1323. html.

制，但它却是美国政府长期奉行的吸引国外高级人才的基本政策之一。目前就业类移民签证分为五个优先类别，其中享有一、二、三类职业移民优先权的分别为杰出专业人才、具有高学位或特殊能力的专业人士、技术劳工专业人员及美国境内缺乏的劳工。第三类优先职业类共分为三个小类，即具有两年以上技术劳工职业训练或两年工作经验的技术劳工、初级专业人员、非技术劳工。如果某种特定的工作，比如印刷机械修理等，要求具有 3 年的职业训练或工作经验。

2. 非移民签证政策

作为全世界头号人才吸引大国，人才签证是美国签证种类中最重要的一个类别。目前，美国的非移民签证共有 22 种，其中涉及高技能人才的工作签证主要是 H-1B 和 L1 签证①。

“H-1B 签证计划”是美国从 1990 年开始实施的临时工作签证，允许有特殊专长的外国人到美国工作 ，以满足美国高科技行业发展的需要。《美国竞争力和劳动力提升法案》和《美国 21 世纪竞争力法案》的规定中，分别对 H-1B 的配额计算方法进行了说明，实际上都是在放宽每年对 H-1B 签证数量的限制，以便为美国引入最为需要的专业人才。H-1B 签证政策实施以来，每年大约有 10 万名具有专业技术的外国人通过该政策来到美国工作，2012 年美国 H-1B 分配名额是 6.5 万人。

L1 签证是美国政府向外国公司在美国分公司、子公司经理人员颁发的一类签证，也称为跨国公司经理签证。申请 L1 签证被调派美国分公司的雇员必须是经理主管或高级专家以上职务，签证的最长有效期为 7 年。

美国引进国外高技能人才的政策中，技术移民政策是整个吸引外国高技能人才政策的基础，它保持一定的稳定性和持续性；而临时工作类签证作为对技术移民方式的有效补充，主要用于满足美国国内对国外技术人才的暂时性需求，在政策设计上更加具有灵活性。在这些签证持有者中蕴藏着大量的高技能人才资源，尽管签证持有者只能暂时性居住在美国，但却是外国人日后获得在美国永久居住权及美国公民身份的重要媒介。许多外

① http：//www.uscis.gov/portal/site/uscis.

国人就是通过首先获取非移民签证然后才拿到美国绿卡的，从而使这些暂时性的技能人才得到永久的使用。

二、加拿大有关技术工人的移民政策

加拿大是世界三个主要移民国家中最早废除种族歧视移民政策的国家，并于 1967 年正式推出了“评分制”作为挑选独立移民的客观标准。该制度实行至今，其他移民国家争相效仿，可谓移民史上的一座里程碑。为了吸引和留住人才，加拿大政府不断调整其移民政策，通过技术移民鼓励全球高技能人才定居加拿大。目前，联邦技术移民计划、魁省技术移民政策、经验移民政策和各省提名移民计划（见图 8—2）是加拿大引进高技能人才的主要移民政策①。

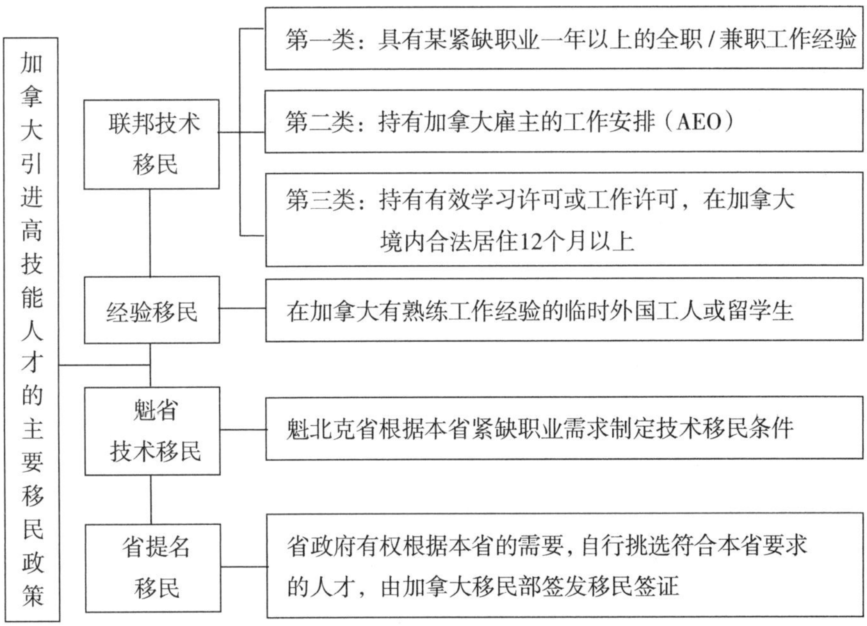

图 8—2　加拿大引进高技能人才的主要移民政策

资料来源：加拿大移民局，http：//www. cic. gc. ca/enylish/index. asp。

① http：//www. cic. gc. ca/english/index. asp.

1. 联邦技术移民计划

联邦技术移民计划（Federal Skilled Worker Program）分为 3 大类别，分别是：第一类，具有某紧缺职业一年以上的全职工作（或者同等的兼职经验）；第二类，持有加拿大雇主的工作安排；第三类，持有有效学习许可或工作许可并在加拿大境内合法居住 12 个月以上。加拿大移民部每年公布新年度的联邦技术移民优先职业类别清单，同时调整优先职业移民政策，申请人要有熟练的工作经验①，并且必须在最近的 10 年内具有相应职业连续工作一年以上或与之等价的兼职工作经验。为了选拔合格的技术移民来补充加拿大的劳动力不足，加拿大公民及移民部（Citizenship and Immigration Canada ，CIC）制定了一套评分标准，加拿大联邦技术移民评分标准主要包括教育、语言、工作、年龄、就业安排、适应能力六方面。

2012 年加拿大增加了 1 万个联邦技术移民名额，计划吸纳技术移民最低为 5. 5 万人，最高为 5. 7 万人，比 2011 年的 4. 7 万人多出 1 万人。同时，联邦移民部着手修改和制定新的技术移民计分办法，以加强吸纳那些能快速融入加拿大并对加拿大经济发展有贡献的移民。

2. 经验移民政策

经验类移民（Canada Experience Class of Immigration）是加拿大移民部于 2008 年推出的新移民政策，与技术移民不同的是，其目的在于留住已经有加拿大学习和工作经验的申请人，使具有临时身份的留学毕业生和持工作签证的申请人获得永久居留身份。由于技术移民没有将加拿大的工作经历作为一项关键要素，加拿大境内的技术工人或者留学生在原评估体系下很难达到要求，因此经验类移民采用新的评分标准。持有工作许可的申请人，学历最低可以是高中文凭，官方语言水平达到中等即可，但必须有两年的加拿大熟练工作经验。

相对于技术移民的申请人来说，已经具有加拿大工作经验的留学生和技术工人，无疑是加拿大引进人才的理想人选。2012 年加拿大继续增加经

---

① 根据加拿大全国职业分类，申请人必须具有职业分类中 O（管理类）、A 或 B（技术类）中包含的职业工作经验。

验类移民配额，由 2011 年的 6500 名增加至 2012 年的 7000 名左右，这是有史以来该类别配额最高的一次。

3. 魁省技术移民政策

魁省技术移民政策（Quebec-selected Skilled Worker）只适用于魁北克省。魁北克省是加拿大最大的省，位于加拿大北部，主要语言为法语。语言的独立性及地理位置的特殊性决定了它的高度自治，因此，魁省技术移民的申请条件完全由魁省政府根据当地的实际情况和发展需要而定，不受联邦政府制约。多年来，为了缓解魁省新生人口下降的现状和促进本省的经济发展，魁省政府有意开放大门，以引进各路资金及各类人才。2012 年魁省除增加了 1000 个商业移民配额外，还增加了 2000 个技术移民的名额，由 2011 年的 3.9 万名增至 4.1 万名，主要吸纳会说法语的技术人才。

4. 省提名移民计划

省提名移民计划（Provincial Nominee Program，简称 PNP）属于加拿大经济类移民项目中的一种。依照加拿大联邦移民部和省政府（除了魁省以外的全国 11 个省份和地区）签定的移民合作协议，省政府有权根据本省的需要，自行挑选符合本省要求的人才，由加拿大移民部签发移民签证。省提名移民被认为是非常成功的人才引进政策，近年来每年引进所需人才约达 3.6 万人，较 2004 年增长了 6 倍，同时也促进了除加国三大城市以外地区的人才引入。以萨省为例，该计划 2003 年刚开始执行时仅有 173 名移民落户该省，到了 2010 年，这个数字就增加到 5354 名。

加拿大的省提名移民计划授权各省引进能促进本省经济发展、满足各省劳动力市场需求的技术人才。通过此政策引入的移民，80%落地加拿大第一年就找到工作，而且大多数人专业对口，能切实缓解各省高技能人才短缺的问题。2012 年，加拿大政府继续支持各省各地区在移民项目中的作用，计划在 2012 年接受 4.2 万—4.5 万名省提名移民，该数量比 2011 年翻了一倍。

三、澳大利亚对高技能人才的引进

澳大利亚早已认识到，要成为具有全球竞争力的经济大国，必须持续引进高技能专业人才。在澳大利亚，实行明确技能选择性的移民政策已有近40年的历史。从1996年至今，澳大利亚永久移民政策变得更侧重于技能人才的引进，同时临时移民签证的出台也吸引了大量特定领域的技术工人①。目前，技术移民政策是澳大利亚引进高技能人才的主要移民政策，为使技术移民申请更加透明化，澳大利亚于2012年7月正式使用技能选拔（Skill Select）系统，这也成为澳大利亚在管理其技术移民项目上的一个重大变革。

1. 技术移民政策

澳大利亚技术移民政策主要包括一般技术移民（General Skilled Migration）和雇主担保移民（Employer Sponsored Visas）。一般技术移民包含三小类，分别是独立技术移民、家庭担保技术移民和州/领地担保技术移民政策。这些政策针对澳大利亚需要的各类人才，在限制条件上各有不同，但其共同点是技术移民申请人必须满足技术移民基本必备条件，并且符合技术职业清单（Skilled Occupation Lists）中一个技术职业提名要求②。

（1）一般技术移民。独立和家庭担保技术移民（Independent and Family Sponsored Visas）这两类移民政策吸收的是具有被认可的学历和技能的专业人才，这些人员在进入澳大利亚后能够轻松快捷地加入澳洲劳动力队伍，为澳洲的经济做出贡献。这两类移民政策对引进人才的要求基本相同，评估项目包括技术、年龄、英语水平、工作经历、提名职业是否属紧需职业、澳洲学历以及配偶的技能等，只是后者需要在澳大利亚有愿意为申请人提供担保和供养担保的直系亲属。

州/领地担保技术移民（State and Territory Nominated Visas）是为解决澳洲边远地区技术人才短缺问题而设置的移民政策。引进对象是州、领地急需的技术人才，是具有高技术或技能，持有相关学历，其技术、职业资格和未来就业都将对澳洲经济发展有利的人。通过此政策，澳洲边远地区

---

① Graeme Hugo. 2006. *Competing for Global Talent*. The International Institute for Labour Studies，P. 107.

② http：//www. immi. gov. au /.

得以引进高技能人才来应对人才短缺问题。

（2）雇主担保技术移民。雇主担保类移民中有很多小类别，其中最主要的是雇主提名类。雇主提名类是专为澳洲的雇主设置的，如果雇主在国内找不到合适的雇员，可以从澳洲境外选择有技能的人选。申请人凭借自身的高技能获得澳大利亚雇主的提名担保从而获得澳大利亚的永久居留签证。这类移民不需要打分，只要申请人符合基本条件并且从事的职业是澳大利亚技术移民职业清单中的一种，从事专业工作 3 年以上即可。

技术移民政策是澳大利亚政府所采取的最主要的人才引进政策，2007—2008 年度，澳大利亚吸纳 102500 名技术移民，同比增幅在 5%以上。2012 年度，澳大利亚的移民配额较上两个年度增加了 16300 个，其中技术类的移民配额就增长了 12000 个，约占增加总配额的 73.6%（见表 8—2）；同时，技术类移民配额占总移民配额的七成左右，可以看出澳洲政府对技术类移民的重视程度及对高技能人才的需求量日趋增长。

表 8—2　2009—2012 年 澳大利亚各年度移民配额分布数据

单位：名

年　度	家庭类	技术类	特殊类	合　计
2011—2012	58600	125850	550	185000
2010—2011	54550	113850	300	168700
2009—2010	60300	108100	300	168700
注：技术类包括雇主担保类、一般技术类和商业投资类				

资料来源：澳洲移民局官网，部门年度报告。

同时，我们从备注中也可以看出，这里的技术类移民包括了“雇主担保类移民”、“一般技术类移民”和“商业投资类移民”。澳大利亚移民局官网出示的数据分别列出了最近几年澳洲技术类移民的配额分配情况对比。数据显示，技术类移民中的两大主要分支是“雇主担保类签证”和“一般技术类移民”，平均每年分别占所有技术类配额约 37.74%和 55.78%（见表 8—3）。

表 8—3 2009—2012 年 澳大利亚技术类移民各项配额分配数据和对比表

年 度	雇主担保移民	一般技术移民	商业投资移民	合 计
2011—2012	46000	72450	7400	125850
2010—2011	44150	61700	8000	113850
2009—2010	41000	60100	7000	108100

资料来源：澳洲移民局官网，部门年度报告。

2. 技能选拔系统

2012 年 7 月 1 日，澳大利亚正式实行新的技术移民政策——技能选拔（Skill Select）系统。这项新的政策被认为是近年来澳大利亚技术移民政策中最大的一次变化，该系统将确保技术移民计划更迎合澳大利亚经济的需要，帮助澳大利亚政府灵活地选择合适的人才，控制申请数量及申请时间。

技能选拔是一个网上操作系统，符合技术移民条件的人，必须通过这个系统先递交移民意向申请（Expression of Interest，简称 EOI）。在提交移民意向申请后，系统将根据申请人提供的信息打分，打分结果和递交时间，将影响申请人的排名。排名过程是自动生成的。申请人可以随时更新移民意向申请上的信息，如果申请人更新的信息改变了申请人的分数，系统会自动更新申请人的排名。

与此同时，技能选拔系统会协助雇主和政府从全球范围内找到他们需要的技术人员，雇主及州/领地政府可在技能选拔系统内输入一系列条件（如职业、资格、英语能力等）以搜索需要的技术人才，并查看他们的资料，当选定符合条件的技术人员后，可通过该系统向申请人提交联系请求（附有雇主联系方式），并递交签证申请（见图 8—3）。移民意向申请将在技能选拔系统中保持两年。在此期间，如果获得了签证，其移民意向申请将从系统中删除。申请人也可以自行中止移民意向申请或者将移民意向申请从系统中删除。如果申请人违背了移民条款，移民局也可以将其移民意向申请删除。

第一步	第二步	第三步	第四步
申请人：通过系统提交移民意向申请 EOI	独立技术移民或家庭担保：移民意向申请 EOI 根据打分系统地得分进行排列	独立技术移民或家庭担保：系统能自动发送邀请	受邀请的申请人递交移民申请，之后按常规步骤进行审理
	雇主：可手动搜索移民意向申请 EOI 数据库，查找符合需求的技术人才	雇主：选择完成后，会自动发送邀请	
	州/领地政府：手动搜索数据库，查符合条件的技术人才	州/领地政府：选择完成后，会自动发送邀请	

图 8—3　Skill Select 系统运作流程①

资料来源：澳洲移民局官网。

技能选拔系统是澳洲在管理其技术移民项目上的一个重大变革，它使技术移民申请更加透明化，加快了申请的进度，同时能保证技术移民项目与澳洲经济需要相适应。澳洲政府将能根据国内经济需要控制技术移民申请资格、提交申请时间及申请人数。澳大利亚政府可以据此系统来灵活确定什么人可以申请技术移民并调整申请的数量，借此来帮助缓解澳洲边远地区技术人员短缺的问题，调整不同地区之间人才分布不合理的情况。澳大利亚政府确信该政策为政府和企业之间搭建了一个人才交流的平台，因为它可以使得雇主尽快找到合适的技术人才。

第三节　德国对国外技能资格的认证②

随着人口老龄化速度的加快，德国劳动力占人口比例越来越小，特别是高技能人才岗位每年仍有不少虚席以待。即使有近 300 万名拥有国外职

① http：//www. immi. gov. au/skills/skill select/.

② http：//www. anerkennung-in-deutschland. de/html/en/32. php.

业资格的人住在德国，但直至2012年4月1日“认证法”（Federal Recognition Act）生效之前，德国并没有一个国外职业资格认证的标准化程序，许多受过专业培训的德国移民在做着与他们的教育水平不相称的工作。由于德国经济的发展依赖于合格的技术工人，为改善国外职业资格在德国的评估和认证，德国政府颁布了“认证法”。

德国联邦职业教育培训研究所创建了“德国认证”（Recognition in Germany）的门户网站，以帮助个人寻找专门的国外职业资格认证机构，并确保他们能够获得有关认证程序方面相关问题的答案。该门户网站不仅针对已经获得国外职业资格并且在德国生活的移民，也面向有兴趣在德国工作的其他国家的技术工人。该网站的建立，使得对国外职业资格的认证过程标准统一、迅速和透明。

一、对国外资格的认证程序

任何已获得国外职业资格认证并计划在德国工作的人，都可以通过职业资格评估将国外职业资格转换为相应的德国职业资格。国外取得的职业资格证书是否与德国职业证书具有等效性，将由相应机构以一定标准为基础进行评估，例如职业技能培训的内容和培训时间等。

被评估人首先要准备好相关的文件，包括：在德国期间的培训和工作简介，身份证明（身份证或护照），职业资格证明，相关工作经验证明，其他能力证明（如继续教育的培训证书），声明（在过去没有提交过认证申请）以及计划在德国工作的证明等。这些文件要求被翻译成德语提交到相应的认证机构，主要负责机构收到所有文件后会立即开始进行评估。自2012年12月1日起，认证评估过程应该不超过3个月。

在德国，并没有一个中央机构负责所有关于外国职业资格的评估查询。具体操作机构为各联邦州具有行会性质的行业联合会，如工商业联合会、手工业联合会、农业联合会、医生联合会等，目前这类机构在德国约有300家。各联合会的管辖范围是按行政区域划分的，代表着本地区各行业企业的总体利益并为这些经济实体服务，它们是政府与经济界之间的中介。例如商业和工业/技术职业（如零售商、工业机械）属于工商联合会的职权范围，各州的农业联合会负责对农业职业资格进行评估。

主要负责机构会将被评估人提供的国外职业资格与相应的德国职业资格标准进行比较，认证两者之间是否存在根本分歧，考虑因素包括职业资格培训以及在德国和其他国家的职业经验。如果被评估者不能提供相应的资格证明，主要负责机构将展开资格分析（例如技术讨论或工作样本）来确定职业技能的等级。认定过程的费用需自理。

如果国外职业资格证书与德国的资格认证存在较大差异，对于培训类职业（Training Occupations）①，主要负责机构将提供现有国外职业资格与德国资格存在的差异描述，这将有助于被评估人在申请工作时可以获得进一步的资格；对于监管类职业（Regulated Professions）②，为了能够与德国职业资格具有等价性，被评估者可以参加一个适应措施（Adaptation Measure）③，根据不同专业和法律，该措施会有所不同。

二、进行国外资格认证的法律基础

国外技能资格认证能够顺利实施，基于一定的法律基础，联邦认证法、各州相关法规、欧盟认证指令以及里斯本公约等相关法律法规，为国外职业资格在德国的认证评估提供了相应的依据。

1. 认证法

认证法是德国《改善国外职业资格评估和认证法》（Law to Improve The Assessment and Recognition of Foreign Professional Qualifications）的简称，

---

① “培训类职业”是指需要正规训练的职业，在德国有大约350个培训类职业，如工业机械、汽车零售服务、医疗助理、机电工程师管理助理等，见本书第五、六章有关内容。

② “监管类职业”指由法律或行政规定，要求特定专业资格证明的职业，例如心理治疗师、医生、护士、律师和教师等。只有已取得所需专业资格的人有权在这些行业使用专业技术职务。在德国，包括81个国家层面的专业和职业以及18个州级监管的专业。

③ 适应措施，用以弥补在规定的行业中国外资格与德国专业技术职业资格之间的巨大差异。根据有关的专业或职业，适应措施可能是一个适应期或考试（能力倾向测试或知识测试）。

该法案自2012年4月1日起正式生效，它使联邦政府得以扩展、简化和改进国外职业资格的评估过程。这项法律涉及了350种联邦政府有权认证的职业。德国政府估计，约30万个生活在德国的外来移民可从新法案中受益，其中约25万人有职业资格证书，2万多人有技师资格证书，约1.6万人拥有高等教育学历。该法律是德联邦政府向人力资源市场发出的明确信息：德国需要更多的专业人士，也包括那些在国外取得职业资格的专业人士。促进认证的目的是能够更好地发掘在德国生活的外国人的潜力，认可他们在国外获得职业资格，并能够将已经学会的技能应用于将来的工作中。这将鼓励移民在德国工作中的融合，并激励国外技术人员来德国。

2. 各州法规

各州负责对在其职责范围内的国外职业资格进行评估认证，目前各州正在修改立法覆盖这些职业。认证法中规定只有监管行业由联邦政府负责评估认证，由各州负责评估的职业包括教师、幼儿园教师、青年社会工作者、工程师和建筑师等，各州需对这些行业的国外资格评估认证程序等进行立法。

2010年12月，各州的州长发表讲话赞成“联邦政府和各州加快建立认证程序标准”。各州因此根据联邦认证法调整本地区的法规，并出台新的认证程序规定。目前，已经有若干州开始执行职业资格专业评估的有关规定，但这些规定主要适用于来自欧洲联盟成员国、欧洲经济区和瑞士的公民，现在他们将扩大范围，使其包括来自第三国的公民。在德国16个联邦州中，汉堡州第一个出台了自己的认证法，相关法律于2012年8月1日开始生效。据估计数字表明，约有6000名汉堡居民可受益于新的法律。

第九章 高技能人才战略的国际观察与启迪借鉴

第一节 高技能人才国际发展的总体态势

分析研究国外高技能人才战略政策与工作实践，可以清晰地看到，技能已被提升到国家发展的战略层面，技能人才已被列入国家战略性资源，成为全球人才竞争的重点。世界各国和经济体虽然具有各自独特的地理、人口、历史和文化，处在不同的社会经济发展阶段，但伴随经济全球化的深入发展，普遍面临技能短缺的挑战，普遍基于自身发展需求，对技能人才特别是高技能人才给予高度重视，强力推动。综观国际和有关国家的技能战略、法律法规和实践做法，我们深刻理解和认识到技能对国家发展的现实意义，新时期新经济对高技能人才的新需求，高技能人才对强国富民的重大作用。在国际人才竞争和经济竞争战略中，高技能人才的数量和质量，已经成为这场争夺战的关键内容之一。

一、全球化凸显技能驱动经济增长的重要作用

世界经济发展的历程，是技术和生产力不断进步的进程，也可归结为技能不断发展和技能人才逐步成长的过程。无论是欧洲工业革命先导国家、北美超级发达经济体、亚太地区虽自然资源匮乏但经济发达的日韩，还是新兴经济体金砖国家，其崛起发展进程普遍得益于技能开发的贡献，倚重于技能人才的支持。各国经济发展实践已经充分表明，技能是降低失

业、消除社会不平等和减轻贫困的重要措施，技能开发是经济增长的驱动力量。

在当前全球经济一体化的宏观背景下，技能开发的重要意义更加凸显。全球化加速了技术的传播和创新步伐，新兴职业不断替换和取代传统技艺，技能更新速度日益加快。在工业化和信息化的发展过程中，知识和技术的变革，要求掌握、应用进而推动技术进步的人才资源的整体素质，要加速提升。促进各国乃至世界经济持续增长，技能要发挥关键作用，技能人才必须加速培养。这已经成为世界各国的普遍共识。要“加强职业技能培训，提升劳动者就业创业能力，增强就业稳定性”①。“技能已经成为21世纪全球通用货币。如果不对技能人才进行适当投入，民众将在社会边缘潦倒萎靡，技术进步将难以转化为经济增长，国家将难以在知识经济为基础的国际社会中竞争发展”②。“技能对于我们的未来至关重要，增强技能水平对于促进可持续增长和建设强大的社会必不可少”③。

二、技能短缺为世界经济发展和促进就业带来新挑战

放眼世界，技能短缺愈发常见，技能鸿沟日益显现，技能人才已成为稀缺资源。人口老龄化形势日趋严峻的欧洲北美，存在技能人才数量的绝对短缺。高等教育过度化的日韩，存在技能人才数量的结构性短缺。人口大国中印，在经济转型和产业提升过程中，同样面临技能人才在数量和结构层次方面的短缺。国际社会有一种观点认为，对于中国和印度，高技能人才短缺可能会增加可持续的高速增长的难度。与此同时，备受瞩目的技能人才培养历史悠久、体系完备、成效显著的德国，依然存在技能人才数量不足制约经济发展的问题。

展望未来，受全球经济增速放缓、气候变暖的影响，技能人才的短缺

① 中国共产党第十八次全国代表大会报告，人民出版社2012年版，第35页。

② Angel Gurría（Secretary-General of the OECD），http：//skills. oecd. org/documents/oecdskillsstrategy. html.

③ Vince Cable（Secretary of State for Business，Innovation and Skills），John Hayes（Minister of State for Further Education，Skills and Lifelong Learning），http：//bis. gov. uk.

和由此引发的就业结构的失衡问题更加突出。世界范围内的就业结构和就业技能直接受到全球变暖和低碳减排政策的影响。由于技能缺失，世界各国实现就业和可持续的经济增长，将面临着更大的挑战。技能鸿沟会阻碍企业增长，危及工人的就业能力。在技术和知识经济的兴起驱动全球化的过程中，职业形态不断变化，新工作新职业、新工作名称、新工作内涵、新的弹性的工作安排不断兴起。新的就业需求正不断趋向高技能人才。美、英、德、日等发达国家之所以结合经济发展和技术变革，不断调整更新其职业需求预测和分析分类，一个重要推动考量因素就是要指导人才培养工作，促进和支持包括技能人才在内的人才数量和结构的提升。

因此，搭建技能阶梯、扩大技能人才培养规模、提高技能人才整体素质、缓解技能短缺和不匹配问题、推动实现技能就业应成为国家就业战略和经济发展战略的重点内容。

三、强化立法制定技能战略渐成国际趋势

技能不会自动转化为工作岗位和经济增长，劳动者单靠自然成长难以成才，技能人才的培育需要社会各方面进行共同努力。鉴于技能人才需求的规模性和培养的基础性、长期性、规模性等特点，技能人才更难以依赖从国外引进，而必须立足自主培养。有关移民国家和人口老龄化的欧洲国家采取引进高技能人才的策略，其更大的意义在于在世界范围内引发对高技能人才劳动价值的重视，进而加大对本国高技能人才培养的力度。而对于人口众多的发展中国家，已经把加强本国技能人才培养提上日程。

世界主要经济体已经开始行动起来，纷纷结合各自国情，在对各自国际社会合作与竞争伙伴进行充分比较研究的基础上，制定实施适合本国的技能战略。比如，英国对中国、印度、巴西、德国、澳大利亚等国技能政策进行了充分研究，制定出台了《英国技能战略》，大力培养本土技能人才，大幅扩大成人学徒规模。印度在研究发达国家政策的同时，特别对中印人口劳动力资源状况进行了比较研究，制定了《印度国家技能开发政策》，拟紧紧抓住阶段性人口红利的比较优势，提出到 2022 年实现培养 5 亿技能劳动者的目标。日本、韩国重奖高技能人才，力图突破亚洲文化的

局限，培育社会尊重技能尊重技能人才的风尚。美国、德国、日本最近几年对相关法律法规进行修订完善，从法律层面为技能人才培养提供保障。

国际社会也已充分关注到技能人才问题，国际劳工组织、联合国教科文组织、联合国经合组织纷纷行动，加大研究呼吁和推动力度，建议其成员国，要推动技能开发政策的国际化，加大培养、吸引和使用力度。总之，实施技能人才培养战略，加大本国技能人才培养力度，培育尊重技能的社会文化，已成为国际人才竞争的新重点，并呈现出方兴未艾之势。

四、加强高技能人才培养促进整体技能开发

国际高技能人才战略与实践，正在推动世界各经济体，无论大小，必须重视高技能人才的价值，重视高技能人才培育。从国际实践看，作为国际通行货币和稀缺资源，高技能人才能够实现科技成果向现实生产力的转化，高技能人才的价值不仅珍贵，而且具有“购买力”，具有购买生产力进步、经济发展的功能作用。德国的汽车、日本的数码产品，是实体经济高技能人才生产的结晶；泰国、菲律宾等国服务业的发展，同样需要高技能人才的劳动。拥有高技能人才，意味着具备了较高水平的生产力。对高技能人才的投入，能够带动产业结构升级、带动就业质量提升、带动经济发展增速。伴随世界多极化和经济全球化的深入发展，高技能人才在综合国力竞争中的地位和作用更加明显。拥有一支技艺精湛、结构合理的高技能人才队伍，就意味着掌握经济发展的主动权和制高点。

因此，各国相关立法、战略和国际社会，大力鼓励支持社会各界向高技能人才进行投入，通过发展壮大高技能人才队伍，进而带动整体技能劳动者的梯次成长，促进提升社会整体技能开发的层次和水平。

第二节　借鉴国际做法进一步加强我国高技能人才工作的建议

当前，我国已进入全面建成小康社会决定性阶段，人才资源越来越成为推动科学发展的关键因素，高技能人才越来越成为促进就业、促进经济

增长的重要支柱。党的十八大把深入实施人才强国战略作为贯彻落实科学发展观的三大基本战略之一，把进入人才强国和人力资源强国行列作为全面建成小康社会的重要目标，这就要求必须以更高水平的技能人才队伍建设助推经济发展方式转变，以更高质量的职业培训促进实现更高质量的就业，加快培养数以亿计的技能劳动者和数以千万计的高技能人才，为促进就业和经济社会发展提供强大的技能人才支持。

在党中央、国务院的领导下，我国高技能人才工作正在步入最重要的历史时期。要牢牢把握党中央、国务院高度重视职业培训和技能人才队伍建设，以及经济社会发展对职业能力建设的迫切需求的良好机遇，把握全球经济一体化、科学技术飞速发展、国际竞争日趋激烈的发展阶段，立足国内工作基础，分析借鉴国际同行经验，发挥优势，完善政策，动员社会，走出一条有中国特色的高技能人才强国道路。

一、加强战略规划引领，健全政策法规体系

《国家中长期人才发展规划纲要（2010—2020年）》和《高技能人才队伍建设中长期规划（2010—2020年）》是我国今后一个时期高技能人才工作的总纲。我们要在此基础上，重点加强配套政策的制定和实施。随着规划的深入实施，在国家层面应大力推动相关法制建设。高技能人才培养成效显著的国家，都已形成一套比较完备的法律法规体系，这一点非常值得我们研究借鉴。

建议研究制定高技能人才培养专门法律法规。要借鉴发达国家经验，填补立法空白，强化高技能人才工作的法律规范和保障。如完善高技能人才培养体系建设、保障培养经费、鼓励企业参与、推行技能职业资格证书和就业准入制度、建立职业资格与学历贯通通道等，单纯依靠政府政策难以有效推动，都需要从国家的层面做出法制安排。

要增强法律法规的可操作性和执行刚性。要细化法律法规，增强其实施刚性。通过立法，对高技能人才培养、评价、激励、使用等各环节的工作，加以具体规范，增强法律法规的可操作性、可执行性及可监督性。

要通过立法建立经费投入保证机制。通过立法保证各方面对高技能人

才培养给予必要的投入。教育培训可以为个人、企业和整个社会带来益处，因此，培训的投入应由各方负担，政府发挥关键作用，企业应保证持续稳定的必要投入，劳动者个人也应支付必要的成本。

二、发挥政府关键作用，落实国家高技能人才振兴计划

国家高技能人才振兴计划，是我国人才规划创立的16项重大人才规划之一，在国际上也是一项独特鲜明的专项人才振兴计划。该计划自2011年开始实施，已建设了一批国家级高技能人才培训基地和技能大师工作室，极大地带动了各地、各行业高技能人才项目的开展。我们分析有关国家的相关规划，如美国、英国等，都通过规划、计划、项目，明确技能人才培养的目标、政府投入数额、具体实施要求、考核评估指标办法等。通过研究感到，实施政府计划，落实好各级政府责任是关键环节。

下一步，我们应大力推进政策落实和组织实施工作，加大各级政府投入，强化各项规范管理，做好高技能人才工作基础建设。建议地方各级政府以实施高技能人才振兴计划为契机，将高技能人才经费纳入预算，进行制度性安排。建议国家和地方、行业层面也应根据实际，明确经费投入分担目标和具体操作办法，加强本地、本行业高技能人才培养和基础能力建设，强化项目作用的发挥，进一步提升高技能人才培养能力和质量。这对于提高我国高技能人才培养质量，提升中国制造的社会影响力具有十分重要的意义。

三、推动终身学习，建立面向全体劳动者的职业培训制度

技能人才规模庞大，数以亿计，为此，引导推动全民学习，为全体劳动者参加培训创造条件，为社会各类就业群体进行终身学习提供支持，十分重要。发达国家普遍在推动终身学习、推动全员培训方面采取措施，如建立学习账户、公共财政提供支持、建设远程学习平台和灵活学习系统等。发展中国家如印度，也在瞄准亿万劳动者，推动各级各类职业培训。

我国通过人才规划、教育规划，对建立健全面向全体劳动者的职业培训制度、推动终身学习方面做出了政策安排，下一步需要着重强化落实。要引导观念转变，学校教育仅仅构成人才成长的基础，劳动者必须重视和参与终身学习。要多方创造条件，要探索建立学习成果积累认证制度，学校要向社会开放，要大力开展各级各类职业培训。企业要广泛组织开展员工培训。政府各项职业培训经费补贴政策要简化流程、规范管理、提高实效。要做好服务保障，构建完善为终身学习服务的考核评价、资格认证系统、就业服务和绩效评估系统，使学习成果得到认可与应用。

四、明确企业责任，构建高技能人才社会培养机制

高技能人才培养是系统工程，要发动全社会，动员各相关利益主体，共同构建形成社会化培养机制。要鼓励支持企业参与高技能人才培养。企业既是用人主体，又是人才成长摇篮。发达国家高技能人才培养的一条重要经验，就是企业积极参与和担当。德国的“双元制”，企业是参与主体。欧美澳现代学徒制度，企业仍是实施主体。日本企业岗位培训和离岗培训的做法，也非常值得借鉴。有效提高高技能人才培养质量，必须依靠和发挥企业作用，引入企业进行需求预测、过程指导和质量评价。

我国国有企业具备培养学徒的传统，在高技能人才培养工作中也发挥了积极作用。但总体看，当前企业对高技能人才培养的支持力度还需进一步加大。要建立企业大力培养技能人才的社会环境。通过立法或高层级的政策，确立企业培养高技能人才的责任，促进企业支持和参与校企合作培养技能人才；对企业培养技能人才，制定有关税收等优惠政策，政府要给予补贴奖励等。要探索建立新型学徒培养制度，鼓励支持企业成为新学徒的培养主体，动员企业为了企业的创新发展而参与和支持人才培养工作。

要动员社会广泛参与高技能人才培养。学校教育是规模化系统化培养高技能人才的基础。因此，要重视技工院校建设，支持各方面兴办技工教育。要引导家庭重视技能对个人就业和提高收入的重要意义，鼓励家长和青年、劳动者个人积极投入技能培训。各级各类社会组织要从不同角度不同方面参与技能培养活动，组织竞赛，开展宣传，提供支持。

技能人才成长必须有大量的实习实训做支撑。由于实习实训设施设备投入大、周期长、更新快，单靠学校力量难以承担。由政府统筹资源建立跨行业跨企业跨学校的公共实训基地，为职业学校培养技能人才提供服务，这种做法，我国有探索，国外也有实践。建设实训基地作为公共培训服务体系的重要平台，实践证明体现了政府在职业培训管理和公共服务方面的主导作用，实现了职业培训资金投入集约化、培训资源最优化、社会效益最大化和技能鉴定标准化。建议指导和推动有条件的城市，加快建设公共实训基地，满足技能人才培养实训需求。同时，建议研究依托企业、院校建立公共实训基地的工作模式和措施办法，延展公共实训基地的工作平台，扩大公共实训规模，提高高技能人才培养质量。

我国人口众多，尽管已经开始面临人口老龄化问题，但城镇新成长劳动力加上与城市化进程同步的农村转移劳动力资源，技能劳动者的潜在数量仍然巨大。因此，高技能人才开发重在自主培养，少量紧缺特殊的职业工种，方能考虑从国际人才市场适当引进，建议要将引进纳入行政许可，适当从紧。

五、完善技能职业资格体系，探索建立国家统一资格框架

要大力推行技能职业资格证书制度，完善职业资格体系，支持高技能人才成长。进一步优化考核评价机制，完善职业技能鉴定。要做好基础的职业分类、职业分析、工作分析，加强技能标准和培训标准制定，做好职业资格的基础论证和技术支持工作。要结合院校和企业技能人才培养的不同特点，探索丰富职业资格证书的实现方式。要加强质量监管，保证职业资格证书质量的一致性和效力的权威性。

要在完善职业资格证书制度的基础上，探索推进建立国家统一的资格架构。建立职业资格证书和学历文凭相互衔接的统一的资格框架体系，构建人才成长立交桥，有利于社会人才成长，也有利于教育培训与就业的协调统一。建立和实行统一的资格框架，是目前很多国家对衔接资格与学历关系的努力，也已成为促进各类人才协调均衡成长的国际性潮流。整合名

目类型繁多、水平参差不齐、管理各自为政的资格证书，建立可以对照的标准，成为有权威的新的国家资格标准。通过国家资格框架，实现学历证书教育与职业资格培训的等值，加强普通教育与职业教育的融通。

我国在某种程度上，学历社会色彩浓厚，职业资格还处在发展阶段。应进一步加大职业资格推行力度，并逐步建立完善职业资格证书与学历文凭并重的制度。在此基础上，努力探索推进建构国家统一的资格框架体系，在职业资格证书、学历文凭、培训证书方面构建对接关系，在职业培训、学历教育之间构建人才成长立交桥，鼓励青年技能就业、技能成才，支持劳动者终身学习、自主学习，培育符合社会经济发展需要的多元人才体系。

六、重视核心能力开发，强化高技能人才培养质量

国外技能战略在重视技能培训的同时，普遍强调对核心能力或基础能力的培养。在现代生产条件和社会组织结构体系下，加强核心能力教育，增强自我学习、人际沟通、团队合作的能力，对于高技能人才完成生产服务任务日益重要。因此，必须对核心能力培育给予高度重视，要将其渗透贯穿到整个技能开发过程中，切实提高高技能人才培养质量。

高技能人才培养质量，直接关系到中国制造的未来。要研究学习发达国家技能人才培养的技术基础，进一步完善我国相关工作。提高培养质量，需要从职业分类、课程标准、教材教法、课程开发、实习实训、师资培养等各个方面提高先进性和规范化程度，需要从培养、评价、激励等多个环节实现联动。要大力推进人才培养内涵的改革，扩大技工院校一体化课程教学改革试点，使技能人才培养模式从知识教育向能力培养转变，从课堂教学向生产教学转变。要加强师资培养和课程开发、教材建设，为有效提升技能人才培养质量奠定基础。

七、优化社会环境，提升高技能人才社会地位

与世界其他国家同样，受历史和文化影响，受劳动强度和工作条件制约，我国技能劳动者的总体社会地位和经济待遇还有待提高，其在经济分

配体系中所占比重和社会话语权表达还需要提升。如何提高技能职业岗位的就业吸引力促进社会公平还需要进一步努力。

社会总体环境和人文氛围的调整改进，是一个系统工程，也是长期任务。我们要从多个方面入手，大力弘扬崇尚技能、尊重技能、技能成才的社会风尚。要继续大力开展在实践中行之有效的有关高技能人才竞赛、表彰、典型宣传等活动，在社会上持续推动高技能人才的工作热潮。建议借鉴日本、韩国政府对竞赛优胜者给予重奖的做法，在现有基础上对杰出高技能人才进一步提高奖励力度。要积极宣传技能成才、岗位成才的科学人才观，要大力总结和推广技能劳动者特别是高技能人才的业绩和贡献。要从薪酬待遇、使用激励、社会保障等多个方面制定有利于技能人才成长的政策措施。要逐步缩小社会阶层的待遇差别，提高技能岗位的职业体面度和社会荣誉感，使选择技能就业、技能成才成为劳动者追求的社会风尚。

八、走向世界，扩大中国特色创新实践的国际影响力

我国高技能人才政策规划已渐成体系，处在不断完善和深入发展过程中，并已引起国际社会高度关注。我国高技能人才工作的实践进展已引起国际上有关专家学者的持续研究，也不断被其他国家和经济体所分析借鉴。美国、印度等国已经开始研究我国相关政策，经合组织、20 国集团、国际劳工组织（ILO）等地区和国际组织，已将我国政策和实践列入其政策建议和工作案例当中。

我国高技能人才振兴计划在国际社会独树一帜，技工院校已形成具有鲜明特色的技能人才培养模式，技能职业资格体系的覆盖面和规模影响也已具备较好的基础，高技能人才培养、评价、选拔、激励等很多工作实践符合中国国情，特色较为明显。特别是我国已加入世界技能组织，高技能人才工作具有了更宽广的平台。建议进一步加大总结、宣传和展示力度，深入推进相关工作，不断增强国际交流与合作，在国际社会中进一步提高中国特色的高技能人才培养政策体系和工作实践的影响力。

主要参考文献

1. A. Mital, A. Pennathur & R. L. Huston. *The Need for Worker Training in Advanced Manufacturing Technology (AMT) Environments: A White Paper.* http://www.hsp.biz/en/the_company/training.1097.html, 1999.

2. Anthony P. Carnevale, Nicole Smith & Jeff Strohl. 2010. *Projections of Jobs and Education Requirements Through 2018.*

3. Augusto Boboy Syjuco. 2009. The Philippine Technical Vocational Education and Training (Tvet) System. Economy Report – Philippine. *International Sharing on CTE/TVET Systems and Qualifications Frameworks among APEC Economies*, 2009/10. pp. 21—23.

4. Australia. *National Vocational Education and Training Regulator Act 2011* (No. 12, 2011). http://www.comlaw.gov.au/Details/C2011A00012.

5. Australia. Standards for Training Packages. *Australian Qualifications Framework.* http://www.nssc.natese.gov.au/vet_standards/standards_for_training_packages, 2011/07.

6. Australian Workforce and Productivity Agency. *Australia's Skills and Workforce Development Needs, Discussion Paper.* http://www.awpa.gov.au, 2012/07.

7. BLS & U.S. Department of Labor. 2012. Employment Projections 2010–20 [R]. *Occupational Outlook Handbook*, 2010–11 (Paperback).

8. Christiane KUPTSCH & PANG Eng Fong. 2006. *Competing for Global Talent*, International Institute for Labour Studies.

9. Department for Business Innovation & Skills, U. K. *Skills for Sustainable Growth, United Nations: World Population Prospects: The 2008 revision.* http://

www. un. org/esa/population/publications/wpp2008/wpp2008 _ highlights. pdf, 2008.

10. Diane-Gabrielle TREMBLAY & Irène LE BOT. *The German Dual Apprenticeship System.* http: //www. teluq. uquebec. ca/chaireecosavoir/pdf/NRC03-04A. pdf, 2003.

11. Dohmen, G. 1996. Das lebenslange Lernen. *Leitlinien einer modernen Bildungspolitik, Bundesministerium für Bildung, Wissenschaft, Forschung und Technologie*, 1996. pp. 114.

12. Department of Education, Science and Training. *Australia Employability Skills from Framework to Practices.* http: //www. ibsa. org. au/Portals/ibsa. org. au/docs/Resources/Employability% 20Skills/bsb07/BSB07 _ Employability_ Skills_ From_ Framework_ to_ Practice. pdf, 2006.

13. Department for Business Innovation & Skills, U. K. *National Careers Service: The Right Advice at Right Time.* https: //www. gov. uk/government/uploads/system/uploads/attachment_ data/file/32344/12-677-national-careers-service-right-advice-right-time. pdf, 2012.

14. Department for Business Innovation & Skills, U. K. *Skills for Sustainable Growth: Strategy Document, Executive Summary.* https: //www. gov. uk/government/publications/skills-for-sustainable-growth-strategy-document, 2013/05/08.

15. Department for Business Innovation & Skills, U. K. *Economic Impact of Training and Education in Basic Skills.* http: //www. bis. gov. uk/assets/BISCore/corporate/MigratedD/publications/B/BIS-RP-006. pd, 2009/05.

16. Department of Trade and Industry U. K. *Guidance on the Employment Act 2002 (Dispute Resolution) Regulations 2004 and Associated Provisions in the Employment Act 2002.* http: //www. berr. gov. uk/files/file11516. pdf, 2004/05.

17. Department of Education, Employment and Workplace Relations, A. U. *Employability Skills Framework, Stage 1, Final Report.* http: //www. vetpd. qld. gov. au/resources/pdf/tla/employability - skills - framework -

phase-1-report. pdf, 2012/01.

18. Education & The Workforce Committee, U. S. *Bill Summary on the Workforce Investment Improvement Act of 2012* (H. R. 4297). http://edworkforce. house. gov/uploadedfiles/h. r. _ 4297_ bill_ summary. pdf.

19. European Commission. *An Agenda for New Skills and Jobs: A European Contribution Towards Full Employment, Communication From the Commission to The European Parliament, The Council, The European Economic and Social Committee and The Committee of The Regions.* http://eur-lex. europa. eu/LexUriServ/LexUriServ. do? uri=COM: 2010: 0682: FIN: en: PDF.

20. European Union. *European Qualifications Framework for Life Long Learning.* http://www. ond. vlaanderen. be/hogeronderwijs/bologna/news/EQF _ EN. pdf.

21. Federal Ministry of Education and Research, Germany. *Vocational Training Act, Berufsbildungsgesets (BBiG).* http://www. bmbf. de/pubRD/BBiG_ englisch_ 050805. pdf, 2005/03/23.

22. Federal Institute for Vocational Education and Training, Germany. *Vocational Training Regulations and the Process Behind Them.* http://www. bibb. de/dokumente/pdf/a45_ entstehung - von - ausbildungsordnungen _ en. pdf.

23. Government of India. *National Skill Development Policy.* https://dget. nic. in. 2012/10.

24. Government of Republic of Korea. *Second Basic Plan for National Human Resource Development* (2006—2010). http://english. mest. go. kr/web/1711/en/board/enview. do? bbsId=260&boardSeq=1369&mode.

25. International Labour Office. *Global Employment Trends.* http://www. ilo. org/wcmsp5/groups/public/@ dgreports/@ dcomm/@ publ/documents/publication/wcms_ 171571. pdf.

26. International Labour Office. *A Skilled Workforce for Strong, Sustainable and Balanced Growth: A G20 Training Strategy.* http://www. ilo. org/wcmsp5/

groups/public/---dgreports/---integration/documents/publication/wcms_151966. pdf, 2013/05/08.

27. International Labour Office. 2010. *Skills for Green Jobs, A Global View.*

28. International Labour Office. *Skills and Employability, Employment For Social Justice and a Fair Globalization, Overview of ILO Programmes.*

29. International Labour Office. *Employment for Social Justice and a Fair Globalization, Overview of ILO Programmes.* http: //www. ilo. org/skills.

30. Japan. *Human Resources Development Promotion Act* (Act No. 64 of July 18, 1969). http: //www. japaneselawtranslation. go. jp/law/detail/? ft=1&re=02&dn=1&co=01&x=66&y=19&ky=human+resources+development+promotion+act&page=23; http: //www. mhlw. go. jp/english/wp/wp-hw3/dl/6-01. pdf.

31. Learning and Skills Council, U. S. *Employers Guide to Modern Apprenticeships.* http: //www. dol. gov/dol/topic/training/apprenticeship. htm, 2002.

32. Michael Kelley. *The World Needs another 95 Million Skilled Workers by 2020.* http: //www. businessinsider. com/high-skilled-worker-shortage. 2012/06.

33. Michael Renner, Sean Sweeney, Jill Kubit & Green Jobs. *Towards Decent Work in a Sustainable, Low-Carbon World, UNEP & ILO.* http: //www. ilo. org/wcmsp5/groups/public/@ed_ emp/@emp_ ent/documents/publication/wcms_ 158727. pdf, 2008/09.

34. Ministry of Labor and Employment, India. *Annual Report to the People on Employment.* http: //labour. nic. in/Report_ to_ people. pdf, 2010/07/01.

35. National Economic Council, Council of Economic Advisers & Office of Science and Technology Policy. *A Strategy for American Innovation, Securing Our Economic Growth and Prosperity.* http: //www. whitehouse. gov/sites/default/files/uploads/InnovationStrategy. pdf, 2011/02.

36. National Turning Points Center & Center for Collaborative Education. *Guide To Curriculum Development, 2001, Standards For Training Packages.*

http: //www. nssc. natese. gov. au/vet_ standards/standards_ for_ training_ packages.

37. OECD. *Better Skills, Better Jobs, Better Lives: A Strategic Approach to Skills Policies.* http: //skills. oecd. org/documents/oecdskillsstrategy. html, 2013/05/08; http: //dx. doi. org/10. 1787/9789264177338-en, 2013/05/08.

38. Olga Strietska-llina. *Skills for Green Jobs.* http: //www. ilo. org/wcmsp5/groups/public/---ed_ emp/---ifp_ skills/documents/publication/wcms_ 156220. pdf, 2011.

39. Richard Dobbs, McKinsey. Global Institute, McKinsey Global Institute, 2012/06.

40. Raymond Torres. *World of Work Report 2012.* http: //www. ilo. org/wcmsp5/groups/public/@ dgreports/@ dcomm/@ publ/documents/publication/wcms_ 179453. pdf, 2012/04.

41. R. A. Wilson & K. Homenidou. *Working Futures 2010—2020: Main Report.* http: //www. ukces. org. uk/assets/ukces/docs/publications/evidence-report-41-working-futures-2010-2020. pdf, 2012/08.

42. Skills Australia. 2010. Skills for All Australians, National Reforms to Skill More Australians and Achieve a More Competitive, Dynamic Economy, Australian Workforce Futures, A National Workforce Development Strategy.

43. Tracey Anderson & Hilary Metcalf. *Modern Apprenticeship Employers Evaluation Study.* http: //webarchive. nationalarchives. gov. uk/20130401151715/ https: //www. education. gov. uk/publications/eOrderingDownload/ACF4B9. pdf, 2003.

44. *The Upgrading Training Assistance Act/Aufstiegsfortbildungsför-derungsgesetz.* http: //www. anerkennung-in-deutschland. de/html/en/78. php.

45. U. S. Department of Labor Employment and Training Administration. *Wia Training For Old Workers: Toward a Better Understanding of Older Worker Needs during the Economic Recovery.* http: //www. dol. gov/dol/topic/training/adult-training. html.

46. U. S. Department of Education. *Investing in America's Future: A Blueprint for Transforming Career and Technical Education*. http://www2.ed.gov/about/offices/list/ovae/pi/cte/transforming-career-technical-education.pdf, 2012/04.

47. U. S. *Summary of Federal Workforce Development Legislation*. http://www.geoffbeane.com/asa/wp-content/uploads/2009/04/history-of-federal-workforce-development.pdf.

48. Ute Hippach-Schneider, Karen Schober (Chapter 8), Bernadette Toth und Christian Woll. *The German vocational education and training (VET) system* (7th edition). http://www.cedefop.europa.eu/, 2009/09.

49. World Economic Forum. 2010. *Global Redesign Initiative on Skill Gaps*.

50. Kim, Young-Saing, Chung, Ji-Sun, Lee, Sang-Don, Lim, Young-Sub, Ryu, Ki-Rak. TVET Policy Reviews of 8 Asian Countries, 아시아 중점협력 대상국가의 직업교육훈련 정책자료 구축 UNESCO Regional Center 사업 (2010).

51. 日本財団法人岐阜県産業経済振興センター. 中小企業の技能者育成に関する調査研究（关于中小企业技能人才培养的调查研究），2005/03.

52. 早川勝. 技能者の育成と研究のつながり（技能人才的培养及其与研究的联系）. 富山県高岡農地林務事務所林務課.

53. 泉輝孝. 生産現場の人才ニーズと日本型技能者育成システム（生产现场的人才需求以及日本型技能人才培养体系）. 奈良大学紀要奈良大学紀要 23 号. 1995/03.

54. 藤本真，大木栄一. ものづくり現場における技能者育成方法の変化（制造现场技能人才培养方式的变化）. 日本労働研究雑誌特別号 №595. http://www.jil.go.jp/institute/zassi/backnumber/2010.

55. 藤本真. 変化する経済・経営環境の下での技能者の育成能力開発に関する調査（日本技能开发情况调查）. http://www.jil.go.jp/institute/research/2010/072.htm, 2010/07.

56. 日本職業能力開発総合大学校. 高度熟練技能者の技能形成過程（高技能人才的技能形成过程）. http：//www. tetras. uitec. ehdo. go. jp/.

57. 日本技能开发情况调查. 変化する経済・経営環境の下での技能者の育成能力開発に関する調査.

58. 日本厚生労働省. 技能検定制度について，技能検定制度とは（关于技能鉴定制度，所谓技能鉴定制度）. http：//www. mhlw. go. jp/bunya/nouryoku/ginoukentei/.

59. 日本厚生労働省職業能力開発局能力評価課技能振興係.「現代の名工」の表彰に個人エントリー制度を導入. http：//www. mhlw. go. jp/topics/bukyoku/syokunou/meikou/.

60. 日本厚生労働省職業能力開発局能力評価課技能振興係. 技能者表彰实施要领. http：//www. mhlw. go. jp/topics/bukyoku/syokunou/meikou/.

61. 日本厚生労働省職業能力開発局能力評価課技能振興係. 卓越した技能者の表彰制度の概要（現代の名工）. http：//www. mhlw. go. jp/topics/bukyoku/syokunou/meikou/.

62. 澳大利亚技能组织官方网站，http：//www. worldskills. au/。

63. 澳洲移民局官方网站（Australian Government Department of Immigration and Citizenship），http：//www. immi. gov. au/。

64.〔德〕德克、托马斯、伯德：《工资两极化与不平等趋势：美国与德国比较》，德国阿尔伯特—路德维希大学经济系劳动研究所，2010 年 3 月。

65. 德国认证官方网站（Recognition in Germany），http：//www. anerkennung-in-deutschland. de/html/en/32. php。

66. 董君：《世界经济格局演变中的国际货币格局调整》，《当代经济管理》2011 年第 9 期。

67. 高志敏、高宛芝：《德国推进终身学习新方略》，《开放教育研究》2007 年 4 月第 2 期。

68. 国际劳工局：《2010/11 年全球工资报告》，2010 年第一次印刷。

69. 郝克明：《英国的职业资格证书制度》，《中国教育报》2002 年 3

月 14 日第 4 版。

70. 胡又牧：《国际人才竞争》，企业管理出版社 2004 年版。

71. 加拿大移民局官方网站（Citizenship and Immigration Canada），http：//www. cic. gc. ca/english/index. asp。

72. 姜大源：《应然与实然：职业教育法制建设思辨——来自德国的启示》，《中国职业技术教育》2012 年第 9 期。

73. 李其荣：《发达国家技术移民政策及其影响——以美国和加拿大为例》，《史学集刊》2007 年第 2 期。

74. 李宗尧等：《高级技能人才培养》，中国劳动社会保障出版社 2001 年版。

75. 刘国福、王辉耀主编：《技术移民法立法与引进海外人才》，机械工业出版社 2012 年版。

76. 刘长虹：《世界各国开发利用国际人才资源的特点》，《广东科技》2008 年第 8 期。

77. 〔美〕吉姆·克里夫顿：《就业战争迫在眉睫》，王权、王正林、肖敬译，中国青年出版社 2012 年版。

78. 〔美〕米歇尔·瑞纳：《绿色职业技能》，国际劳工组织 2008 年。

79. 〔美〕苏萨纳·苔丝康米思：《O＊NET 职业技能等级分析》，人力资源研究机构 2010 年。

80. 美国教育部：《投资美国的未来：生涯和技术教育改革蓝图》，http：//www2. ed. gov/about/offices/list/ovae/pi/cte/transforming-career-technical-education. pdf，2012/04。

81. 美国劳工部官方网站（United States Department of Labor），http：//www. doleta. gov/。

82. 美国劳工统计局：《美国 2011 国家职业就业和工资估计》，最后修改日期：2012 年 3 月 29 日。

83. 美国劳工统计局：《生产率和成本：制造业》，最后修改日期：2012 年 3 月 29 日。

84. 美国外交部领事事务局官方服务网站（Travel. State. Gov），ht-

tp：//travel. state. gov/visa/immigrants/types/types_ 1323. html。

85. 美国移民局官方网站（U. S. Citizenship and Immigrartion Services），http：//www. uscis. gov/portal/site/uscis。

86. 美国职业信息网（O * NET），http：//www. onetonline. org/。

87. 日本法务省日本法律译文网站，http：//www. japaneselawtranslation. go. jp/law/。

88. 邵元君、匡瑛：《全纳的创新资格框架：英国的 QCF》，《外国教育研究》2011 年第 10 期。

89.《实际工资、生产率和劳动份额的决策因素：结构性方法》，宏观和结构政策第一次分析会议材料（巴黎），2009 年。

90. 世界技能组织官网，http：//www. worldskills. org/。

91. 宋孝忠：《德国终身学习政策述评》，《华北水利水电学院学报》（社科版）2009 年第 3 期。

92.〔英〕R · A · 威尔森：《2010—2020 未来工作报告》，英国就业技能委员会 2012 年。

93. 张宇燕：《求实：中国和平发展面临国际经济环境发展变化》，http：//www. chinanews. com/，2011/11/16。

94. 张元：《职业院校学生职业能力的获得及其培养》，《高等教育研究》2008 年第 7 期。

95. 赵敏：《美国职业教育立法研究》，http：//www. cnki. net/，2008/09。

96. 中国劳动网国际劳工信息网页：日本的职业培训，http：//www. labournet. com. cn/ilo/fileview. asp? title =% C8% D5% B1% BE% B5% C4%D6%B0%D2%B5%C5%E0%D1%B5&number=al012197. txt。

后　记

《国外高技能人才战略》是"国外人才发展丛书"中高技能人才战略专题课题组的研究成果。丛书得到中共中央组织部、人力资源和社会保障部的高度重视，有关领导同志对丛书的组织和定位做出了批示。高技能人才专题由人力资源和社会保障部职业能力建设司指导，由中国职工教育和职业培训协会组织专家研究完成。

在我国经济快速发展过程中，党中央、国务院高度重视高技能人才队伍建设和职业培训工作，将其纳入人才强国战略和就业优先战略总体部署。几年来，我国高技能人才工作得到了极大发展，为促进就业和经济建设做出了重要贡献。在此基础上，如何适应新形势新任务的要求，不断深化改革，促进高技能人才工作实现新的科学发展，是我们始终面临的任务。与此同时，伴随全球化不断深入，世界格局发生深刻变化，包括技能人才在内的国际人才竞争日趋激烈。对国外高技能人才的现状趋势、发展战略、政策法规和工作实践进行分析研究，获取它山之石，促进我国人才工作水平的提高，具有十分重要的意义。

为此，我们邀请我国高技能人才研究基础雄厚、经验丰富、外文能力强的知名理论专家和实践工作人员，组成了专门的研究小组，按照任务要求，以严谨认真、精益求精的工作态度，按计划分阶段地推进研究编译工作。整体研究主要分为四个阶段。一是框架论证。研究小组与中国人事科学研究院、人力资源和社会保障部职业能力建设司进行了多次讨论，形成编译框架提纲，明确研究对象和编译重点，提交丛书编委会审定。此阶段的工作重点是对中外有关"技能"和"高技能人才"的概念内涵进行研究，对框架提纲进行充分论证，促进研究视角的全面和系统。二是搜集资料。围绕编译框架，研究小组瞄准国外最新政策与实践，多渠道获取资料，通过文献检索、网络查询、图书文件查找、国外考察等方式，整理掌握了大量第一手外文资料。此阶段的工作难点是资料的搜集和筛选，既要在受制于国外信息公布程度的制约下，查找出最新信息；还要从众多头绪的海量信息中，遴选出最有针对性、最能说明情况的材料。经过努力，每位研究小组成员均查阅和翻译了大量国外资料信息。三是具体编译。根据专长和分工，研究小组成员投入到编译工作中。此阶段的工作要点是，要统筹安排好研究与本职工作，抽出大量精力开展研究。研究小组成员利用节假日和休息时间，不断交流探讨，补充最新资料，完善研究重点。草稿形成后，经汇总审核又进行了认真修改，形成初稿报送丛书编译办公室。在此期间，小组成员还通过参加国际会议、进行国外考察以及与国外专家联络交流等方式，加深对国外政策与实践的理解和把握。四是调整修改。根据丛书编委会专家和编译办公室的评审意见，研究小组对初稿再次进行修改完善，进一步调整结构，突出重点，提炼观点。经过上述阶段工作，研究书稿先后进行了三次总体较大的修改，我们力争做到即时、准确、全面，强调政策权威性，并能反映各国最新工作动向以及未来发展趋势。回顾总体研究，检视案头成果，我们感到完成了介绍和借鉴的初步工作，书稿本身值得专业工作者研读思考。

本研究书稿的完成有赖于研究小组成员的辛勤投入，凝聚了集体的心血和智慧。我们从研究内容和国别两条线索进行工作分工。绪论和第一章由张元、何睿、信欣编译撰写，其中薪酬部分由魏建新编译撰写；第二章和第八章由王晓君编译撰写；第三章由董菁编译撰写；第四章由王文槿、许远、袁娟编译撰写；第五章由曾燕琳、袁娟编译撰写；第六章由袁娟、刘璐璐、孙洁编译撰写；第七章由高媛、霍琳编译撰写；其中第四、五、六章中涉及日本的内容由袁娟组织编译撰写，其他有关内容袁娟进行了审校；董菁承担了大量资料收集整理和统筹工作。全书由吴道槐、王晓君进行统稿审改。中国人事科学研究院吴江、柳学智、苗月霞给予了全程支持指导。大家面对科研工作，严谨认真、规范细致、不断求索的敬业精神和工作态度，令我们感到由衷钦佩。在此谨致以诚挚谢意！

《国外高技能人才战略》是一项宏大的、需要不断深化的课题，形成现有书稿，实属不易。尽管投入颇多，但仍存某些难以满意、却又一时无法再行推进之处。谨以此抛砖引玉，恳切希望得到各位专家学者、实践工作者和广大读者的意见建议，以获取日后继续研究完善之方向和动力。

编　者

2014 年 2 月

图书在版编目(CIP)数据

国外高技能人才战略 / 吴道槐,王晓君著 ; 中国人事科学研究院编. —北京 : 党建读物出版社, 2014. 5

(人才强国研究出版工程. 国外人才发展丛书)

ISBN 978-7-5099-0466-4

Ⅰ. ①国… Ⅱ. ①吴… ②王…③中… Ⅲ. ①高技术—技术人才—人才培养—研究—国外 Ⅳ. ①C964

中国版本图书馆 CIP 数据核字(2013)第 284644 号

国外高技能人才战略

GUOWAI GAOJI'NENG RENCAI ZHANLÜE

中国人事科学研究院　编

吴道槐　王晓君　著

责任编辑:刘海湘　**责任校对**:钱玲娣　**封面设计**:创造力

党建读物出版社出版发行

http://www.djcb71.com

(北京市西城区南横东街 6 号　邮编:100052　电话:010-58587632 / 7681)

新华书店经销　保定市中画美凯印刷有限公司印刷

710 毫米×1000 毫米　16 开本　15.5 印张　226 千字

2014 年 5 月第 1 版　2014 年 5 月第 1 次印刷

印数:1—3000

ISBN 978-7-5099-0466-4　定价: 39.00 元

本社版图书如有印装错误,我社负责调换(电话:010-58587660)